全国高职高专教育精品规划教材

管理学项目化教程

主　编　江卫华
副主编　刘照红　陈勇平　霍萧夷

北京交通大学出版社

·北京·

内 容 简 介

本书是将管理的运用能力标准充分结合到教学内容中，把能力标准细分为知识目标（应知）和技能目标（应会），并以之作为管理学教学的培养目标，同时把这些目标融合到基于管理相关工作过程而划分的任务中去，然后通过这些任务的驱动，真正让学生掌握真实管理相关的知识和方法，掌握相应的知识目标和技能目标。本书以一种崭新的教学模式展现给读者，就是通过"明理、优术"，使读者真正掌握管理知识、技能并能启发读者的思维和创新意识。在不改变核心理论的前提下将知识内容进行了重组，真正做到了"必须与够用"，使理论的基础地位变为对实践操作的服务地位。

全书分为 3 个模块共 5 个项目、13 个任务，包括模块一走进管理，主要任务是熟悉管理及管理学相关的基本概念及理论，对一些管理现象有初步的认识，为后续任务做好相关知识准备；模块二是核心知识，是管理学课程的核心内容。通过任务驱动及其一系列的技能任务，来训练学生的管理相关技能，强调对核心技能的训练，要求学生能够独立完成或者与他人合作完成甚至指导他人完成具体任务；模块三是课程内容的延展，是为了读者在未来的若干年职业生涯的可持续发展而实施的知识储备。

本书是一本较为完整地编述管理学相关内容的教材，适合高职高专经济管理类专业选用，也适合从事管理工作的在职人员工作实践指导用书。

图书在版编目（CIP）数据

管理学项目化教程／江卫华主编. — 北京：北京交通大学出版社，2012.3
（全国高职高专教育精品规划教材）
ISBN 978 – 7 – 5121 – 0924 – 7

Ⅰ. ① 管… Ⅱ. ① 江… Ⅲ. ① 管理学 – 高等职业教育 – 教材 Ⅳ. ① C93

中国版本图书馆 CIP 数据核字（2012）第 032787 号

责任编辑：张慧蓉
出版发行：北京交通大学出版社　　　　　　电话：010 – 51686414
　　　　　北京市海淀区高粱桥斜街 44 号　　邮编：100044
印　刷　者：北京鑫海金澳胶印有限公司
经　　销：全国新华书店
开　　本：185 × 260　印张：14.5　字数：350 千字
版　　次：2012 年 3 月第 1 版　　2012 年 3 月第 1 次印刷
书　　号：ISBN 978 – 7 – 5121 – 0924 – 7/C · 126
印　　数：1 ～ 3 000 册　定价：28.00 元

本书如有质量问题，请向北京交通大学出版社质监组反映。对您的意见和批评，我们表示欢迎和感谢。
投诉电话：010 – 51686043，51686008；传真：010 – 62225406；E-mail：press@bjtu. edu. cn。

全国高职高专教育精品
规划教材丛书编委会

出 版 说 明

　　高职高专教育是我国高等教育的重要组成部分，其根本任务是培养生产、建设、管理和服务第一线需要的德、智、体、美全面发展的应用型专门人才，所培养的学生在掌握必要的基础理论和专业知识的基础上，应重点掌握从事本专业领域实际工作的基础知识和职业技能，因此与其对应的教材也必须有自己的体系和特点。

　　为了适应我国高职高专教育发展及其对教育改革和教材建设的需要，在教育部的指导下，我们在全国范围内组织并成立了"全国高职高专教育精品规划教材研究与编审委员会"（以下简称"教材研究与编审委员会"）。"教材研究与编审委员会"的成员所在单位皆为教学改革成效较大、办学实力强、办学特色鲜明的高等专科学校、成人高等学校、高等职业学校及高等院校主办的二级职业技术学院，其中一些学校是国家重点建设的示范性职业技术学院。

　　为了保证精品规划教材的出版质量，"教材研究与编审委员会"在全国范围内选聘"全国高职高专教育精品规划教材编审委员会"（以下简称"教材编审委员会"）成员和征集教材，并要求"教材编审委员会"成员和规划教材的编著者必须是从事高职高专教学第一线的优秀教师和专家。此外，"教材编审委员会"还组织各专业的专家、教授对所征集的教材进行评选，对所列选教材进行审定。

　　此次精品规划教材按照教育部制定的"高职高专教育基础课程教学基本要求"而编写。此次规划教材按照突出应用性、针对性和实践性的原则编写，并重组系列课程教材结构，力求反映高职高专课程和教学内容体系改革方向；反映当前教学的新内容，突出基础理论知识的应用和实践技能的培养；在兼顾理论和实践内容的同时，避免"全"而"深"的面面俱到，基础理论以应用为目的，以必要、够用为尺度；尽量体现新知识和新方法，以利于学生综合素质的形成和科学思维方式与创新能力的培养。

　　此外，为了使规划教材更具广泛性、科学性、先进性和代表性，我们真心希望全国从事高职高专教育的院校能够积极参与到"教材研究与编审委员会"中来，推荐有特色、有创新的教材。同时，希望将教学实践的意见和建议及时反馈给我们，以便对出版的教材不断修订、完善，不断提高教材质量，完善教材体系，为社会奉献更多、更新的与高职高专教育配套的高质量教材。

　　　　　　此次所有精品规划教材由全国重点大学出版社——北京交通大学出版社出版。适合于各类高等专科学校、成人高等学校、高等职业学校及高等院校主办的二级技术学院使用。

全国高职高专教育精品规划教材研究与编审委员会

2012 年 3 月

总　序

历史的年轮已经跨入了公元 2012 年，我国高等教育的规模已经是世界之最，2010 年毛入学率达到 26.5%，属于高等教育大众化教育阶段。根据教育部 2006 年第 16 号《关于全面提高高等职业教育教学质量的若干意见》等文件精神，高职高专院校要积极构建与生产劳动和社会实践相结合的学习模式，把工学结合作为高等职业教育人才培养模式改革的重要切入点，带动专业调整与建设，引导课程设置、教学内容和教学方法改革。由此，高职高专教学改革进入了一个崭新阶段。

新设高职类型的院校是一种新型的专科教育模式，高职高专院校培养的人才应当是应用型、操作型人才，是高级蓝领。新型的教育模式需要我们改变原有的教育模式和教育方法，改变没有相应的专用教材和相应的新型师资力量的现状。

为了使高职院校的办学有特色，毕业生有专长，需要建立"以就业为导向"的新型人才培养模式。为了达到这样的目标，我们提出"以就业为导向，要从教材差异化开始"的改革思路，打破高职高专院校使用教材的统一性，根据各高职高专院校专业和生源的差异性，因材施教。从高职高专教学最基本的基础课程，到各个专业的专业课程，着重编写出实用、适用高职高专不同类型人才培养的教材，同时根据院校所在地经济条件的不同和学生兴趣的差异，编写出形式活泼、授课方式灵活、满足社会需求的教材。

培养的差异性是高等教育进入大众化教育阶段的客观规律，也是高等教育发展与社会发展相适应的必然结果。只有使在校学生接受差异性的教育，才能充分调动学生浓厚的学习兴趣，才能保证不同层次的学生掌握不同的技能专长，避免毕业生被用人单位打上"批量产品"的标签。只有高等学校的培养有差异性，其毕业生才能有特色，才会在就业市场具有竞争力，从而使高职高专的就业率大幅度提高。

北京交通大学出版社出版的这套高职高专教材，是在教育部"十一五规划教材"所倡导的"创新独特"四字方针下产生的。教材本身融入了很多较新的理念，出现了一批独具匠心的教材，其中，扬州环境资源职业技术学院的李德才教授所编写的《分层数学》，教材立意新颖，独具一格，提出以生源的质量决定教授数学课程的层次和级别。还有无锡南洋职业技术学院的杨鑫教授编写的一套《经营学概论》系列教材，将管理学、经济学等不同学科知识融为一体，具有很强的实用性。

此套系列教材是由长期工作在第一线、具有丰富教学经验的老师编写的，具有很好的指导作用，达到了我们所提倡的"以就业为导向培养高职高专学生"和因材施教的目标要求。

教育部全国高等学校学生信息咨询与就业指导中心择业指导处处长
中国高等教育学会毕业生就业指导分会秘书长
曹　殊　研究员

前　言

尊敬的读者：拿到这本书，只要您大致浏览一遍，您会觉得这是一本非常"实用、新颖和独具特色"的教科书！

本书借鉴了国外管理学教材的写作特点和思路，将故事导入和案例解读引入教学，围绕现实生活中的管理现象展开基本理论的分析和阐述。

本书具有如下特点。

1. 紧扣教育部"16号文件"《教育部关于全面提高高等职业教育教学质量的若干意见》精神，以实际运用能力标准为依据，以任务驱动来创新课程开发模式。通过这些任务驱动，真正让读者掌握相应的知识目标和技能目标。本书遵循职业教育教学规律，面向应用领域，突出读者管理实务应用能力的培养。

2. 结合高职高专的教学特色，按照"理论够用为度，知识注重实用"的原则组织编写。理论知识不强调全面，只求掌握核心，贴近生活。

3. 以"明理、优术"为主线。所谓"明理"就是通过经典案例和管理寓言故事启发读者的思维；所谓"优术"就是强调核心知识和技能。

4. 本书设计了知识目标、技能目标、核心能力、故事导入、案例解读、任务提示、任务先行、任务小结、课堂讨论、案例分析、模拟实训、游戏活动和帝王之道论管理等栏目，构建了相对完整的管理学原理及操作体系，回归了以培养学生应用能力为主线的高职高专的教育本位，突出强调读者学习的参与性与主动性，体现了教材定位、规划、设计与编写等方面的职业教育教学改革示范性，适合高职高专院校经济管理专业及相关专业选用。

本书由广州松田职业学院管理系的江卫华设计编写方案并担任第一主编，具体分工为：江卫华编写任务一、任务二、任务四、任务五、任务八、任务十、任务十一、任务十二和任务十三；湖南都市职业学院的刘照红编写任务三；广东科技学院的霍萧夷编写任务六、任务七；广州松田职业学院的陈勇平编写任务九。初稿完成后，由江卫华负责总辑、修改和定稿。

在编写过程中，我们参阅了国内外大量管理学的研究成果，除注明出处的部分外，限于体例未能一一说明。该书得到了广州松田职业学院院领导及北京交通大学出版社的大力支持，在此一并致以衷心的感谢。

由于编者水平有限，加上时间仓促，书中疏漏与不妥之处在所难免，敬请有关专家和读者批评指正。

编　者

2012年2月

目　　录

模块一　走进管理

模块二　管理核心职能的操作与应用

模块三　管理创新及管理新思潮

模块一　走进管理

项 目 一

认识管理与管理学

● **知识目标**

通过完成本项目，你应该能够：

1. 识记管理及管理学概念；
2. 了解管理者的技能；
3. 掌握管理学的特点和方法；
4. 树立现代管理观念。

● **技能目标**

1. 把握管理的丰富内涵；
2. 以现代管理观念指导经营活动。

♦ 项目任务

　任务一　树立现代管理观念

　任务二　认识管理道德与社会责任

♦ 项目解析

♦ 故事导入

♦ 案情介绍

♦ 案例解读

♦ 课堂讨论

♦ 案例分析

♦ 模拟实训

♦ 游戏活动

♦ 项目小结

▶▶ 项目解析

　　尊敬的读者：我们每天都在谈论管理，见过各种各样的管理者，我们也都不知不觉地在参与管理活动。实际上，企业更是如此，它离不开管理。没有管理，企业就难以有较飞速的发展。好了，从现在开始，我们将引领你走进管理，一层一层地揭开它神秘的面纱！

为了更好地把握管理及管理学的基本理论，为完成今后各项任务打下坚实基础，首先请尝试完成本项目：认识管理与管理学。

为了方便你掌握管理有关概念和更好地树立现代管理观念，我们又将本项目分为两个任务：

任务一　树立现代管理观念

任务二　认识管理道德与社会责任

你可以对照知识目标和技能目标，反复演练，有的放矢地依次完成各项任务，直至完成本项目，为早日成为现代管理者做好准备。

⊃ 开篇案例

百年老院的现代管理启蒙

北京同仁医院是一所以眼科闻名中外的"百年老店"，走进医院的行政大楼，其大堂的指示牌上却令人诧异地标明：五楼 MBA 办公室。目前该医院已经从北大、清华聘请了十一位 MBA，另外还有一名学习会计的研究生，而医院的常务副院长毛羽就是一位留美的医院 MBA。

内忧外患迫使同仁下定决心引进职业经理人并实施规模扩张，希望建立一套行政与技术相分离的现代医院管理制度。

根据我国加入世贸组织达成的协议，2003 年，我国将正式开放医疗服务业。2002 年初，圣新安医院管理公司对国内数十个城市的近 30 家医院及其数千名医院职工进行了调查访谈，得出结论：目前国内大部分医院还处于极低层次的管理启蒙状态，绝大多数医院并没有营销意识，普遍缺乏现代化经营管理常识。更为严峻的竞争现实是：医院提供的服务不属于那种单纯通过营销可以扩大市场规模的市场，因此医院不能指望通过市场手段刺激每年病人数量的增长。

同仁显然是同行中的先知先觉者。2002 年，医院领导层在职代会上对同仁医院的管理做过"诊断"，发现同仁医院在管理上存在这样几个问题：行政编制过大，员工队伍超编导致流动受限；医务人员的技术价值不能得到体现；管理人员缺乏专业培训，管理方式、手段滞后，经营管理机构力量薄弱。针对上述问题，他们开出"药方"：引入 MBA，对医院进行大手笔改造，涉及岗位评价及岗位工资方案、医院成本核算、医院工作流程设计、经营开发等。

在国内，目前几乎所有的医院都没有利润的概念，只计算年收入。但在国外，一家管理有方的医院，其利润率可高达 20%。这也是外资对国内医疗市场虎视眈眈的重要原因。

同仁要在医院中引入现代市场营销观念，启动品牌战略和人事制度改革，树立"以病人为中心"的服务观念，具体表现为：以病人的需求为标准，简化就医流程，降低医疗成本，改善就医环境；建立长期利润观念，走质量效益型发展的道路；适应环境，发挥优势，实行整合营销；通过扩大对外宣传、开展义诊咨询活动、开设健康课堂等形式，有效扩大潜在的医疗市场。

同仁所引进的 MBA 背景各异，绝大多数都缺乏医科背景。他们能否胜任医院的管理工作在引入时也要综合考虑。医院职业化管理至少包括了市场营销管理、人力资源管理、财务管理、科研教学管理、全面医疗质量管理、信息策略应用及管理、流程管理等 7 个方面的内容。这些职能管理与医学知识相关但非医学专业。

同仁医院将 MBA 们"下放"到手术室 3 个月之后，都悉数调回科室，单独辟出 MBA 办公室，以课题组的形式，研究医院的经营模式和管理制度。对于医院引入的企业化管理，主要包含医院经营战略、医疗市场服务营销、医院服务管理、医院成本控制、医院人力资源管理、医疗质量管理、医院信息系统和医院企业文化等内容。其中，医院成本控制研究与医院人力资源研究是当务之急。

几乎所有的中国医院都面临着成本控制的难题，如何堵住医院漏洞，进行成本标准化设计，最后达到成本、质量效益的平衡是未来中国医院成本控制研究的发展方向。另外，现有医院的薪酬制度多为"固定工资 + 奖金"的模式，而由于现有体制的限制，并不能达到有效的激励效果，医生的价值并没有得到真实的体现，导致严重的回扣与红包问题。如何真正体现员工价值，并使激励制度透明化、标准化成为医院当前首先要解决的问题。

这一切都刚刚开始，仅仅指望几名 MBA 就能改变中国医院管理的现状是不可能的。不过，医院管理启蒙毕竟已经开始，这就是未来中国医院管理发展的大趋势。

这一案例表明，在竞争激烈的当今社会，企业的持续发展离不开现代管理。那么，什么是管理？管理有哪些职能？本项目将重点阐述这些内容。

任务一　树立现代管理观念

⤷ 任务提示

本任务将引领你明确管理和管理学的概念及其特性！

⤷ 任务先行

管理首先是在哪里出现的？它是怎样来到我们身边的？它是研究什么的？要了解这些问题，请往下看！

第一部分　故事与案例

⤺ 故事导入

老农与石头

有一位老农的农田当中，多年以来横亘着一块大石头。这块石头碰断了老农的好几把犁头，还弄坏了他的中耕机。老农对此无可奈何，巨石成了他种田时挥之不去的心病。

一天，在又一把犁头被碰坏之后，想起巨石给他带来的无尽麻烦，老农终于下决心要了结这块巨石。于是，他找来撬棍伸进巨石底下。他惊讶地发现，石头埋在地里并没有想象的那么深，那么厚，稍使劲就可以把石头撬起来，再用大锤打碎，清出地里，老农脑海里闪过多年来被巨石困扰的情景，再想到本来可以更早些把这桩头疼事处理掉，禁不住一脸苦笑。

从这则寓言故事中，我们可以领悟出企业管理中的道理：遇到问题应立即弄清根源，有问题更需要立即处理，绝不能拖延。

在企业管理活动中，往往会遇到反复出现的问题或不良现象，如若讳疾忌医或拖延了事，积压下来，就必然给企业造成困难，甚至使企业的生产经营活动无法正常进行，严重时还可能威胁到企业的生存。所以，对企业管理中出现频率较高的问题，不应回避，而应抓住苗头，及时调查，追根溯源，找出解决问题的途径和办法。

☉ 案情介绍

李经理的选择

李某于20世纪80年代初创办了一家私人公司，专营服装批发业务。他本人任经理，负责进货、寻找销售渠道等工作。当时雇员只有5人，其工作内容及待遇均由李某一人安排决定。经过几年的艰苦创业，该公司到90年代初已经发展到一定规模，业绩猛增，在同行业中站稳了脚，雇员也由5人增加到25人。

李某是一位事业心很强而且很有洞察力的人。他看到，改革开放带来了喜人的变化，政策越来越宽松，只要合法经营，善于发现并抓住机会，就有很多的致富之路可走。随着收入水平和生活水平的日益提高，人们求新求异的心理不断增强，服装的更新速度越来越快，他们对服装的需求，不仅在数量上明显增加，而且提出了更高的要求，追求款式新颖、质地优良。有鉴于此，李某决定改变公司的经营思路，实行生产、销售一体化的经营战略。为此，李某四处筹资，建立了服装生产企业，而且每天很早就上班，亲自过问和解决每一件事情。他本以为凭自己的实干精神和不断提高的工资待遇，可以带动员工齐心协力，使公司更快地发展起来。然而，事实证明，他想得太简单了。公司不但没能像他预想的那样蒸蒸日上，相反却出现了一些不利于公司发展的现象和问题。首先，由于他事无巨细均要亲自过问，拍板定案，没有更多的时间去考虑战略性问题，结果有很多商机没有抓住，抑制了企业的发展；其次，当他忙于一些具体事务而忽略了另一些事务时，出现了很多管理上的漏洞，甚至丢掉了一批重要的老客户；再次，员工士气低落，尤其是那些专业设计人员感到与老板见面的机会少，缺乏交流，有一种被遗忘的感觉，找不到成就感，"人心思走"。如此等等，令李某茫然。

事实上，李某已经意识到自己传统的管理方式应该改变了。于是，他开始学习MBA的一些课程，试图在管理中引进一些当代的管理思想和方法，以提高管理效率，满足员工的需求。但这仅仅是个开始，尚未付诸实践。

☉ 案例解读

（1）作为公司的首脑，不应当事事亲力亲为，应当把权力分配给各个主管部门，而自己的主要职责应当是计划、组织、协调、控制，尤其是针对企业的未来发展作出战略性规划。

（2）管理者应当注重人力资源的管理，要知道员工的积极性不能只靠工资待遇来提高，还要注重其自我价值的实现，创造合适的公司环境，以发挥他们的主观能动性。

（3）管理者应当分析变化了的内外部环境，并随时调整经营策略。

第二部分　任务学习引导

重要知识

管理的含义

管理是指一定组织中的管理者，通过实施计划、组织、人员配备、指导与领导、控制等职能来协调他人的活动，使别人同自己一起实现既定目标的活动过程。

1.1　认识管理的概念

1.1.1　管理的定义

管理定义的多样性反映了人们对管理的不同理解和管理学家们不同的研究重点。但是不同的定义，只是认识角度和侧重点不同。管理的定义可以从以下几方面去理解。

1. 管理的主要目的是有效实现组织目标

组织目标是组织内全体成员共同努力的方向，是管理功能的集中体现。一个组织原本就是为实现某种目标而组成的各种资源的综合系统，整个组织的管理活动，就是围绕实现组织目标而开展的。管理离开了组织目标，就像一艘没有航标的船一样永远也不会到达"理想的彼岸"。

2. 管理活动的实施是通过计划、组织、人员配备、领导和控制等手段来进行的

这些手段是所有类型的管理人员在管理实践中都要履行的管理职能，反映了管理活动的功能和过程。

3. 管理活动的实质就是协调各种关系

所谓协调，就是指把组织内各种资源（尤其是人力、财力和物力）有机地结合起来，使其和谐化、同步化。所以管理活动就要围绕着组织的目标，协调各种资源的相互关系，使组织活动更加有效。

4. 管理最重要的职能就是对人的管理

管理的主体是管理者，所有的管理行为要靠管理者去实施，所有的管理目标要靠管理者来实现。而管理者实施管理行为的受作用一方即管理对象，对于管理的有效性以及组织目标的最终实现，也具有重要的影响作用。管理对象包括：人、财、物、信息、技术、时间等要素，而这些要素中人是最核心、最关键、最活跃的要素，所有的组织资源都要以人为中心。因此，对人进行管理是管理者最重要的职能。

1.1.2 管理的特征

为了更加科学地理解管理的概念，我们需要把握一下管理的基本特征。

1. 管理是一种社会文化现象

管理是人们在有组织的集体环境下所从事的一种社会活动。它是在人类共同劳动的实践中出现的。人类为达到一定的目标在一起共同劳动，就需要通过管理来组织人们进行有效的劳动。因此，管理是人类共同劳动的产物。只要是两个以上的集体活动并且有一致认可的目标，就存在着管理。

2. 管理的"载体"是组织

组织是指为达到一定目标，完成特定任务而结合在一起的社会群体。管理的第一个特征告诉我们管理的存在必须具备两个条件：必须是两个人或两个人以上的集体活动；有一致认同的目标。可见，两个或两个以上的人组成的，为一定目标而进行协同劳动的集体就可以称为组织。在现实社会中，人们都是生活在各种不同组织之中的，如工厂、学校、医院、军队、公司等等，人们依赖组织，组织是人类存在和从事社会活动的基本形式。没有组织，仅凭人们个体的力量，无法征服自然，也不可能有所成就；没有组织，也就没有人类社会今天的发展与繁荣。组织是人类征服自然的力量的源泉，是人类获得一切成就的主要因素之一。

然而，仅仅有了组织也还是不够的，因为人类社会中存在组织就必然有人群的活动，有人群的活动就有管理，有了管理，组织才能进行正常有效的活动。简而言之，管理是保证组织有效地运行所必不可少的条件。组织作用的发挥依赖于管理，管理是组织中协调各部分的活动，并使之与环境相适应的主要力量。所有的管理活动都是在组织中进行的，有了组织，就需要管理，即使一个小的家庭也需要管理；从另一个方面来说，有了管理，组织才能进行正常的活动。总之，协同劳动需要组织，并且需要在组织中实施管理行为。

虽然社会生活中各种组织的具体形式和社会功能不同，但是一个组织的建立和发展，既受到组织内部要素的影响，又受到组织外部环境诸如政治经济形势、行业发展、市场变化等因素的制约。因此，要想使组织中以人为主体的各种要素达到合理配置，应对外部环境的变化，从而实现组织目标，就必须进行有效的管理。

3. 管理的主体是管理者

管理者是指从事管理活动，实施管理行为，履行管理职能，对实现组织目标承担责任的人。管理者是一个组织或一定领域中的"统帅"，负责管理他人及其他要素，努力实现组织目标，他的管理工作比其他业务工作更加重要。因此，一个优秀的组织必须有一批优秀的管理者。

管理者可以按多种标准进行分类，一般地按管理层次可以划分为高层管理者、中层管理者和基层管理者。高层管理者是一个组织中最高领导层的组成人员，拥有人事、资金等资源的控制大权，负责组织的长远发展计划、战略目标和重大政策的制定，又称决策层；中层管理者是一个组织中层机构的负责人员，他们是高层管理者决策的执行者，故称执行层；基层管理者是指一个组织中业务"第一线"的管理人员，负责现场作业指挥和监督，故称作业层。

4. 管理的核心是处理人与人之间的关系

管理活动是一项社会活动，不是个人的活动，它需要推动别人和自己一道去实现组织目标，所以管理者在进行管理的过程中需要处理许多事务。实际上，处理事务就是处理人际关系，因为这些事务是由人来解决和处理的。美国著名的管理学家彼得·德鲁克（Peter F. Drucker）在 1955 年提出"管理者的角色"的概念，他认为管理者扮演着三种角色：第一个角色是管理一个组织；第二个角色是管理管理者；第三个角色是管理工作和工人。其中有两个角色都提到了人，这表明管理者的工作和职责的很大一部分都是与人打交道的。

前已叙述，管理的实质是协调，由于人是一切管理活动的主体，是构成组织的"基本细胞"，协调的主要对象当然就是人与人之间的关系，因此，管理的核心就是处理人际关系。

1.1.3　管理的职能

管理职能就是管理者实施管理行为所体现出来的具体功能和实施过程。管理学家们对管理职能的认识、看法不一，不同学派有不同见解。最常见的一是"三职能"论，即"计划"、"组织"和"控制"；二是"五职能"论，即增加"指挥"和"协调"两个职能；三是主张"七职能"论，即增加"领导"与"人员配备"两个职能。即使职能的个数相同，但是对具体职能的称谓，不同管理学家也持不同的观点（见表 1 - 1）。

表 1 - 1　不同管理学家对管理职能划分的认识

管理学家 / 年份	计划	组织	指挥	协调	控制	激励	人事	整合资源	沟通
1916 法约尔	√	√	√	√	√				
1925 梅奥						√			√
1934 戴维斯	√	√			√				
1937 古利克	√	√	√	√	√		√		√
1947 布朗								√	
1949 芭威克	√	√	√	√	√				
1951 纽曼	√	√			√		√		
1955 孔茨与奥唐奈	√	√			√		√		
1964 梅西	√	√			√				
1970 海曼与斯科特	√	√			√	√			
1972 特里	√	√		√	√				

说明："√"表示各管理学家对管理职能划分的认识。

本书认为"指挥"和"协调"两个职能由"领导"职能代替更为妥贴。因此，提出新的"五职能"论，即计划、组织、人员配备、领导和控制。无论是什么样的管理者，为了实现组织目标，都要履行这五个职能。管理职能表明了管理者的工作内容，各职能的基本含义与工作逻辑如图 1 - 1 所示。

计划： 计划是管理者对未来一段时间内的活动进行提前安排和谋划。它是一种预测未来、确定目标、选择方案的过程。	组织： 组织是为了实现组织目标而进行的组织结构设计的活动或过程。	人员配备： 人员配备是为了实现组织目标，选拔合适的人员充实组织结构，并进行培训、考核的活动或过程。
企业内部运作过程是由许多相互联系、相互制约的要素构成的，需要管理者不断地进行监控，并保持运作系统趋于完善。	控制： 检查工作是否按照规定的标准进行，纠正偏差，确保组织目标的实现。	领导： 领导是凭借管理者对他人的影响力，指挥、带领和激励下属努力实现组织目标的行为或过程。

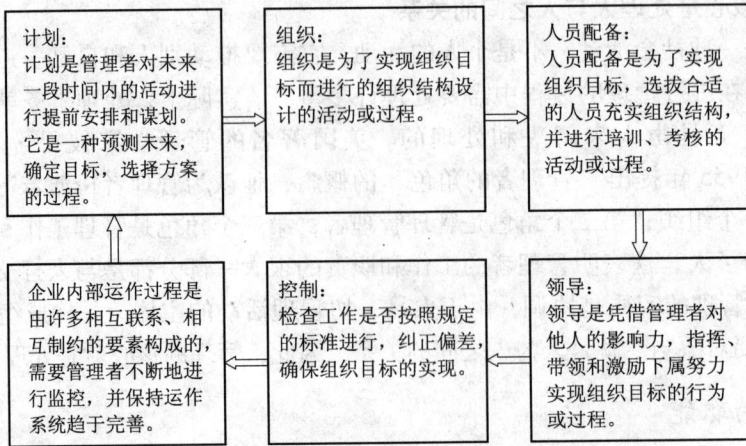

图 1-1　管理职能及其相互关系

1.1.4　管理的性质

1. 管理二重性的概念

管理的二重性是指管理是人类共同劳动的产物，具有同生产力和社会化大生产相联系的自然属性；同时管理离不开一定的社会生产关系，又具有同生产关系、社会制度相联系的社会属性。

2. 管理是科学性与艺术性的统一

管理过程有其客观规律，人们认识并遵循规律，去解决管理问题，就可以产生良好的效果，否则，管理的效果将大打折扣。同时，管理具有较强的艺术性，即仅凭书本上的理论知识，或背诵原理来进行管理活动是不能保证其成功的。这就是管理所具有的科学性和艺术性。

1）管理的科学性

管理的科学性主要是指管理的客观规律性。如果不承认管理是一门科学，不按照客观规律办事，违背管理原则，在实践中随心所欲地进行管理，必然会遭到惩罚，最终导致管理效果不佳或失败。

2）管理的艺术性

管理的艺术性是指管理者在管理实践过程中随机制宜地、创造性地运用管理技术和方法来解决管理问题的技艺或技巧。

管理是一门艺术，主要强调其实践性和灵活性。这就是说，仅仅凭借书本上的管理理论和管理原则来进行管理，无异于"纸上谈兵"，是不能保证其成功的。

3）管理的科学性与艺术性的关系

管理既是一门科学，又是一门艺术。富有成效的管理，既离不开扎实的管理理论知识，又离不开管理者自身主观能动性和创造性的充分发挥。对管理理论的深刻理解是我们学好管理学的前提和基础，高超的管理艺术是最终实现管理目标的有力保障，二者之间不是互相排斥、互相矛盾的，而是互相补充、互相依存的。采取"背诵原理"的方式来进行管理活动，必然是脱离或忽视现实情况的无效活动，而没有掌握管理理论知识的管理者进行管理活动时，必然是靠经验、凭直觉办事，很难找到能够解决管理问题的可行方案。

知识拓展1-1

金鱼缸效应：增加管理的透明度

"金鱼缸"法则运用到管理中，就是要求领导者增加各项工作的透明度。各项工作有了透明度，领导者的行为就会置于全体下属的监督之下，这样就能有效地防止领导者滥用权力，从而强化领导者的自我约束机制。

1.2 了解管理的起源与发展

1.2.1 管理的起源

人类社会的生存与发展，离不开多个人的集体劳动，在这种条件下，为了使劳动能够有序进行，获取人类所需的劳动成果，就需要劳动者之间的分工与协作，这就是管理。

随着科学技术的进步和生产力的发展，生产社会化程度日益提高，生产规模日益扩大，物质资源就显得很有限，再加上社会生产的各环节相互信赖性日益加强，这些都需要更高水平的管理。

共同劳动的规模越大，劳动分工和协作越精细、复杂，管理工作也就越重要。例如，在规模较小的手工业企业里，要进行共同劳动，有一定的分工协作，管理就成为进行生产所不可缺少的条件。但是，如果手工业企业的生产规模较小，生产技术和劳动分工也比较简单，则管理工作也比较简单。现代化大工业生产不仅生产技术复杂，而且分工协作关系更加紧密，专业化水平和社会化程度更高，社会联系更加广泛，需要的管理水平就更高。同样，一个规模大、部门多、分工复杂、物质技术装备先进、生产社会化水平高的农业生产单位，较之规模小、部门单一、分工简单、以手工和畜力劳动为主、自给自足或半自给自足的小农场，就要求有更高水平、更高效率的管理。

总而言之，生产社会化程度越高，劳动分工和协作越细，就越要有严密、科学的管理。组织系统越庞大，管理问题也就越复杂，庞大的现代化生产系统要求有相当高的管理水平，从这些意义来讲，社会的各个层次、各个领域，甚至每个人都存在着管理问题。因此，管理是协作劳动的产物。

由于协作劳动无处不在，无时不有，种种社会集体组织普遍存在，管理也就成为人类社会中最普遍的活动之一，大到一个民族和国家，小到家庭与个人，无一不需要进行有效的管理。因此管理具有普遍性。

1.2.2 推动管理活动发展的因素

自从有人类历史以来就有了管理活动，所以从某种角度来讲，人类社会历史发展的过程就是人类管理活动不断创新和发展的历史。随着生产力的发展和人类社会文明的进步，人类社会对管理提出了愈来愈高的要求。例如，要管理一个大型的复杂组织，就必须有高素质的管理队伍和高水平的管理技术，要求管理者要制订周密的计划，设计科学的组织结构，配备不同层次与规格的管理人才，采取有效的激励手段，制定相应的控制措施。

管理技术与方法之所以会推陈出新，有以下几个方面的影响因素。

1. 社会生产力发展水平

人们从事的生产活动和社会活动都是集体进行的，要组织和协调集体活动就需要管理。但是，社会生产力水平直接影响到管理水平、管理范围和管理的复杂程度，因而对管理学的发展也会产生影响。

2. 科学技术的进步

生产力的发展首先表现为科学技术的进步。科学技术的高速发展，使技术创新的速度加快，新产品品种类增多，劳动者素质与劳动技能提高，生产工艺得到改进，这些都必然要求组织与管理进行相应的创新与变革，近 20 多年发展起来的信息技术就是例证。信息技术高速发展，对整个社会、经济、政治及管理产生了深远的影响。20 世纪 90 年代迅速发展起来的互联网，推动了信息技术的发展，不仅在产业经济链条上进行了一次大变革，改革了许多产业的运作规则，而且在人们的思想观念进行了一次大变革，增加了人们和组织获得信息的质量，大大开阔了人们的视野，改变了人们的思维方式，同时，也改变了管理方法和管理模式，成为企业间竞争的基础和平台。

3. 生产规模的扩大

对规模较小的组织而言，简单重要的管理方法与技术就可以应付，但是随着经济的发展、生产的集中、生产规模的不断扩大，就要求组织内部分工细化、部门增加、人员增加，致使部门间人员的关系变得复杂多变，管理人员如果采用原来简单重复的管理技术，根本无法进行有效的管理。

生产力发展和生产规模扩大的条件下，有限的物质资源都面临着严峻的挑战。再加上人口剧增造成的城市膨胀、环境污染、住房、就业、交通等社会问题，使得国家社会公共管理和企业的组织管理变得非常棘手。

4. 管理环境

任何管理系统都存在于一定的环境之中，环境不仅是管理系统建立的客观基础，而且是它生存和发展的必要条件，它是与管理系统联系在一起的，并时刻制约着管理活动。环境影响着管理，甚至决定着管理。

环境是对管理者素质和能力的考验，管理的有效性既是应付环境变化的必然要求，也是管理者的活动与环境作用的综合结果。

管理环境是指影响管理系统生存和发展的一切要素的总和，它包括外部环境和内部环境两个方面。管理的外部环境是存在于管理系统之外，并对管理系统的建立、存在和发展产生影响的外界客观情况和条件。管理的内部环境则是存在于管理系统之内，是管理系统存在和发展的客观条件的总和。

除此之外，影响管理活动发展的因素还有竞争的变化、人们日益增长的物质文化需求等。综上所述，随着生产力的发展、科技的进步和生产规模的扩大，一个组织要想在日益激烈的竞争环境下生存与发展下去，就必须研究能够适应环境变化，能够减少或避免风险的有效的管理方法和管理技术。

1.2.3 现代管理的基本特征

第二次世界大战之后，国际政治经济趋于稳定，许多国家和地区大都集中精力发展经济，人类的管理实践活动进入了一个崭新的历史时期——现代管理。现代管理的基本特征可以大致归纳为以下几点。

1. 系统化管理

在小规模生产的时代，落后的生产方式和科学技术，不仅使管理活动中的各要素之间的关系简单化，而且也使人们不可能深入认识复杂的管理活动。因此，采用简单的、孤立的管理方法就可以满足那个时代对管理工作的要求。随着社会发展到 20 世纪中叶以后，科技领域取得了一系列突破性进展，世界经济飞速发展，使人类社会生活的各个领域及其发展过程都结成一个密切联系、相互依存的有机整体。在这种情况下，不仅任何一种管理工作的内部各要素之间存在着相互联系、相互制约的关系，而且某一种管理工作与其他管理工作之间也存在着错综复杂的关系。因此要处理好各种各样的关系，就必须运用系统的观点，通盘考虑，全面权衡，综合处理它们之间的各种问题。系统管理的基本要求就是：从整体出发，制定管理系统的目标和战略措施，根据科学的分解，明确各子系统的目标，进而进行合理分工，总体把握全局，保证管理目标的顺利实现。

2. 人本化管理

在传统管理中，大生产以机器为中心，工人只是机器系统的配件，人被当作是物，管理的中心是物。但是，随着信息时代的到来，组织中最缺乏的不是资金和机器，而是高素质的人才。组织中的人，在组织中越来越显出重要作用，这就促使管理部门日益重视人的因素，管理工作的中心也从物转向人。传统管理和现代管理的一个重要区别，就是管理工作的中心从物本管理到人本管理。

强调"以人为本"，在管理活动中注重调动人的积极性、主动性和创造性，是现代管理区别于历史上所有管理的一大特征。人不仅是管理活动的主体，而且也是最活跃、最为重要的关键要素，组织目标的实现离不开人的主观能动性的充分发挥。所谓人本管理就是树立"以人为中心"思想的管理，管理者在管理过程中充分重视人才的作用，尊重人的价值，并通过满足人的需要来调动人的积极性、主动性和创造性。在管理方式上，现代管理更强调用"柔性"方法，尊重个人的价值和能力，通过激励、鼓励人，最充分地调动所有员工的工作积极性，以实现人力资源的优化及合理配置。

因此，管理者要千方百计地解决人的物质需要与精神需要问题，就是在管理中遇事与下属商量，鼓励下属参与管理。民主的管理方式是"以人为本"思想的集中体现，在管理组织中有畅通的信息沟通网络，组织成员可以充分地表达自己的意见或建议，管理者尊重下属的意见，有健全的民主管理制度和组织结构。

3. 效益化管理

管理活动是人类能动地改造自然、改造社会的实践活动，人类要想维持自身的生存与发展，就必须保证管理活动不断地取得效益。一切管理活动都在努力提高效益，效益的高低是衡量管理效果好坏的一个基本标准。现代社会日益激烈的经济、政治、军事、科技等方面的竞争都离不开管理效益的提高。所以，效益是现代管理的永恒主题。为了促进管理效益持续不断提高，大批的研究人员研究出许多新的管理理论和方法，管理者把它们运用在管理实践当中，并发挥其作用。

4. 科学化管理

现代管理更强调科学化，在现代管理活动中表现为：坚持以科学理论为基础，以管理理论为指导，注重管理活动的程序化和规范化。尤其是运用计算机技术和数学模型等手段进行定量分析，提高了决策的科学化和精确化，使各种管理活动更有针对性，更加有效。随着这一趋势的发展，管理科学学派应运而生。这一学派认为，管理就是制定和运用数学模型与程序的系统，用数学符号或公式来表示计划、组织、控制和决策，来寻求最优解答，实现组织目标。

5. 战略化管理

随着社会化大生产的发展，社会生产日趋复杂，社会环境变幻莫测，组织与环境之间的联系日益紧密，管理所涉及的因素日益增多，各种关系日趋复杂，组织间的竞争日趋激烈，组织能否制定和实现科学的战略构想，关系到组织的生存与发展。

就企业而言，过去企业家往往追求企业战略的稳定性、长期性，期望对企业的发展施加长远的影响。但事实证明，技术革新的浪潮，难以预测的环境，往往致使寻求"稳步发展"的企业措手不及。企业要想适应全球市场的激烈竞争，必须对自己的发展有一个战略规划，要在彻底而准确地把握企业内部条件和外部环境变化的同时，结合本企业的特点，制定出最佳的企业战略。企业如果没有科学的长远发展战略目标，只顾眼前和一时的一点点成就，是不可能持续发展的，更不可能在竞争中取胜，企业唯有运筹帷幄，深谋远虑，才能战略制胜，才能使企业不断地发展壮大。

目前，我国企业正在由计划的传统管理阶段逐渐向市场经济条件下的战略经营时代迈进，战略管理已在企业的经营管理中越来越显示出其突出的地位和作用。战略管理要求管理者必须审时度势，及时作出反应。因此，具有迅速适应新变化的能力比周密的计划更加重要。而战略研究的成功与否，则取决于管理者对客观事实的把握和分析能力，战略计划研究成为企业经营与管理成败的关键因素，因此，从实际出发注重对长远计划和战略的研究，将成为管理学研究的热门课题。

6. 信息化管理

随着以微型计算机、激光技术、新型材料、生物工程和新能源开发为中心的新科技革命的兴起与发展，生产技术、社会需求以及市场竞争等日新月异、瞬息万变，在这种情况下，信息逐渐成为组织中重要的资源。充足、准确而及时的信息，是科学、迅速决策的前提条件，一个企业能否在激烈的竞争中得以生存和发展，它的产品和服务能否跟上时代的要求，首先在于该企业能否及时掌握必要和准确的信息，能否正确地加工和处理信息，能否迅速地在员工之间传递和分享信息，特别是能否把信息融合到产品和生产服务过程之中，融合到企业的整个经营与管理工作之中。各级管理者在这个瞬息万变的时代，越来越重视信息的作用，把如何获取有效的信息作为自己的首要任务。企业管理者发挥各种职能作用，都要以掌握大量真实、准确、及时的信息为前提。在这种情况下，传统的企业管理已经不能适应现代的信息处理要求，也不能满足企业经营管理对信息的要求，企业管理面临着信息化的挑战，信息管理成为企业竞争制胜的主要法宝之一。

组织对信息管理的能力，将集中表现在：不仅需要有强大的信息网络和信息收集能力，更为重要的是要有出色的信息传递、分析和利用的能力。对信息的管理就成了现代管理的一个突出特点。随着信息技术的推广应用和信息资源的不断开发利用，管理信息化正在往广度和深度发展，信息管理在整个管理中的地位得到迅速的提升。信息管理渗透于各种管理活动之中，无论是政府公共事业管理还是企业管理的一切方面和全部过程之中。可以说，现代组织尤其是现代企业若无信息管理，也就谈不上任何管理了。

光环效应：全面正确地认识人才

如果一个人最初被认定是好的，则他身上的其他品质也都被认为是好的，有似"爱屋及乌"的原理。这就是管理中的光环效应，它指个人在敬仰、爱慕他人过程中所形成的夸大了的社会认知。光环效应在爱情和偶像崇拜中最明显。领导者滥用权力，从而强化领导者的自我约束机制，也是光环效应的一种体现。

1.3 认知管理学

1. 管理学的含义

1）管理学的研究对象

管理学是一门系统地研究管理活动过程及其基本规律和一般方法的科学。管理学来源于人类社会的管理实践活动，是人类长期从事管理实践活动的科学总结，是人类智慧的结晶。

管理学是一门研究管理活动内在规律性的科学，它以组织中的管理活动作为自己的研究对象，通过对管理活动的研究，来探讨内在的规律性，然后上升为理论，形成一个理论体系。管理学的理论体系是由一系列的反映管理活动内在规律性的概念、原理、原则、制度、程序、方法等所组成的。

2）管理学的研究内容

管理学总是在一定的社会生产方式下进行的，依据与管理活动有关的生产力、生产关系、上层建筑等方面研究内容可以分为三个方面。

第一，研究生产力方面的问题。管理活动与生产力密切联系，在生产力方面，主要研究如何合理高效地协调和使用管理组织的人、财、物、信息等各种资源，以实现预期的管理目标，包括对各种资源在使用过程中的计划、组织、协调和控制等问题。

第二，研究生产关系方面的问题。管理过程也与生产关系密切联系，在生产关系方面，主要研究如何正确处理管理活动中人与人之间的关系，尤其是管理者与被管理者之间的关系问题。与之相关的还有管理组织与其他组织之间的关系，组织与其成员之间的关系等。

第三，研究上层建筑方面的问题。管理活动还受到上层建筑的影响，这方面主要研究管理组织在追求经济效益的同时，如何注重社会效益，促进社会文明全面进步，促进组织的民主建设，使组织成员得到全面发展，研究如何根据国家的要求，建立合理的管理体制，制定完善的规章制度，促进管理组织系统的改革，培养和发展具有自身个性的组织文化等等。

2. 管理学的学科性质

管理学作为一门新兴的、独立的学科，经过近百年来的发展历程，在广泛吸收其他学科研究成果的基础上，建立了自己的科学体系，形成了自己的特点。

1）普遍性

管理学是以管理活动中的基本规律和一般方法为研究对象的学科，是人类管理经验和管理思想的科学总结。而管理经验和管理思想又来源于人类社会多种多样的管理实践活动，有的从事企业管理活动，有的从事政府、军队等国家行政机关管理活动，有的从事学校、文艺团体、医疗卫生的管理活动等等。有许多不同的社会组织，就会有许多解决这些领域特殊问题的管理原理和方法，由此就形成了各种不同门类的管理学。

虽然不同领域的管理工作可能有不同的特点，但是无论是哪个领域的管理工作，都要经历这样一个过程：管理者通过计划、组织、人员配备、领导、控制等职能，协调他人的活动，处理人与人之间的关系，合理分配各种社会资源，最终实现组织的既定目标。这些不同领域的管理学都包含着共同的、普遍的管理原理和管理方法，它是具有普遍指导意义的，它是从各种组织中概括、抽象、提炼出来的共同的东西，并形成一套系统理论。

2）综合性

现代的管理学不仅具有社会科学属性，而且也具有自然科学的属性。它既广泛地应用社会科学（如经济学、社会学、哲学等）方面的新成果，也应用自然科学，尤其是应用技术科学的成果。

3）时代性

在人类历史长河中，世界各民族人民为了生存和发展，每时每刻都在组织着社会生产活动，并研究着生产活动。正是由于人类社会的生产活动，才使人类历史具有连续性。在不同的时代，人类社会的生产活动由于各种因素的作用而具有阶段性的特征。与这种阶段性相适应的，客观上要求管理活动不断变革和创新，于是就有了不同的历史阶段的管理，在思想、内容、性质、方法和手段等方面都表现出鲜明的时代特点。因此管理学只有紧跟时代的步伐，与时俱进，针对社会生产活动的各个方面，努力揭示管理规律，反映管理的未来发展趋势，构建出具有鲜明时代特征的学科知识体系，才能适应社会发展的客观要求。

4）应用性

管理学不仅具有理论性，而且又是一门应用性较强的学科。首先，管理学的理论知识来源于人类的管理实践，是人们管理实践经验的概括和总结；其次，管理学知识存在的意义和目的就是必须运用到实践之中去，提高管理效率，否则它将失去其应有的价值；再次，管理学的理论与方法要通过实践来检验其有效性和科学性。因此管理学只有通过在管理实践中应用，才能带来实效，才能发挥其指导管理实践工作的作用，并在不断反复的实践中逐步自我完善。

知识拓展1-3

大荣法则：企业生存的最大课题就是培养人才

企业的发达，乃人才的发达；人才的繁荣，即事业的繁荣。

1.4 熟知现代管理理论

现代管理理论的基本特征是众多学派并存。这些学派分别从不同的角度对管理理论进行了卓有成效的探讨，都对管理理论的发展作出了贡献，管理科学进入了一个发展、创新、分化、综合并存的时期。现代管理理论阶段的主要学派的代表人物与观点如下。

1. 管理过程学派

管理过程学派又称管理职能学派，管理过程学派把管理的职能作为研究的对象，他们先把管理的工作划分为若干职能，然后对这些职能进行研究，阐明每项职能的性质、特点和重要性，论述实现这些职能的原则和方法。他们认为，无论什么样的组织，管理人员所从事的管理职能却是相同的，管理活动的过程就是管理的职能逐步展开和实现的过程。管理过程学派的鼻祖是法约尔，他将管理活动分为计划、组织、指挥、协调和控制等五大管理职能，并进行了相应的分析和讨论。

孔茨和奥唐奈在仔细研究这些管理职能的基础上，将管理职能分为计划、组织、人员配备、领导和控制五项，而把协调作为管理的本质。孔茨利用这些管理职能对管理理论进行分析、研究和阐述。孔茨是管理过程学派的集大成者，他继承了法约尔的理论，并把法约尔的理论更加系统化、条理化，使管理过程学派成为管理各学派中最具有影响力的学派。

2. 经验主义学派

经验主义学派又称为案例学派，主要代表人物是德鲁克，主要作品有《管理的实践》、《管理：任务、责任、实践》等。另一个代表人物是戴尔（Ernest Dale），代表作是《伟大的组织者》。

经验主义学派认为管理学就是研究管理经验，认为通过对管理人员在特定情况下成功的和失败的经验教训的研究，会使人们懂得在将来相应的情况下如何运用有效的方法解决管理问题。因此，这个学派的学者把对管理理论的研究放在对实际管理工作者的管理经验及教训的研究上，强调从企业管理的实际经验而不是从一般原理出发来进行研究，强调用比较的方法来研究和概括管理经验。

经验主义学派的方法可以说在管理理论丛林中较具特色，但他们受到了许多管理学家的批评。经验主义学派由于过于强调经验而无法形成有效的原理和原则，无法形成系统的管理理论，管理者可以依靠自己的经验，而无经验的初学者则无所适从。而且，过去所依赖的经验未必能运用到将来的管理中。

3. 行为科学学派

行为科学开始于 20 世纪 20 年代末、30 年代初的霍桑试验，创始人是美国哈佛大学教授、管理学家梅奥。梅奥创建的人际关系学说——早期的行为科学以后，经过几十年的大量研究工作，许多社会学家、人类学家、心理学家、管理学家都从事行为科学的研究，先后发表了大量优秀著作，提出了许多很有见地的新理论，逐步完善了人际关系理论。

行为科学以人的行为及其产生的原因作为研究对象。具体来说，它主要是从人的需要、欲望、动机、目的等心理因素的角度研究人的行为规律，特别是研究人与人之间的关系、个人与集体之间的关系，并借助于这种规律性的认识来预测和控制人的行为，以实现提高工作效率、达成组织目标的目的。"二战"后，行为科学学派主要代表人物及其代表作有：马斯洛（Maslow）的《人类动机的理论》；赫茨伯格（Herzberg）的《工作的激励因素》；麦格雷戈（McGregor）的《企业的人性面》。

4. 系统管理学派

系统管理学派亦称系统学派，该学派将企业作为一个有机整体，把各项管理业务看成是相互联系的网络，应用系统理论，全面分析、研究企业和其他组织的管理活动及管理过程，并建立起系统模型以便于分析。这一理论是卡斯特（F. E. Kast）、罗森茨威克（J. E. Rosenzing）和约翰逊（R. A. Johnson）等美国管理学家在一般系统论的基础上建立起来的。卡斯特是美国管理学家、华盛顿大学的教授，他于1963年与约翰逊和罗森茨威克三人合写了《系统理论和管理》，1970年与罗森茨威克两人合写了《组织与管理——一种系统学说》。这两本书比较全面地论述了系统管理理论，该理论的主要观点是：组织作为一个开放的社会技术系统，是由许多子系统组成的，这些子系统还可以继续分为更小的子系统；企业是由人、物资、机器和其他资源在一定的目标下组成的一体化系统，同时，企业还是社会这个大系统中的一个子系统；如果运用系统观点来考察管理的基本职能，可以把企业看成是一个投入—产出系统，投入的是物资、劳动力和各种信息，产出的是各种产品（或服务）。

5. 决策理论学派

决策理论学派的主要代表人物是曾获得1978年诺贝尔经济学奖的赫伯特·西蒙。西蒙是决策理论学派的代表人物，他在巴纳德的社会系统理论基础上提出了决策理论，建立了决策理论学派，形成了一门有关决策过程、准则、类型及方法的较完整的理论体系，主要著作有《管理行为》、《组织》、《管理决策的新科学》等。其理论要点体现在以下四个方面。

第一，决策是管理的核心，决策贯穿管理的全过程。西蒙指出组织中经理人员的重要职能就是作决策。他认为，任何作业开始之前都要先作决策，制订计划就是决策，组织、领导和控制也都离不开决策。

第二，系统阐述了决策原理。西蒙对决策的程序、准则、程序化决策和非程序化决策的异同及其决策技术等作了分析。

第三，在决策标准上，用"令人满意"的准则代替"最优化"准则。

第四，一个组织的决策根据其活动是否反复出现来划分，可分为程序化决策和非程序化决策。

6. 权变理论学派

"权变"的意思就是权宜应变。权变理论认为，在企业管理中要根据企业所处的内外条件随机应变，没有什么一成不变、普遍适用的"最好的"管理理论和方法。它的理论核心就是通过组织的各子系统内部和各子系统之间的相互联系，以及组织和它所处的环境之间的联系，来确定各种变数的关系类型和结构类型。它强调在管理中要根据组织所处的内外部条件随机应变，针对不同的具体条件寻求合适的管理模式和方法。其代表人物有卢桑斯、伍德沃德、劳伦斯、洛希等人。

美国学者卢桑斯（F. Luthans）在1976年出版的《管理导论：一种权变学》一书中系统地概括了权变管理理论。他认为：第一，权变理论就是要把环境对管理的作用具体化，并使管理理论与管理实践紧密地联系起来。第二，环境是自变量，而管理的观念和技术是因变量。这就是说，如果存在某种环境条件下，欲更快地达到目标，就要采用某种管理原理、方法和技术。第三，权变管理理论的核心内容是环境变量与管理变量之间的函数关系，即权变关系。

7. 管理科学学派

管理学界中形成的所谓管理科学学派又称数量学派，它是运用数学、统计学的方法和电子计算机技术，为现代管理决策提供科学的依据，解决各项生产经营管理问题。这个学派认为，解决复杂系统的管理决策问题，可以用电子计算机作为工具，寻求最佳计划方案，以达到企业的目标。管理科学其实就是管理中的一种数量分析方法。它主要用于解决数量化的管理问题，其作用在于通过科学的管理方法，减少决策中的风险，提高决策的质量，保证投入的资源发挥最大的经济效益。

从管理科学的名称来看，它主要不是探求有关管理的原理和原则，而是依据科学的方法和客观的事实来解决管理问题，并且要求按照最优化的标准为管理者提供决策方案，设法把科学的原理、方法和工具应用于管理过程，侧重于追求经济和技术上的合理性。该学派的主要代表人物有伯法（E. S. Buffa）（其著作是《现代生产管理》）、布莱克特（Blackett）、丹齐克（G. Dantaig）、丘奇曼（Churchman）等。

知识拓展1-4

坎特法则：管理从尊重开始

尊重员工是人性化管理的必然要求，是回报率最高的感情投资。尊重员工是领导者应该具备的职业素养，而且尊重员工本身就是获得员工尊重的一种重要途径。

▤ 课堂讨论！

完成本任务后，请进行自我测试：
你是否已明确管理的深刻内涵？

◉ 帝王之道论管理 –1

秦始皇用人之计：包容为上

秦始皇是中国历史上第一位皇帝，他在世人眼里被视为中国历史上的大暴君。但就是这么一个人，历史学家还是给予了他很高的评价，称其为千古一帝，因为他创造了历史上很多个"第一"：中国第一个平政（政治上最平等）的帝王；中国第一个以守法著称的帝王；中国第一个大范围认真推行标准化的帝王，统一文字、度量衡、货币、车同轨等（为世界公认）；中国第一个修建高速公路的帝王（驰道宽50丈，合138.25米宽）；中国第一个天下为公的帝王（柳宗元评价说："然而公天下之端自秦始"）；中国第一个最注重质量的帝王。实践证明，秦始皇用人的质量、长城的质量、秦陵的质量、灵渠的质量、陶俑的质量就是证据。

当然他最重要的功绩是统一六国，建立第一个封建王朝。在纷乱不一的战国，他能够统一天下，除了先王积累的实力以外，秦始皇自己重视人才也是一个重要的原因。

秦王嬴政非常重视人才，有着"容才之量"的胸怀，他彻底贯彻韩非子法家的任人唯贤的治国方略，不拘一格地使用人才。虽然对他的为人历来评价刻薄，但实际上在使用人才方面，他是没有什么问题的。嬴政高度重视人才，不管是谁，只要有才能，能够为秦国的发展作出贡献，他都加以任用，使他们为自己卖命。大梁人尉缭曾经给嬴政提了一个好的建议，让嬴政出巨资贿赂六国的大臣，从内部瓦解敌人，这种做法表面上看似乎花费巨大，但却能够获得很大的实际利益。嬴政立即采用了这一建议，并且对尉缭礼遇有加，赏赐尉缭使用的东西常常和自己使用的一样，但是尉缭反而要走。他觉得秦王虽然现在对人才礼遇有加，甚至愿意让出自己使用的好东西给他们，这正表现了嬴政的虎狼之心，等他统一天下之后，则天下人都会成为他的奴隶。因此，尉缭不愿意和嬴政长久交往，便暗地里议论了嬴政一番之后，拔腿开溜，却不幸被嬴政发觉，被逮了回来。不过，嬴政并没有大发雷霆，将他投入监狱，而是执意挽留，任命他为秦国太尉，始终听从他的建议，从而作出了很多正确决策。

我们知道，都江堰水利工程现在已经成为了世界文化遗产，但如果没有嬴政对专业化人才的重视和对李冰的支持，都江堰是不可能建成的。我们今天看这个伟大的世界文化遗产的时候，似乎也应该记起伟大的嬴政。还有一个水利人才我们也都很熟悉，那就是郑国。郑国刚到秦国的时候，就是一个间谍，他的目的在于修建一个可以水淹秦国的工程。嬴政刚开始并没有发现其中的秘密，后来发现郑国的真实目的之后，也没有将郑国处死，而是让他继续修建，以便于关中农田的灌溉。这样做就发挥了郑国的专业技术，使得秦国经济实力大增，反而获益匪浅。当然，最能表现嬴政求贤若渴的还是他试图收用高渐离的故事。他不是不知道高渐离是荆轲的知己好友，但是高渐离的音乐才华实在太让他欣赏了。对于这样的人才，无疑每个帝国都是急需的，因此，他将高渐离收容到了身边，并且一再容忍了他的刺杀，直到实在无法挽回为止。

面对竞争日趋激烈的市场环境，科学技术发展日新月异，人才资源已成为企业最重要的战略资源，对每个企业来讲，人才问题显得非常重要、紧迫、严峻。可以说，一个企业在事业上所取得的成功，无不是其人才战略的成功。企业要想巩固已取得的成果，并在更高的起点上有所作为，则有赖于它坚持不懈地实施其行之有效的人才战略。而要实施好人才战略，企业首先要营造一种尊重劳动、尊重知识、尊重人才、尊重创造的氛围。一个好的企业氛围的形成，对人才的培养、发掘、吸引、留用能起到很大作用。这个氛围的形成，必须要有充满活力的用人机制和与之配套的评价、遴选、升迁、激励等机制。

● 任务小结

通过对本任务的学习，同学们可以了解管理的一些相关基础知识，理解管理学的概念及内涵，掌握管理学的研究对象和方法的规范，并能运用管理学知识理解现实生活中的管理现象，从而进一步认识到学习管理学的意义和必要性。

第三部分　任务实训

◎ 案例分析

飞龙的困境

飞龙集团总裁姜伟曾经相当辉煌，被冠以"杰出青年企业家"、"十大杰出青年"等荣誉。从1991年到1994年这4年间，飞龙集团已累计完成销售额20亿元，实现利润4.2亿元。用当时一名记者的说法，飞龙的成功秘诀在于：不追求产值，追求利润；追求市场占有率，破除生产能力扩大之传统模式；破除大规模负债经营模式，依靠自身滚动经营等。

其实，其真正秘诀在于：广告轰炸、人海会战。姜伟当年的口号是："最优秀的人是商人；最优秀的商人是广告人。"我们看下面一组数据：飞龙 1991 年投入 120 万元广告费，其利润是 400 万元；1992 年投入 1 000 万元广告费，其利润是 6 000 万元；1993 年投入 8 000万元广告费，其利润是 2 亿元。

但从 1994 年下半年起，保健品市场竞争日益激烈且混乱，例如，当时市场上共有保健品 2.8 万种，"只要大肠杆菌不超标就可生产"（姜伟语）。这时候，飞龙开始感受到市场经济的残酷一面，市场的萎缩使得姜伟开始把眼光转向内部管理，这才发现飞龙的内部管理一片混乱，根本无法应付此时的竞争状况。

香港一家咨询公司对飞龙进行诊断分析后指出其四大缺陷：一是管理混乱；二是缺乏长远规划；三是无高科技拳头产品；四是资本不实。

姜伟这才意识到问题的严重性，并痛下决心加以改进。

【思考题】

（1）阐述一下管理在公司经营活动中的地位作用。

（2）你认为导致一个企业成功的因素有哪些？

⊛ 模拟实训

"管理有或者无定法"

1. 实训目的

通过组织学生对"管理有或者无定法"进行辩论，尝试对管理有一个初步的了解。

2. 实训内容

① 组织学生对"管理有或者无定法"进行辩论。

② 指导学生查阅相关资料，全面理解管理的含义。

3. 实训组织

① 将学生分成正反两方，对"管理有或者无定法"进行辩论，要求观点鲜明，论据充分。

② 选一些学生做评委，其他老师做专家评委。

4. 成果与检测

① 专家评委点评正反两方观点。

② 由学生、专家评委和学生观众为辩论双方打分，最终确定哪方获胜。

③ 指导教师对整个辩论的准备和过程进行总结。

⊃ 游戏活动

点　　钞

1. 目的

领悟科学管理的重要性。

2. 道具

不同面值的数叠点钞纸（每组 5 人，100 元、10 元、1 元点钞纸各 50 张）。

3. 时间

45 分钟。

4. 程序

① 手持式点钞：计算单指单张、单指两张、三指三张、四指四张、五指五张的点钞时间。

② 单指单张：计算手持式点钞和桌按式点钞的时间。

③ 不同手型（粗细手）的点钞时间。

5. 规则

① 除记录者外，小组的每位同学都必须参与。

② 比赛分为小组内竞赛和小组间的竞赛。在其他条件相同时，点钞时间最短者获胜。

6. 教师任务

① 在前一次课上宣布活动的任务、道具及分组。

② 指定准备活动道具的负责人。

③ 开始活动时，宣布活动程序、规则及时间。

④ 确定每组的记录人。

⑤ 控制整个活动场面，回答学生的提问，监督是否有违反规则的现象发生。

⑥ 组织学生讨论，得出结论：点钞方法的重要性、选拔一流员工的重要性、工具（手与钞票）的重要性。

7. 考核标准

在其他条件相同时，点钞时间最短者获胜。

任务二　解析企业管理道德与承担社会责任

↘ 任务提示

本任务将引领你明确管理道德的含义及特点和企业社会责任的内容！

↘ 任务先行

管理道德和社会责任是什么？它们是怎样来到我们身边的？它们研究的是什么呢？要了解这些问题，请往下看！

第一部分　故事与案例

⇒ 故事导入

责　任

五岁的汉克和爸爸、妈妈、哥哥一起到森林干活，突然间下起雨来，可是他们只带了一块雨披。

　　爸爸将雨披给了妈妈，妈妈给了哥哥，哥哥又给了汉克。

　　汉克问道："为什么爸爸给了妈妈，妈妈给了哥哥，哥哥又给了我呢？"

　　爸爸回答道："因为爸爸比妈妈强大，妈妈比哥哥强大，哥哥又比你强大呀。我们都会保护比较弱小的人。"

　　汉克左右看了看，跑过去将雨披撑开来挡在了一朵在风雨中飘摇的娇弱小花上面。

　　从这则寓言故事中，我们会领悟出企业管理中的道理：真正的强者不一定是多有力，或者多有钱，而是他对别人多有帮助。责任可以让我们将事情做完整，爱可以让我们将事情做好。那么，什么是管理道德？企业要承担什么社会责任呢？我们先从管理道德学起！

◑ 案情介绍

弗兰克履行自己的责任

　　20世纪初，在美国，一位意大利移民曾为人类精神历史写下灿烂光辉的一笔。他叫弗兰克，经过艰苦的积蓄开办了一家小银行，但一次银行遭抢劫导致了他不平凡的经历。他破了产，储户失去了存款。当他带着一个妻子和四个儿女从头开始的时候，他决定偿还那笔天文数字般的存款。所有的人都劝他："你为什么要这样做呢？这件事你是没有责任的。"但他回答："是的，在法律上也许我没有责任，但在道义上，我有责任，我应该还钱。"

　　偿还的代价是三十年的艰苦生活，寄出最后一笔"债务"时，他轻叹："现在我终于无债一身轻了。"他用一生的辛酸和汗水完成了他的责任，而给世界留下了一笔真正的财富。

◑ 案例解读

　　责任的存在，是上天留给世人的一种考验，许多人通不过这场考验，逃匿了。许多人承受了，自己戴上了荆冠。逃匿的人随着时间消逝了，没有在世界上留下一点痕迹。承受的人也会消逝，但他们仍然活着，死了也仍然活着，因为精神使他们不朽。

第二部分　任务学习引导

重要知识

管理道德的含义

　　管理道德作为一种特殊的职业道德，是从事管理工作的管理者的行为准则与规范的总和，是特殊的职业道德规范，是对管理者提出的道德要求，对管理者自身而言，可以说是管理者的立身之本、行为之基、发展之源；对企业而言，是对企业进行管理价值导向，是企业健康持续发展所需的一种重要资源，是企业提高经济效益、提升综合竞争力的源泉，可以说管理道德是管理者与企业的精神财富。

2.1 认知管理道德

2.1.1 管理道德的特点

1. 管理道德具有普遍性

管理道德是人们在参与管理活动中依据一定社会的道德原则和基本规范为指导而提升、概括出来的管理行为的规范，它适用于各个领域的管理。无论是行政管理、经济管理、企业管理、文化管理，还是单位、部门、家庭和邻里的人际关系管理，都应当遵守管理道德的原则和要求。

2. 管理道德具有特殊的非强制性

人类最初的管理，属于公权的、人人都可以平等参加的管理，没有强制性。与之相应的，调整管理行为的规范（即管理道德）也没有强制性。正如恩格斯所指出的："酋长在氏族内部的权力，是父亲般的、纯粹道德性质的，他手里没有强制的手段。"人类社会进入阶级社会以后，管理被打上阶级的烙印，具有阶级的性质和内容。它依靠国家或组织的权力实行管理活动，具有强制的性质。但是，与此相适应的管理道德并没有改变其非强制的性质。不过，管理道德在内容上侧重于调整和约束组织管理者的管理行为，在社会作用上则侧重于依靠被管理者的舆论影响管理者的行为，从而调整管理者与被管理者之间的关系，使其具有特殊性。

3. 管理道德具有变动性

人类的管理活动是随着人类的社会实践的发展而不断变化的，作为调整管理行为和管理关系的管理道德规范，也必然随着管理的变化和发展而不断改变自己的内容和形式。原始社会的公共事务管理性质单纯、形式单一、内容简单、发展极其缓慢，与之相应的管理道德的内容也简单，规范也少，发展也缓慢。到了近代，随着管理内容的复杂化、管理方式的制度化和管理目标的多样化，与此相应的管理道德的内容也随之增加和丰富，形式也日益多样化。特别是当代科学管理的迅速发展，进一步推动了管理道德的变化和发展。因此，如何在这种变动性中适时调整道德的结构和层次，概括出反映新的时代特点和当代科学管理水平的新的管理道德规范，以满足具有中国特色的社会主义管理发展的需要，是摆在我们面前的一项新的任务。

4. 管理道德具有社会教化性

道德教化是一个古老的概念，重视教化是中国传统文化的一个优良传统。中国古代的思想家大都重视德治，所以都强调道德教化的作用。孔子主张用"仁爱"的道德原则教化人，认为人只要做到"仁"，就能自爱，就能"爱人"，对人宽容、忠恕。孟子发展了孔子的仁爱思想，提出"亲亲而仁民，仁民而爱物"的思想，认为"仁"就是"爱之理，心之德"。此外，儒家还把公正、廉洁、重行、修养、举贤仁能等都看作"仁爱"教化的结果，要求管理者都应具备这些道德品质。当代中国的社会主义管理道德，应当吸收中国传统文化中的合理的道德教化思想，高度重视管理道德的教化作用。尤其应当强调组织管理者的道德示范和引导作用，使管理道德的意识、信念、意志、情感更加深入人心，并化为人们的自觉行为，这对于有效促进社会主义管理目标的实现具有非常重要的作用。

2.1.2 影响管理道德的因素

为了更加科学地理解管理的概念,我们需要把握一下管理的基本特征。

1. 外部因素

外部因素的影响主要包括早期教育因素、企业的管理体制及制度因素、企业文化因素、社会大环境因素等。

(1)早期教育因素的影响。个人早期受的教育、生活环境,尤其是在其幼、童年时期所处环境的熏陶、所受教育的程度对其今后的观念的形成起到至关重要的影响,通过这段时期感知、认知事物,其个人的道德观初步形成。"孔融让梨"就是早期教育对其道德影响的表现。

(2)企业的管理体制及制度因素的影响。企业的管理体制是否有利于企业发展,企业领导者是否为管理者创造一个工作、发展的平台,企业是否做到组织结构科学合理,规章制度是否健全完善,人才培训培养机制是否激励有效等,都对管理道德的形成起到较大影响。例如,张瑞敏评价他在海尔充当的角色时,认为"第一是设计师,在企业发展中如何使组织结构适应企业发展;第二是牧师,不断地布道,使员工接受企业文化,把员工自身价值的体现和企业目标的实现结合起来"。

(3)企业文化因素的影响。一个企业有较强的、积极向上的企业文化就可以抵御外来风险,化解内部冲突。在走上市场经济之路以来,许多企业注重实施企业文化建设,形成具有企业自身特色的文化,如海尔文化,不仅使海尔的知名度进一步提升,而且使企业的凝聚力进一步增强,员工的亲和力进一步增强,从而形成了海尔人良好的职业道德和行为准则。

(4)社会大环境因素的影响。一定时期,社会上大多数人的世界观和价值观也会受外部因素影响,甚至改变个人的管理道德观。尤其是在社会转型期,多种因素综合导致了一些人的道德观危机,如社会不同层次的管理道德问题、职业圈子中的管理道德问题、企业内部日常管理中面临的管理道德问题等。

2. 内在因素

内在因素的影响主要包括管理者自身的意志、能力、信念因素、自身责任感因素等。

(1)个人意志、能力和信念因素的影响。个人意志坚强、个人能力较强、个人信念坚定的管理者对事物判断比较准确,无论身处顺境还是逆境,无论外部诱惑如何大,其大多数会在道德准则判断与道德行为之间保持较强的一致性,不会因一时之事、一念之差而作出不正确的选择;反之则会在道德准则判断与道德行为之间作出不正确的选择。

(2)个人责任感因素的影响。责任感是每个人对工作、企业、社会等所作出行为的负责态度,有较强责任感的人,是一个能自觉承担社会责任、积极履行职责和正确行使职权的管理者,敢于并勇于对自己的行为负责,很少出现违背道德准则的情况;反之,缺乏责任感的人,对自己的行为导致的后果不愿承担责任,甚至认为"事不关己",推卸责任,缺乏最基本的道德素质。

上述几种因素基本上决定了一个人管理道德观的形成,不同的道德观导致了相应的管理行为,造成各种各样的管理道德问题。

2.1.3 我国管理道德失衡的表现及成因

1. 我国管理道德失衡的表现

在市场经济体制转轨过程中，激烈的市场竞争使得一些单纯以经济利益为导向的企业唯利是图。因此，在企业经营管理活动中，经常出现应该遵守的道德规范与实际上不讲道德经营的高度分裂，由此产生了企业管理的道德失衡。我国管理道德失衡主要表现在以下几个方面。

（1）企业与顾客的关系方面：欺骗性的广告宣传，在营销和推广上夸大其词，生产不安全或有损健康的产品。有些经营者明知产品含有危害人体健康的成分，仍故意向消费者隐瞒真相，而大力宣传其对消费者有利的方面，或信口开河、擅自夸大产品的功效。

（2）企业与竞争对手的关系方面：假冒其他企业的商标，生产假冒伪劣产品，侵犯他人的商业秘密，损害竞争对手的商业声誉，不遵守市场游戏规则，挖墙脚等。特别是企业间不讲信誉，彼此拖欠和赖账，不履行合同。

（3）企业与员工的关系方面：有些企业盲目追求利润，不顾员工的生存和工作环境，侵犯员工的健康权利；有些企业在招聘、提升和报酬上采取性别、种族歧视，侵犯隐私；有些企业对员工的工作评价不公正，克扣薪水等。

（4）企业与政府的关系方面：财务欺诈、偷税漏费、官商勾结、权力腐败、商业贿赂、地方保护主义、国有企业改革中的"内部人"控制现象等。

（5）企业与自然环境的关系方面：企业为追求高利润，对治理污染采取消极态度。对排放"三废"等造成的污染不实施治理而是继续偷偷地排出。特别是一些化工、印染、造纸等工厂规模小，对废水缺乏必要的处理，严重污染环境。

2. 我国管理道德失衡的成因

1）经济体制不完善

在我国，由于市场经济体制还不完善，容易造成竞争无序，使企业管理道德缺乏约束，甚至出现经营活动缺乏公平竞争制度，经营"游戏"规则混乱的局面。在此局面中，由于国家政策控制的原因，造成地区、行业、单位的竞争起点不同，从源头上造成了竞争无序；加上市场体系不完善，未能形成众多统一开放的全国大市场，使得地方保护主义泛滥，一些官员从当地经济发展和自己的政绩、利益需要出发，非但没有取缔无序竞争，反而搞地区封锁和部门分割，鼓励甚至纵容包庇无序竞争、违法经营。

2）信息不对称

信息传递的滞后和扭曲，使企业管理失衡成为可能。经营活动中出现一些欺骗、失信现象的最直接原因就是信息不对称。在市场经济条件下，市场信息风云变幻，使得信息难于控制。拥有信息多的一方就可能欺骗另一方，加上媒体广告片面宣传的推波助澜，为不法企业作出欺诈行为开了方便之门。只要有利可图，或者欺诈带来的收益大于为进行欺诈所付出的成本投入，欺骗、失信就会不知疲倦地连续下去，这样就造成了企业管理道德的失衡。

3）企业价值取向的偏颇

建立社会主义市场经济的目的是为了满足人民群众日益增长的物质文化需要。社会主义市场经济的道德价值观，仍然是坚持集体主义原则，以全心全意为人民服务为核心。然而，在经济转型的特殊环境条件下，部分企业价值取向出现了偏颇，过分强调企业利润最大化，功利主义的趋向严重，忽视甚至侵害他人的利益。这些企业为了私利，不择手段，违法经营，使企业丧失道德，逃避责任，造成企业管理道德的失衡。

4）消费者自我保护意识差

相对经营者而言，消费者处于弱势地位。为此国家颁布了一整套法律制度，目的是为了保护消费者的人身财产安全，维护公平交易和消费者的切身利益。然而由于消费者法制观念落后，自我保护意识极其薄弱，许多消费者面对迅速形成的立法内容无从掌握和运用。越来越多的法律规定难以起到维护消费者权益的作用，而是成为一纸空文。这样消费者的行为往往姑息迁就了企业不道德的经营行为。

2.1.4 管理道德的培育

1. 抓好管理道德教育

（1）提高管理道德认识，包括管理者对其管理的地位、性质、作用、服务对象、服务手段等方面的认识。对管理道德价值的认识是培育管理者管理道德的前提，就是要认识管理道德的实质、内涵，充分认识到管理道德对个人、企业乃至社会的重要性。只有提高对管理道德的认识，才能在思想上重视，在行动上实施，在发展中提升。

（2）培养管理道德情感，就是管理者在处理自己和职业的关系及评价管理行为过程中形成的荣辱好恶等情绪和态度。主要包括对所从事管理工作的荣誉感、责任感，对服务对象的亲切感，热爱本职工作，敬业乐业等。管理道德情感一经形成，就会成为一种稳定而强大的力量，积极影响人们管理道德行为的形成和发展。

（3）锻炼管理道德意志，就是人们在履行管理义务的过程中所表现出来的自觉地克服一切困难和障碍，作出抉择的力量和精神。是否具有坚毅果敢的管理道德意志，是衡量每个管理者管理道德素质高低的重要标志。

（4）坚定管理道德信念，就是管理者对所从事的管理工作应具备的道德观念、道德准则和道德理想发自内心的真诚信仰。管理者一旦牢固地确定了管理道德信念，就能自觉地坚定不移地履行自己的义务，并能据此来鉴别自己或他人的行为。培养和确立终生不渝的管理道德信念，是每个管理者管理道德修养的中心环节。

2. 提炼、规范管理道德准则

管理道德建设的过程，就是管理者管理道德素质形成和不断完善的过程，这需要管理者把管理道德认识、管理道德情感、管理道德意志和管理道德信念等与所从事的管理工作、企业的实际情况等结合起来，注重吸收西方道德观中合理的成分，广泛继承中华民族传统道德观的精华，提炼出体现管理特色的管理道德准则，使管理者了解、明确管理道德规范，认清管理道德的标准和行为准则，以利于管理者形成良好的管理道德。

通过提炼管理道德标准，实行管理道德的规范化管理，使管理者自觉地对照管理道德准则时刻检查自己、规范自己的行为，将管理道德准则内化成管理道德认识，从而培养成良好的管理道德行为习惯，既有利于管理者自身的建设与发展，又有利于企业管理水平的提高与发展。

3. 树立典型，加强引导

在管理道德建设过程中，树立典型、发挥榜样示范的作用很重要。典型引导是激励人们自觉规范道德行为的有效途径。企业在管理过程中，要注意以下两个方面。

（1）注重发挥企业领导者管理道德的表率作用。企业领导者是企业的精英，是高层管理者，其模范、表率行为对其他管理者管理道德的形成具有更直接的影响。对企业领导者来说，管理价值、道德价值高于物质利益，企业领导者应把国家、员工赋予的职位当作为国家、企业贡献，为员工服务的机会，"先天下之忧而忧，后天下之乐而乐"，勇于负责，不计得失，自强不息，以身作则，讲真话，办实事，"言必信、行必果"，树立领导者良好的管理道德，这对推动整个层面管理道德的形成起着举足轻重的作用。

（2）树立典型人物，做好舆论导向，发挥引导作用。例如，牛玉儒等现实生活中涌现出来的典型人物，他们的感人事迹、表现出来的道德品质是人们所景仰的，在这些典型人物身上也充分体现出了优秀的管理道德。

因此，大力宣传典型，把道德规范人格化，有利于使管理者以典型人物为榜样，学习典型人物的人格，激发自身去追求典型人物所拥有的优秀的理想人格，并且以这种理想人格为标准来塑造自己，促进管理者管理道德水平的形成和提高。

4. 管理道德行为列入岗位考核内容

管理者是否具有管理道德，不是看其是否会背诵管理道德的多少规范条款，而要看他是否能理解管理道德，把管理道德要求与自己的工作相结合，落实到实际行动或具体工作中，形成稳定的职业行为。管理道德规范化、制度化，就会成为管理者的习惯行为，就会在管理工作中发挥巨大作用，也必将在企业内形成良好的道德风尚，使企业步入良性的发展轨道。因此，企业应将管理道德建设纳入管理者岗位考核内容之一，加强检查、考核、奖惩，使每一个管理者不断地自我对照准则检查，不断地修正自己的行为方向，最终养成良好的管理道德。

管理者是管理道德的主体，管理道德是对管理者行为的规范和制约，一个合格的管理者也必然是一个有道德的管理者，做有道德的管理者，应该是每一个管理者的职业准则。在当今时代，管理者和企业应注重开展和加强管理道德培育，提高管理者的管理道德，使管理者有所为、有所不为，养成良好的管理道德行为，才能有效地提升企业管理水平，获取更大的效益，实现长效发展。

知识拓展2-1

高管要关注企业道德，管理不善会有"乘数效应"

企业的经济效益具有"乘数效应"，管理不善的代价也会有乘数效应，因为它会影响到下属的配偶和孩子。阿瑟·米勒（Arthur Miller）的《推销员之死》之所以能够升华到悲剧的层次，正是因为主人公威利·洛曼的不幸遭遇是一场具有普遍意义的道德灾难。当洛曼的妻子哭诉道："一定得有人关注啊！"，她不仅是对她的儿子说的，也是对包括管理者在内的我们所有人说的。

2.2　探讨企业承担的社会责任

企业社会责任的含义

　　企业社会责任（Corporate Social Responsibility，CSR）是指企业在创造利润、对股东承担法律责任的同时，还要承担对员工、消费者、社区和环境的责任。企业的社会责任要求企业必须超越把利润作为唯一目标的传统理念，强调要在生产过程中对人的价值的关注，强调对消费者、对环境、对社会的贡献。

2.2.1　企业社会责任的起源及发展历程

1. 企业社会责任观的思想渊源

　　早在 18 世纪中后期英国完成第一次工业革命后，现代意义上的企业就有了充分的发展，但企业社会责任的观念还未出现，实践中的企业社会责任局限于业主个人的道德行为之内。企业社会责任思想的起点是亚当·斯密（Adam Smith）的"看不见的手"。

　　到了 18 世纪末期，西方企业的社会责任观开始发生了微妙的变化，表现为小企业的业主们经常捐助学校、教堂和穷人。

　　进入 19 世纪以后，两次工业革命的成果带来了社会生产力的飞跃，企业在数量和规模上有了较大程度的发展。这个时期受"社会达尔文主义"思潮的影响，人们对企业的社会责任观是持消极态度的，许多企业不是主动承担社会责任，而是对与企业有密切关系的供应商和员工等极尽盘剥，以求尽快变成社会竞争的强者，这种理念随着工业的大力发展产生了许多负面的影响。

　　与此同时，19 世纪中后期企业制度逐渐完善，劳动阶层维护自身权益的要求不断高涨，加上美国政府接连出台《反托拉斯法》和《消费者保护法》以抑制企业不良行为，客观上对企业履行社会责任提出了新的要求，企业社会责任观念的出现成为历史必然。

2. 企业社会责任观的发展历程

　　随着经济和社会的进步，企业不仅要对赢利负责，而且要对环境负责，并承担相应的社会责任。企业社会责任观的发展经历了以下几个过程。

　　1）20 世纪 50—70 年代的赢利至上

　　1970 年 9 月 13 日，诺贝尔奖得奖人、经济学家米尔顿·弗里德曼在《纽约时报》刊登题为《商业的社会责任是增加利润》的文章，指出"极少趋势，比公司主管人员除了为股东尽量赚钱之外应承担社会责任，更能彻底破坏自由社会本身的基础"，"企业的一项、也是唯一的社会责任是在比赛规则范围内增加利润。"社会经济观认为，利润最大化是企业的第二目标，企业的第一目标是保证自己的生存。"为了实现这一点，他们必须承担社会义务以及由此产生的社会成本。他们必须以不污染、不歧视、不从事欺骗性的广告宣传等方式来保护社会福利，他们必须融入自己所在的社区及资助慈善组织，从而在改善社会中扮演积极的角色。

1976 年经济合作与发展组织（OECD）制定了《跨国公司行为准则》，这是迄今为止唯一由政府签署并承诺执行的多边、综合性跨国公司行为准则。这些准则虽然对任何国家或公司没有约束力，但要求更加保护利害相关人士和股东的权利，提高透明度，并加强问责制。2000 年该准则重新修订，更加强调了签署国政府在促进和执行准则方面的责任。

2）20 世纪 80—90 年代的关注环境

80 年代，企业社会责任运动开始在欧美发达国家逐渐兴起，它包括环保、劳工和人权等方面的内容，由此导致消费者的关注点由单一关心产品质量，转向关心产品质量、环境、职业健康和劳动保障等多个方面。一些涉及绿色和平、环保、社会责任和人权等的非政府组织以及舆论也不断呼吁，要求社会责任与贸易挂钩。迫于日益增大的压力和自身的发展需要，很多欧美跨国公司纷纷制定对社会作出必要承诺的责任守则（包括社会责任），或通过环境、职业健康、社会责任认证应对不同利益团体的需要。

3）20 世纪 90 年代至今的社会责任运动兴起

90 年代初期，美国劳工及人权组织针对成衣业和制鞋业发动了"反血汗工厂运动"。因利用"血汗工厂"制度生产产品的美国服装制造商 Levi-Strauss 被新闻媒体曝光后，为挽救其公众形象，制定了第一份公司生产守则。

2000 年 7 月，《全球契约》论坛第一次高级别会议召开，参加会议的 50 多家著名跨国公司的代表承诺在建立全球化市场的同时，要以《全球契约》为框架，改善工人工作环境，提高环保水平。《全球契约》行动计划已经有包括中国在内的 30 多个国家的代表、200 多家著名大公司参与。

2010 年，在由 17PR 主办的第六届中国公关经理人年会上，"2010 企业社会责任优秀案例"评选揭晓，这是国内首次举办企业社会责任案例评选，获奖案例均来自在社会公益、公益传播和环境保护方面作出突出贡献的企业。

2.2.2 企业承担的社会责任

1. 承担明礼诚信、确保产品货真价实的责任

由于种种原因造成的诚信缺失正在破坏着社会主义市场经济的正常运营，由于企业的不守信，造成假冒商品随时可见，给消费者造成的福利损失每年在 2 500 亿～2 700 亿元之间，占 GDP 比重的 3%～3.5%。很多企业因商品造假的干扰和打假难度过大，导致企业难以为继。为了维护市场秩序，保障人民群众的利益，企业必须承担起明礼诚信、确保产品货真价实的社会责任。

2. 承担科学发展与交纳税款的责任

企业的任务是发展和赢利，并担负着增加税收的使命。企业必须承担起发展的责任，搞好经济发展，要以发展为中心，以发展为前提，不断扩大企业规模，扩大纳税份额，完成纳税任务，为国家发展作出大贡献。但是这个发展观必须是科学的，任何企业都不能只顾眼前，不顾长远，也不能只顾局部，不顾全局，更不能只顾自身，而不顾友邻。所以无论哪个企业，都要高度重视在"五个统筹"（即统筹城乡发展、统筹区域发展、统筹经济社会发展、统筹人与自然和谐发展、统筹国内发展和对外开放）的科学发展观指导下发展。

3. 承担可持续发展与节约资源的责任

我国是一个人均资源特别紧缺的国家，因此企业的发展一定要与节约资源相适应。企业不能顾此失彼，不顾全局。作为企业家，一定要站在全局立场上，坚持可持续发展，高度关注节约资源，并要下决心改变经济增长方式，发展循环经济，调整产业结构。尤其要响应中央号召，实施"走出去"的战略，用好两种资源和两个市场，以保证经济的运行安全。这样，我们的发展才能持续，再翻两番的目标才能实现。

4. 承担保护环境和维护自然和谐的责任

随着经济全球化的发展，环境日益恶化，特别是大气、水、海洋的污染日益严重。野生动植物的生存面临危机，森林与矿产过度开采，给人类的生存和发展带来了很大威胁，环境问题成了经济发展的瓶颈。为了人类的生存和经济持续发展，企业一定要担当起保护环境和维护自然和谐的重任。

5. 承担公共产品与文化建设的责任

医疗卫生、公共教育与文化建设，对一个国家的发展极为重要。特别是公共教育，对一个国家的脱除贫困、走向富强就更具有不可低估的作用。医疗卫生工作不仅影响全民族的身体健康，也影响社会劳动力资源的供应保障。文化建设则可以通过休闲娱乐，陶冶人的情操，提高人的素质。以前，我国对这些方面的投入较少，欠债较多，存在的问题比较严重。公共产品和文化事业的发展固然是国家的责任，但在国家对这些方面扶植困难、财力不足的情况下，企业应当分出一部分财力和精力担当起发展医疗卫生、公共教育和文化建设的责任。

6. 承担扶贫济困和发展慈善事业的责任

虽然我们的经济取得了巨大发展，但是作为一个有13亿人口的大国还存在很多困难。特别是农村的困难就更为繁重，更有一些穷人需要扶贫济困。这些责任固然需要政府去努力，但也需要企业为国分忧，参与社会的扶贫济困。为了社会的发展，也是为了企业自身的发展，企业更应该重视扶贫济困，更好地承担起扶贫济困的责任。

7. 承担保护职工健康和确保职工待遇的责任

人力资源是社会的宝贵财富，也是企业发展的支撑力量。保障企业职工的生命、健康和确保职工的工作与收入待遇，不仅关系到企业的持续健康发展，而且也关系到社会的发展与稳定。为了应对国际上对企业社会责任标准的要求，也为了使我国关于"以人为本"和构建和谐社会的目标落到实处，企业必须承担起保护职工生命、健康和确保护职工待遇的责任。企业要坚决做好遵纪守法，爱护企业的员工，搞好劳动保护，不断提高工人工资水平，并保证按时发放。此外，企业要多与员工沟通，多为员工着想。

8. 承担发展科技和创自主知识产权的责任

当前，就总的情况看，我国企业的经济效益是较差的，资源投入产出率也十分低。为解决效益低下问题，必须要重视科技创新。通过科技创新，降低煤、电、油、运的消耗，进一步提高企业效益。改革开放以来，我国为了尽快改变技术落后状况，实行了拿来主义，使经济发展走了捷径。时至今日，我们的引进风依然越刮越大，越刮越严重，很多工厂几乎都成了外国生产线的博览会，而对引进技术的消化吸收却没有引起注意。因此，企业要高度重视引进技术的消化吸收和科技研发，加大资金与人员的投入，努力做到创新以企业为主体。

知识拓展2-2

宝洁的社会责任

宝洁的核心价值，正如其在公司宗旨中提到的："为现在和未来的世世代代，提供优质超值的品牌产品和服务，美化世界各地消费者的生活。作为回报，我们将会获得领先的市场销售地位、不断增长的利润和市值，从而令我们的员工、股东以及我们生活和工作所处的社会共同繁荣。"宝洁希望在中国继续保持旺盛的生命力和强劲的企业形象，继续下一个20年和更多个20年的成功，切实履行自己的社会责任将会更有利于实现这个目标。

📃 课堂讨论！

完成本任务后，请进行自我测试：
你是否已明确管理道德与企业社会责任的深刻内涵？

◉ 帝王之道论管理－2

刘邦：六大用人之道

1. 知人善任

知人善任，这是讲到领导艺术时，经常要说到的一个词。什么叫知人善任？知人善任，首先在于知人，其次是善任。知人当中首先在于知己，其次是知彼，人贵有自知之明，要做到这一点确实很难，而刘邦却恰恰做到了这一点。他也非常清楚地知道，一个领导最重要的才能是什么，如何调动部下的积极性，下属都有什么才能，他们的才能是哪些方面的，有什么性格，有什么特征，有什么长处，有什么短处，放在什么位置上最合适。充分了解下属的能力也是一个领导最大的才能，领导不是说要自己亲自去做什么事，事必躬亲的领导绝非好领导，作为一个领导，如果能够掌握好一批人才，把他们放在适当的位置上，让他们最大限度地、充分地发挥自己的积极性和作用，你的事业成功就指日可待了。

2. 不拘一格

刘邦有一个很大的优点，就是他不拘一格地使用人才，所以刘邦的队伍里面什么人都有，张良是贵族，陈平是游士，萧何是县吏，樊哙是狗屠，灌婴是布贩，娄敬是车夫，彭越是强盗，周勃是吹鼓手，韩信是待业青年，可以说是什么样的人都有。刘邦把他们组合起来，各就其位，毫不在乎人家说他们是一支杂牌军，他要求的是所有的人才都能够最大限度地发挥作用。历史证明，刘邦的用人策略是对的。

3. 不计前嫌

刘邦的队伍里面，有很多人原来曾经是在项羽手下当差的，因为在项羽的部队里面待不下去跑过来投奔刘邦，刘邦敞开大门，不计前嫌，一视同仁表示欢迎，如韩信、陈平。韩信原来是项羽手下的人，因为在项羽手下不能发挥作用，来投奔刘邦。其实，一个领导者也应如此，如果老是小肚鸡肠，计较甚多，能招募来好的人才吗？恐怕连帐下之人也会离他而去。

4. 坦诚相待

坦诚相待，不仅仅反映着一个人的素质问题，更是为人处世的一条原则，你能坦诚对待别人，别人通常也会坦诚地对待你。对于人才，他们需要的不仅是应得的酬劳，而更多的是需要尊重和信任。要尊重这些人才，唯一的办法就是以诚相待，实话实说。刘邦就有这个优点，张良、韩信、陈平这些人，如果有什么问题要跟刘邦谈，提出问题，刘邦全部都是如实回答，不说假话，哪怕这样回答令自己很没面子，他也不说假话。之所以这些人能够帮助刘邦提出自己的计策，是由于刘邦有一个前提，就是如实相告，绝不隐瞒，这样信任对方，尊重对方，得到了对方同样的回报，以及同样的信任和尊重，尽心尽力地帮他出谋划策。这也是我们一些做领导的，非常值得借鉴的经验。

5. 用人不疑

做一个领导最忌讳的就是一天到晚看见所有的人都很可疑，今天猜忌这个，明天猜忌那个。刘邦就有用人不疑的一种魄力，他一旦决定用一个人，他绝不怀疑，而是放手使用，最典型的例子就是陈平。陈平从项羽的军中投靠刘邦以后，得到刘邦的信任，引起了刘邦的很多老随从的不满，所以就有人到刘邦那里说陈平的坏话，然而刘邦还是坚持对陈平委以重任。当时，刘邦和项羽正处于一个胶着的状态，谁也吃不掉谁，为了让陈平能够成功地实施反间计，刘邦拨款黄金四万斤给陈平，并且不问出入，由此可以想见刘邦对陈平的信任。

6. 论功行赏

使用人才，首先是要信任他，尊重他，同时也应该给予奖励，因为奖励是对一个人才贡献的实实在在的肯定。不能老拿好话甜和人，说这个人不错，是个难得的人才，是我们的骨干，就是一分钱不给，这样做是不行的。有贡献就得有奖励，而且要奖励得合适。确实是工作做得好，贡献大的，要多奖；做得一般的，一般地奖；做得差的，不奖，甚至罚。总之，做到赏罚分明。刘邦夺取天下以后，根据各个人的不同功绩，对功臣论功行赏，不但封赏了萧何、张良、韩信、彭越等一批人，还封赏了他最不喜欢的人——雍齿。

● 任务小结

通过对本任务的学习，同学们可以了解一些管理道德以及企业社会责任的相关基础知识，理解管理道德的内涵，掌握企业社会责任的内容，并能运用这些理论解释现实生活中的管理现象。

第三部分　任务实训

● 案例分析

社会责任与企业大小是否有关？

一位"洋顾问"在讲演中说到这样一件事：MDC（化名）是跨国零售企业×公司的供应商，因需要为后者赶制圣诞礼品，而不得不强迫工人夜以继日加班。结果，一位叫阿凤的女工在连续加班三周之后，昏倒了。这导致 MDC 损失了 100 万元，阿凤也立即被辞退。

面对 MDC 的做法，台上的企业家们给予了一致的否定。

然而，台下的企业家们却有不同的看法。一位来自广州的老板提出，很多企业其实并不是不想负责任，"他也知道这样做不对，可是迫于压力，如果他不这么干，生意就谈不成，而他不做自然会有大把人做"！

更有观众在听到路义普表态"在中国的合作伙伴，必须都像他们一样履行社会责任"后指出，与跨国公司合资的中国企业，规模大都比较小，对于他们来说，履行社会责任就意味着成本的增加，竞争力的削弱，"等我壮大了，我也愿意承担社会责任！"

"洋顾问"的讲演似乎很难一下子说服现场观众。在观众看来，相对于中国企业，外国公司已经经历了压榨劳工、污染环境等各个阶段，现在壮大了，当然可以比较轻松地考虑社会责任问题。而中国企业才刚起步，要一下子达到这个高度，未免太难了！

面对中国企业的困惑，两位来自世界 500 强企业的高层试图进行耐心的劝说。"很多中国的合作伙伴会提到这个问题，我们很小，没能力负责任。"路义普表示，如果想要持续发展，就必须承担起这个责任，"这不是大小的问题。"他认为，社会责任不是负担，而是企业经营不可缺少的一部分。

不过，对于中国企业来说，这还不是问题的全部。曾庆洪坦言，现在的国有企业，不是承担的社会责任太少，而是太多了。"又是学校，又是医院，还有退休"，他认为，这导致许多国有企业在市场竞争中处于劣势，"人家什么都不用管，我要管的多啦，怎么公平竞争？"

对于跨国企业来说，这或许是他们没有遇到的一个新课题。面对曾庆洪的感慨，现场除了掌声，只有沉默。

【思考题】

阐述一下企业不论规模大还是小是否都要承担社会责任。

➲ 模拟实训

"社会责任与企业大小有/无关系"

1. 实训目的

通过组织学生对"社会责任与企业大小有/无关系"进行辩论，尝试对企业社会责任有一个初步的了解。

2. 实训内容

① 组织学生对"社会责任与企业大小有/无关系"进行辩论。

② 指导学生查阅相关资料，全面理解企业社会责任的相关内容。

3. 实训组织

① 将学生分成正反两方，对"社会责任与企业大小有/无关系"进行辩论，要求观点鲜明，论据充分。

② 选一些学生做评委，其他老师做专家评委。

4. 成果与检测

① 专家评委点评正反两方观点。

② 由学生、专家评委和学生观众为辩论双方打分，最终确定哪方获胜。

③ 指导教师对整个辩论的准备和过程进行总结。

⊃ 游戏活动

布 袋 游 戏

1. 目的

引发管理中的概念。

2. 道具

布袋、照相机、鞋靶子、透明塑料尺、地图和风油精。

3. 时间

20 分钟。

4. 内容

五件物品照相机、鞋靶子、尺、地图、风油精的摸取，询问与管理有何关系？

5. 点评

利用变通的手法加深学生对某些管理概念的理解。

项 目 小 结

本项目围绕管理学原理设计了各环节的基本知识，设置了重要知识、课堂讨论等栏目，体现了对一些重要理论知识的重组。

本项目进程以任务先行开始，以项目任务小结结束，希望读者在完成项目任务之后，能够及时进行自我的过程性评价。

本项目技能目标：完成本项目后，读者应该能够把握管理的丰富内涵，以现代管理学的观念指导日常管理活动。完成本项目将为完成后面各项任务奠定良好的基础。

模块二 管理核心职能的操作与应用

项 目 二

制订管理计划与作合理的决策

◉ 知识目标

通过完成本项目，你应该能够：

1. 认识管理者采用的各种计划的类型；
2. 了解计划编制的主要方法；
3. 掌握计划的含义和计划工作的程序，决策的含义、类型和步骤；
4. 熟悉常用的决策方法。

◉ 技能目标

1. 把握计划和决策的丰富内涵；
2. 会制订计划和作合理的决策。

- ◆ 项目任务
  任务三　制订计划
  任务四　作合理的决策
- ◆ 项目解析
- ◆ 故事导入
- ◆ 案情介绍
- ◆ 案例解读
- ◆ 课堂讨论
- ◆ 案例分析
- ◆ 模拟实训
- ◆ 游戏活动
- ◆ 项目小结

▶▶ 项目解析

尊敬的读者：我们每天都在谈论计划和决策，见过各种各样的计划，我们也都不知不觉地在参与其中。那么，管理者呢，更是如此，他们离不开计划和决策。没有计划和决策，管理者就很难做好工作。好了，从现在开始，我们将引领你走进计划和决策，一层一层地揭开它神秘的面纱！

为了更好地把握计划及决策基本理论，为完成今后各项任务打下坚实基础，首先请尝试完成本项目：制订管理计划与做合理的决策。

为了方便你掌握计划与决策有关概念和更好地掌握计划与决策技巧，我们又将本项目分为两个任务：

任务三　制订计划

任务四　做合理的决策

你可以对照知识目标和技能目标，反复演练，有的放矢地依次完成各项任务，直至完成本项目，为早日成为现代管理者做好准备。

任务三　制 订 计 划

➥ **任务提示**

本任务将引领你明确计划的含义、目的、意义和计划工作的程序！

➥ **任务先行**

什么是计划？它是怎样来到我们身边的？它是研究什么的呢？要了解这些问题，请往下看！

第一部分　故事与案例

⊃ **故事导入**

拾鸡者……

曾有这样一个人，每天都要去偷邻居的鸡，有人告诉他说："这样的行为，不符合君子之道。"那人回答说："那就减少一点好了，以后每月偷一只鸡，等到明年的时候，就完全不偷了。"

从这则寓言故事中，我们可以领悟出企业管理中的道理：这是一种循序渐进的理论，我们有时候自己就做着这样的事情。例如，吸烟有害身体，怎么办呢？戒掉吧，每天少抽点；企业的管理机制有问题，一步一步来解决。可是事情到了最后怎么样呢？烟依然还在抽，企业的问题还是没有彻底解决！

明智的管理者在制定一项政策的时候，总是会记得这样一件事——制定一个日程安排表，不实现目标决不罢休。计划使我们的思想具体化而体现出我们期望做什么，什么时候做好，谁去做什么事，以及如何做。

⊃ **案情介绍**

王总的目标管理做法

北方公司王总经理在一次管理技能培训中学习到一些目标管理的内容。他对于这种理论逻辑上的简单清晰及其预期的收益印象非常深刻。因此，他决定在公司内部实施这种管理方法。首先他需要为公司的各部门制定工作目标。王总认为：由于各部门的目标决定了整个公司的业绩，因此应该由他本人为他们确定较高目标。

确定了目标之后，他就把目标下发给各个部门的负责人，要求他们如期完成，并以口头通知的形式说明在计划完成后他要组织人员亲自对落实情况，按照目标的要求进行考核和奖惩。但是他没有想到的是中层经理在收到任务书的第二天，就集体上书表示无法接受这些目标，致使目标管理方案无法顺利实施。王总对此感到很困惑。

⊃ **案例解读**

一个优秀的目标应该既具有一定的挑战性，又具有可实现性的特征，并且为上下级共同认可的。因此，制定目标是采取自上而下制定目标，自下而上设计措施的过程，先由上级提出发展愿景和总目标，再由下级分析其可实现性，继而设计出目标达成的具体步骤和方法，这样才能上下齐心，整合资源，实现目标。

第二部分　任务学习引导

重要知识

计划的含义

计划，就是为了实现既定的目标，对未来行动进行规划、安排以及组织实施的一系列管理活动的总称。

3.1　认知计划

3.1.1　计划职能的概念

计划职能是管理的首要职能，它贯穿于管理全过程之中，它包括组织未来的可能预期结果以及相应的措施。具体地讲，计划职能是为实现一定目标而科学预计和制订的未来行动方案。换言之，计划就是一个组织要做什么和怎么做的行动指南。对于计划职能含义的理解有以下几点：

第一，计划是管理工作的一项首要职能；

第二，计划是在调查、分析、预测的基础上形成的；

第三，计划是对未来一定时期内的工作安排，是现实与未来目标间的一座桥梁；

第四，计划也是一种管理协调的手段。

我们可以用"5W2H"来清楚地描述计划工作的任务和内容。

What——为什么？即目标与内容。要明确组织的使命、战略、目标，以及行动计划的具体任务和要求，明确一个时期的中心任务和工作重点。例如，企业在未来五年要达到什么样的战略目标；企业年度经营计划主要是确定销售收入、销售哪些产品、生产哪些产品、生产多少，合理安排产品投入和产出的数量及进度，使企业的资源和能力得到尽可能充分的发挥和利用。

Why——为什么做？即原因。要论证组织的使命、战略、目标和行动计划的可能性和可行性，也就是要提供制订计划的依据。

Who——谁去做？即人员。计划不仅要明确规定目标、任务、地点和进度，还应规定由哪个部门、哪个人负责。在计划中要明确规定每个阶段由哪个部门参加，哪个人具体负责，哪些部门协助配合，各阶段的接口处由哪些部门和哪些人员参加鉴定和审核等。

Where——何地做？即地点。规定计划实施的地点或场所，了解计划实施的环境条件和限制，以便合理安排计划实施的空间组织和布局。

When——何时做？即时间。规定计划中各项工作的开始和完成的进度，以便进行有效的控制和对资源及能力进行平衡。

How——怎么做？即方式、方法、手段。制定实施计划的措施，以及相应的政策和规则，对资源进行合理分配和集中使用，对人力、生产能力及各类资源进行平衡，对各派生计划进行综合平衡。

How much——多少成本？即资金、费用。制订计划，必须有较科学的资金使用和分配方案。

3.1.2 计划职能的特征

计划工作的基本特征可以概括为五个主要方面，即目的性、首位性、普遍性、效率性和创新性。

1. 目的性

计划工作是为实现组织目标服务，任何组织都是通过有意识的合作，来完成群体的目标而得以生存的。计划工作旨在有效地达到某种目标。

2. 首位性

由于计划、组织、人员配备、领导和控制等方面的活动，都是为了支持实现组织的目标，管理过程中的其他职能都只有在计划工作确定了目标以后才能进行。因此，计划工作是管理活动的桥梁，是组织、领导、人员配备和控制等管理活动的基础，计划职能在管理职能中居首要地位。

例如，对于一个是否要建立新工厂的计划研究工作，如果得出的结论是新厂建设在经济上不合理，所以也就没有筹建、组织、领导和控制一个新厂的必要了。图 3 - 1 概略地描述了这种相互关系。

3. 普遍性

虽然各级管理人员的职责和权限各有不同，但是他们在工作中都有计划指导，计划工作在各级管理人员的工作中是普遍存在的。

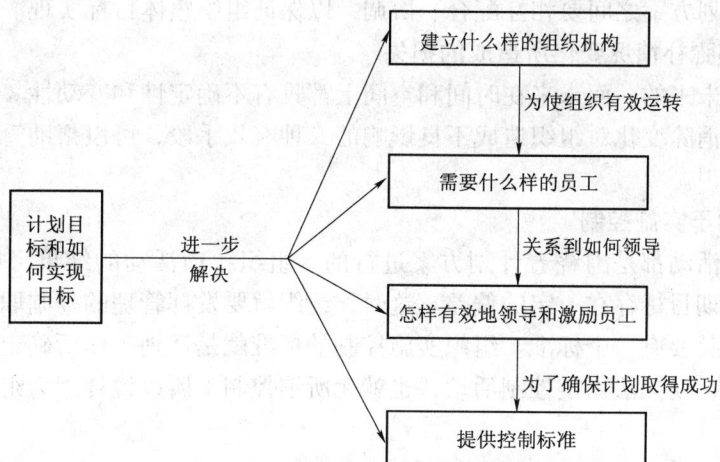

图 3 - 1　计划职能领先于其他管理职能

4. 效率性

计划工作要追求效率。计划的效率是指对组织目标所做贡献扣除制订和执行计划所需要的费用后的总额。一个计划能够达到目标，如果在计划的实现过程中付出了太高的代价或者是不必要的代价，那么这个计划的效率就是很低的。因此，在制订计划时，要时时考虑计划的效率性，不但要考虑经济方面的利益，而且还要考虑非经济方面的利益和损耗。

5. 创新性

计划工作是针对需要解决的新问题和可能发生的新变化、新机会而作出决定，因而它是一个创新过程。计划工作实际上是对管理活动的一种设计，正如一种新产品的成功在于创新一样，成功的计划也依赖于创新。

3.1.3　计划职能的重要意义

一个组织要在复杂多变的环境中生存和发展，就需要科学地制订计划，协调与平衡各方面的关系，不断地适应变化了的形势，寻找新的生存与发展机会。因而，计划在管理中的地位日益提高。计划作为管理的基本职能，在管理中具有以下几个重要的作用。

1. 计划有利于管理者进行协调和控制

计划确定了组织的活动方向，明确了具体的目标和任务，便于管理者协调各部门的工作，指导管理活动按计划有步骤地进行；另外，计划介于决策与组织、控制之间，有其独特的地位。管理者可以通过计划对管理活动进行控制，从而保证决策目标的实现。

2. 计划有利于提高工作效率

计划可以使组织各部门的工作能够统一协调、井然有序地展开，消除不必要的活动所带来的浪费；计划可以减少各部门工作的重复和闭门造车的现象，使组织的各种资源能够得到充分的利用，产生巨大的组织效应；计划可以把组织成员的注意力集中于目标，形成一种协同力量。有了计划还必须有行动，必须使组织的各项活动都围绕着组织的目标来进行。在组织未来的行动方案中，要把组织的整体目标分解成各个部门、各个环节的目标，以在组织中形成目标体系，同时还要根据各个部门、各个环节的目标制订各个部门、各个环节相应的计划方案。这些计划方案之间要相互配合、协调，以保证组织整体目标实现。

3. 计划能够弥补情况变化所造成的损失

计划是面向未来的，而未来在时间和空间上都具有不确定性和变动性。计划作为预测未来变化并且设法消除变化对组织造成不良影响的一种有效手段，可以帮助管理者对未来有更清醒的预见和认识。

4. 计划有利于实施控制

组织的各项活动都是围绕着计划方案进行的。组织各项活动的结果可能达到了预期目标，也可能与预期目标存在一定的偏差。这时，组织就要发挥管理的控制职能来消除这种偏差。要进行控制就要有一个标准。组织实施控制的标准就是计划工作所确定的计划目标。如果没有计划目标，就无法测定控制活动，也就无所谓控制，所以说计划为组织实施有效控制提供了根据。

3.1.4 计划的种类

计划的种类有很多，可以按不同的方式进行分类。不同的分类方法有助于我们全面地了解计划的各种类型。一般较为普遍的是按照制订计划的组织层次、计划规划的时间、计划的约束力、计划的对象、企业职能和计划的表现形式来分类。

1. 按照管理层次来划分

按照制订计划的组织在管理系统中所处的层次来划分，可以分为高层计划、中层计划和低层计划。

高层计划是由高层领导机构制订，并下达到整个组织执行和负责检查的计划。高层计划一般是总体性的，是整个组织的战略构思和长时期的行动纲领。它一般具有构思宏大、眼光深远、认识超前等特点，同时也较为抽象和稳定。

中层计划是中层管理机构制订、下达或颁布到有关基层执行并负责检查的计划。中层计划从属于高层计划，并指导低层计划。

低层计划是基层机构制订、颁布和负责检查的计划。低层计划一般是执行性计划，它的制订必须以高层计划、中层计划的要求为依据，保证高层计划、中层计划目标的实现。低层计划具有构思细微、认识实在的特点，一般较为具体和易变。

高层计划、中层计划、低层计划是相对而言的，较低层级的计划一般是较高层级的计划分解的结果，较高层级的计划则是较低层级的计划的纲领和综合。较低层级的计划是较高层级计划的落实和保证。

2. 按照时间跨度来划分

按照计划规划时间的长短来划分，可分为长期计划、中期计划和短期计划。

长期计划的期限一般在 10 年以上，是组织在较长时间内的发展目标和方向，属于纲领性和轮廓性的计划。

中期计划的期限一般为 5 年左右，它来自长期计划，并且按照长期计划的执行情况和预测到的具体条件变化而进行编制。

短期计划的期限一般在 1 年左右，以年度计划为主要形式。它是在中期计划的指导下，具体规划组织本年度的工作任务和措施的计划。

长期计划、中期计划、短期计划在时间上的要求是相对的，在不同单位可能不同，而且它们之间也是相比较而存在的。前一计划是后一计划制订的原则和框架，后一计划是前一计划的具体化和实施。长期计划、中期计划、短期计划有机协调和相互配套，是计划目标得以实现的保证。

3. 按照计划的约束力来划分

按照计划对执行者的约束力来划分，可分为指令性计划和指导性计划。指令性计划是由上级主管部门下达的具有行政约束力的计划。它具有强制性、权威性、行政性和间接市场性的特点。指导性计划是由上级主管部门下达的起导向作用的计划。它具有参考性、灵活性和调节性的特点。

4. 按照计划的对象来划分

按照计划的对象来划分，可以分为综合计划、局部计划和项目计划。

综合计划是指具有多个目标和多方面内容的计划。

局部计划是指限于指定范围内的计划，它是在综合计划的基础上制订的，是综合计划的一个子计划。与综合计划相比较而言，局部计划涉及的对象比较单一，计划的内容专一性强。

项目计划是指为完成某一特定任务而制订的计划，内容专业性较强，目标比较明确。项目计划既可以包括在局部计划之中，又可以单独设立。作为局部计划的一个组成部分，项目计划是局部计划的进一步分解和落实；作为单独设立的项目计划又往往与综合计划相关。

5. 按照企业职能来划分

计划还可以按企业职能进行分类。例如，我们可以将某个企业的经营计划按企业职能分为新产品开发计划、供应计划、生产计划、销售计划、财务计划、人力资源计划、设备维修计划、安全计划、后勤保障计划等。由此看来，这些职能计划通常就是企业相应的职能部门编制和执行的计划。因此按职能分类的计划体系，一般来说是与组织中按职能划分管理部门的组织结构体系相对应的。

6. 按照计划内容的表现形式来划分

按计划内容的表现形式分类，可将计划分为宗旨、目标、战略、政策、程序、规则、规划和预算等内容。

（1）宗旨（Mission）。各种有组织的活动，都具有或者至少应该有目的或宗旨。这种目的或宗旨是社会对该组织的基本要求，反映的是组织存在的社会价值。

（2）目标（Objective）。目标是在宗旨指导下提出的，它具体规定了组织及其各个部门的经营管理活动在一定时期要达到的具体成果。目标不仅仅是计划工作的终点，而且也是组织工作、人员配备、领导、控制等活动所要达到的结果。

（3）战略（Strategy）。战略是指组织面对激烈变化、严峻挑战的市场环境，为求得长期生存和不断发展而进行的总体性谋划，是指对确立组织的长期目标，如何采取行动，分配必需的资源，以达到目标。

（4）政策（Policy）。政策是指在决策或处理问题时指导及沟通思想活动的方针和一般规定。政策指明了组织活动的方向和范围，鼓励什么和限制什么，以保证行动同目标一致，并有助于目标的实现。

（5）程序（Procedure）。它规定了如何处理那些重复发生的问题的方法、步骤。程序就是办事手续，是对所要进行的行动规定时间顺序，是行动的指南。因此，程序是详细列出必须完成某类活动的准确方式。

（6）规则（Rule）。规则是对在具体场合和具体情况下，允许或不允许采取某种特定行动的规定。规则也是一种计划。规则常常容易与政策和程序相混淆，应特别注意区分。规则不像程序，因为规则指导行动，而不说明时间顺序，可以把程序看作是一系列规则的总和。政策的目的是要指导决策，并给管理人员留有酌情处理的余地。虽然规则有时也起指导作用，但是在运用规则时，没有自行处理的权利。

（7）规划（Programs）。规划是综合性的计划，它是为实现既定方针所需要的目标、政策、程序、规则、任务分配、执行步骤、使用资源以及其他要素的复合体。因此，规划工作的各个部分的彼此协调需要系统的思考方法。

（8）预算（Budget）。预算作为一种计划，是一份用数字表示预期结果的报表。预算又被称为"数字化"的计划。例如，财务收支预算可称之为"利润计划"或"财务收支计划"。一个预算计划可以促使上级主管对预算的现金流动、开支、收入等内容进行数字上的整理。预算也是一种控制手段，又因为预算是采用数字形式，所以它使计划工作更细致、更精确。有关预算的详细情况将在本书控制职能中详细讨论。

3.1.5 计划的程序

组织的计划过程是一个复杂的过程，是计划目标的制定和组织实现的过程。具体而言，计划工作包括以下 6 个步骤，如图 3 - 2 所示。

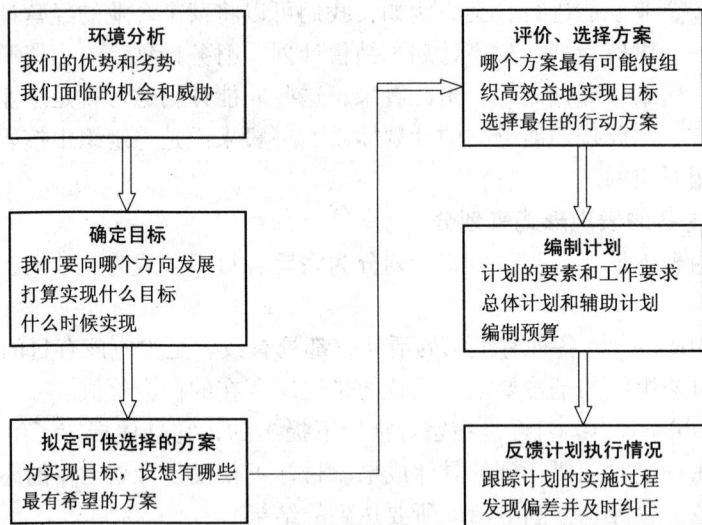

图 3 - 2 计划工作的程序

1. 环境分析

运用科学的分析方法（如 SWOT 分析）对组织环境进行综合分析，找到组织自身的优势和劣势、外部环境的机会和威胁。在此基础上，才能确定组织所要达到的目标。

2. 确定目标

组织要在环境分析的基础上制定组织目标，计划工作的目标是指企业在一定时期内所要达到的效果。它指明所要做的工作有哪些，重点放在哪里，以及通过战略、政策、程序、规划和预算等各种计划形式所要完成的是什么任务。

3. 拟定可供选择的方案

确定目标之后，就要拟定各种可行的计划方案供评价和选择。这一步是一个创新过程。因为一个计划往往有几个可供选择的方案。拟定方案时，不是找可供选择的方案，而是减少可供选择方案的数量，以便可以对最有希望的方案进行分析。当然，方案不是越多越好。拟定可行性方案应做到既不重复又不遗漏，拟定若干个比较有利于预期目标实现的可行性方案，借助教学方法和计算机进行选优，排除希望最小的方案。

4. 评价、选择方案

计划工作的第四步是评价备选方案并选择最佳方案，这是计划的关键一步，也即决策。本步骤是根据环境分析和组织目标来权衡各种因素，对各个方案进行评价，在比较各个方案的利弊的前提下选择最合适的方案。有时候，可供选择方案的分析和评估表明两个或两个以上的方案都是合适的。在这种情况下，管理者应在确定首选方案的同时，可把其他几个方案作为后备的方案，这样可以增加计划工作的弹性，使之更好地适应未来的环境。

5. 编制计划

作出决策之后，就要根据计划目标和最佳方案，按照计划工作的要求，采用科学的方法编制计划。因为总体计划要靠辅助计划来支持，而辅助计划又是总体计划的基础。所以，一方面要编制总体计划，另一方面还要编制辅助计划。

6. 反馈计划执行情况

为了保证计划的有效实施，要对计划执行情况进行跟踪检查，及时反馈计划的实施情况，分析计划执行中出现的问题并采取相应的措施予以解决。

知识拓展3-1

规划：把一张纸折叠51次

想象一下，你手里有一张足够大的白纸。现在，你的任务是，把它折叠51次。那么，它有多高？这就涉及规划的相关知识，通过规划利用好现有的能力远比挖掘所谓的潜能更重要。

3.2 实施目标管理

3.2.1 目标

1. 目标的含义与作用

1）目标的含义

目标是使命或宗旨的具体化，它是指个人或组织根据自身的需求而提出的在一定时期内经过努力要达到的预期成果。目标能够为管理决策确立方向，并可作为标准用以衡量实际的成效。良好的目标是组织获得成功的基础和保障，是实现组织战略的必备手段。

从管理学的角度看，组织的目标具有独特的属性，通常称为 SMART 特性，即目标一定要具体明确（Specific）；可以度量或测量（Measurable）；可以实现（Achievable）；目标之间相互关联（Relevant）；时间限定（Timebond）。管理者制定目标时，一定要把握好目标的这些基本特征。

2）目标的作用

目标可以为人的行为设定明确的方向，使人充分了解自己的每一个行为所产生的效果；目标可以使自己知道什么是最重要的事情，有助于合理安排时间；目标能清晰地评估每一个行为的进展，正面检讨每一个行为的效率；目标能预先看到结果，稳定心情，从而产生持续的信心、热情与动力。

2. 目标的分类

目标可分为长期目标和短期目标，主要目标和次要目标，控制性目标和突破性目标，定量目标和定性目标。

1）长期目标和短期目标

目标按时间跨度可以分为长期目标和短期目标。一般来说，短期目标是指时限为1年内的目标；长期目标是指时限为5年以上的目标。如果要使计划工作收到成效，就必须把长期目标和短期目标有机地结合在一起。

2）主要目标和次要目标

目标按重要程度可以分为主要目标和次要目标。目标的优先次序意味着在一定的时间内某一目标的实现相对来说要比实现其他目标更为重要。因此，确定目标的优先次序是极为重要的，任何一个组织都必须合理分配其资源。确定目标及其优先顺序是一种科学决策的体现。

3）控制性目标和突破性目标

控制性目标是指生产水平或经营活动水平维持在现有水平上；突破性目标是指生产水平或经营活动水平达到前所未有的水平。例如，某企业的产品的废品率在15%左右，在计划工作中不断提高产品质量，使废品率下降到10%，这个10%就叫突破性目标。

4）定量目标和定性目标

目标按考核的性质可以分为定量目标和定性目标。要使目标有意义就必须使其是可以考核的。使目标能够考核的最有效、最方便的方法就是定量化。但是，在许多场合是不宜用数量来表示的，在组织的经营活动中，定性目标是不可缺少的。大多数定性目标是可以考核的，但考核的标准不可能和定量目标一样准确。尽管确定可考核的目标是十分困难的，但经验告诉我们，任何定性目标都能用详细的说明或用其他目标的特征和完成日期的方法来提高其可考核的程度。

3.2.2 目标管理

1. 目标管理的由来

目标管理是以泰罗的科学管理理论和行为科学理论（特别是其中的参与管理）为基础，形成一套管理制度。美国管理学家彼得·德鲁克于1954年在他的著作《管理的实践》中首先提出了"目标管理"这一概念。他认为，企业的宗旨和任务必须转化为目标，组织各级管理人员必须通过这些目标对下级进行领导，以此达到组织总体目标。他强调组织的成员参与目标的制定，通过"自我控制"实现目标。由于有明确的目标作为考核标准，因此对员工的评价和奖励更客观、更合理，大大激发员工为完成组织目标而努力工作。由于目标管理较好地体现了现代管理的原理，在管理实践中受到广泛的重视，特别适用于对管理人员的管理，所以被称为"管理中的管理"。

2. 目标管理的概念

当今有许多组织都在帮助其员工设定绩效目标，以便实现组织目标，这可以通过一种叫目标管理（Management By Objectives，MBO）的过程加以实现。

目标管理是指这样一个系统：由上、下级共同决定具体的绩效目标，首先确定出整体目标，将组织的整体目标转换为组织单位和成员的目标，层层分解，逐级展开，采取保证措施，定期检查目标的进展情况，依据目标完成过程中的具体情况来进行考核，从而有效地实现组织目标。

简言之，所谓目标管理就是指组织内部各部门乃至每个人为实现组织目标，自上而下地制定各自的目标并自主地确定行动方针、安排工作进度、有效地组织实施和对成果进行严格考核的一种系统的管理方法。

目标管理是一个全面的管理系统，它用系统的方法，使许多关键管理活动结合起来，它将整体目标细分为组织中的单位与个人的具体目标，所以目标管理既是自下而上进行的，也是自上而下进行的，其结果是形成了一个不同层次之间目标相连的层级体系。如果组织中所有人都达到了各自的目标，那么单位的目标也就达到了，这样，组织的整体目标也就会实现。所以，德鲁克把目标管理看做是将每一个人工作的目标导向整个组织的目标。

3. 目标管理的基本思想

（1）目标管理是指一个组织的目标和任务必须转化为目标，以求有效地进行工作。

如果一个领域没有特定的目标，则这个领域必然会被忽视。因为组织的工作往往以目标为准绳，工作的目的也是为了目标的实现。

（2）目标管理是一种程序，由上下级共同决定目标。

各级管理人员只有通过一些目标对下级进行领导，而且根据这些目标来衡量下级的工作或贡献大小，并适当给予必要的物质和精神激励，才能保证总目标的实现。如果一个企业没有一个共同目标，其组织也不会有效地进行工作，并且组织规模越大，人员越多，产生冲突和浪费的可能性就越大。

（3）目标分解与落实，强调自我控制。

正是由于一个共同目标存在的必要性，让组织中的每个员工都根据总目标来制定个人目标，并积极努力达到个人目标，进而实现组织的总目标，然后，在目标管理的实施阶段和评价阶段，充分信任员工，发扬民主并下放权力，让员工实行自我控制，依靠个人力量，独立完成各自的目标。

（4）考核遵循一定的依据。

在考核时，严格依据每个员工的实际贡献如实进行评定，做到实事求是，这也是尊重员工的表现，这样就可以进一步刺激员工的工作热情，充分发挥员工的积极性、主动性和创造性。

目标管理与危机管理、压制管理不同。危机管理是指管理者平时无所事事，只有在发生意外时才忙成一团，是一种"消防队救火式"的管理方式。压制管理是指管理者每时每刻都紧盯着他的下属，是一种"监工式"的管理方式。而目标管理与这两种管理方式截然不同，企业的管理者在进行计划、组织、指挥、控制及人力资源等管理工作时，事先怀有"目标"，在执行过程中，充分相信员工，有条不紊，紧张而不慌乱，以达到"目标"的程度评价管理效能的优劣，因此说，目标管理既融合了泰罗的科学管理学说，又渗入了梅奥的人际关系学说，是一种根据工作目标来控制每个员工行动的管理方法。它的目的是通过目标的激励，来刺激员工的上进心和成功欲，以实现组织的总目标。

4. 目标管理的基本特点

1）整体性

目标管理体现了系统论和控制论的思想，它是把组织目标作为一个系统看待，是经过总体思考而产生的。也就是说，在确定总目标的时候，就已经充分考虑了分目标的分解和落实，形成完整的目标体系。

2）目的性

目标管理要求组织确定下来的目标必须明确、具体，具有较高的清晰度。清晰度就是指目标的简洁程度，体现在以下两个方面：第一，组织在确定具体项目时应突出重点，在结构上，每个工作方面最好为一项目标；第二，目标的文字表达要简单明了，使员工易于记忆和理解。

3）层次性

目标具有层次性，目标管理相应也有层次性，总目标经过逐级分解之后，层次就显示出来了，重要的是怎样才能保持层次性。如果层次稳定下来，也就实现了目标管理；如果层次稳定不下来，实际上目标分解就没有落实，目标管理必然流于形式。

层次性稳定的根本问题在于合理授权。在目标管理中，科学的领导应当只抓两项工作：一是根据组织的总体目标向下一层次发出指令信息，最后考核指令的执行结果；二是协调下一层次各单位（部门）之间的关系，对有争议的问题作出裁决。

4）民主性

目标管理的重要原则之一是自我控制，经过目标分解，应当有利于提高员工的主动性和创造性。目标管理的民主性体现在制定目标时要广泛实行民主参与，使员工对目标的意义有充分的了解，满足员工自我表达的需要，而且，员工主动介入制定和控制目标，能促使他们约束自己的行为。当目标确定之后，对于选择什么样的方法去实现目标，应当给执行者留存较大的自由度。无论目标的分解如何细，不体现民主性都不是真正的目标管理。

5. 目标管理的基本过程

纵观目标管理工作的实践是怎样取得成功的，我们便能看出目标管理的重要性。由于各组织的活动性截然不同，目标管理的过程也不尽一样，可以分为以下几个步骤。

1）确定总目标

企业在确定总体目标时，必须注意到目标的可分解性，就是说，不是主观地分解目标，而是根据目标的实际需要分解目标。总体目标的可分解性涉及许多方面的问题，但最主要的是利益问题。就我国企业的现状来看，职工利益与企业利益相背离是实行目标管理的障碍。这一问题如不能解决，职工不会主动去关心企业的目标，企业目标得不到落实，也就失去了可分解性。企业必须承认员工的利益和权力，但员工的利益只有与企业的利益挂起钩来才能实现，解决这一问题是实行目标管理的前提条件。

决策理论学派的代表人物西蒙和马奇指出：确定企业目标应看成是由经营者、员工、股东、消费者、中间商参加所构成的共同行为，个人的目标在企业中是通过诱因和贡献的平衡来实现。企业目标的确定应遵循的原则有以下几个：第一，要以市场需求为依据，体现企业发展的战略思想；第二，在一定的价值观的支配下，提高企业的经济效益；第三，从实际出发，最有效地利用企业的有限资源；第四，要先进合理，应当是经过努力可以达到的；第五，要提高目标的清晰度。

按照系统论的原则，确定目标时应当保证目标之间的整体性，而要按照先整体后局部的原则，经过由整体到局部，由长远到近期，由专业到岗位，由总体到层次的全面考虑之后，再确定目标体系。

2）目标分解

当企业总体目标确定之后，如何具体地将目标落实下去，这就是目标的展开问题。目标展开应包括以下工作。

（1）目标分解。

从形式上看，目标分解就是将目标一层层划开，大划中、中划小、一直分解到班组和个人。在分解过程中，一定要理解这样做的目的，它的实质是一种自上而下层层展开，自下而上层层保证的过程。在企业中，目标分解是一项具有艺术性的工作，不能把目标分解理解为"目标均摊"，目标分解首先要将总体目标分解为专业目标，然后将专业目标经分解再落实到基层，形成基层的综合目标。经过层层分解，就形成了一个由综合到专业，再由专业到综合的有机分解过程。

（2）目标协商。

在目标协商这一点上，充分体现着目标管理的特征。目标协商是指目标在分解过程中，企业上下级之间围绕企业目标的分解、层次目标的落实所进行的沟通和意见商讨。

目标协商是目标管理不可缺少的环节，它从根本上改变了过去上级往下级压任务，下级讨价还价的不正常现象。因此，目标协商有以下作用：① 能使上下级的目标统一。由于层次目标主要是各层次根据企业目标自己制定的，有可能产生偏差，通过协商可以消除这些偏差。② 可以加深执行者对目标的理解。通过目标协商，下级可以认识实现目标的意义。在协商过程中，上级可以向下级讲解为什么要实现目标，使员工增强完成目标的荣誉感和责任感；同时，还能促使员工树立全局观念，这就为以后进行横向协调打下基础。③ 可以消除下级的顾虑。经过协商之后，下级掌握了更多情况，了解实现新目标的条件，就会提高实现目标的信心。④ 实现了员工民主参与。民主参与使员工摆脱了执行者受驱使的感觉，感受到自身价值的实现，从而有利于调动员工的工作积极性。

（3）对策展开。

当目标确定之后，实现目标的关键在于抓住主要问题，制定措施及时予以解决。对策展开的实质就是解决问题。

（4）明确目标责任。

它不仅包括实现目标的质量标准和承担责任的项目，还包括向有关方面提供保证，同时配以奖惩措施。这些都应以明确的方式表示出来，使目标的执行者随时都可以检查自己的目标实现程度。若没有明确的责任加以约束，总体目标最终将难以实现。

（5）编制目标展开图。

目标展开图是以图表的方式，将目标管理所要实现的内容表示出来。采用图表的方式比较直观，目标的分解、对策、责任、标准一目了然，而且还能使人们了解目标体系结构和自己在目标体系中所处的地位。目标展开图公之于众，有利于人们把握实现目标的进度，同时也便于讨论和分析问题。

通过以上工作就形成了自上而下层层展开，自下而上层层保证的目标分解展开图，如图3-3所示。

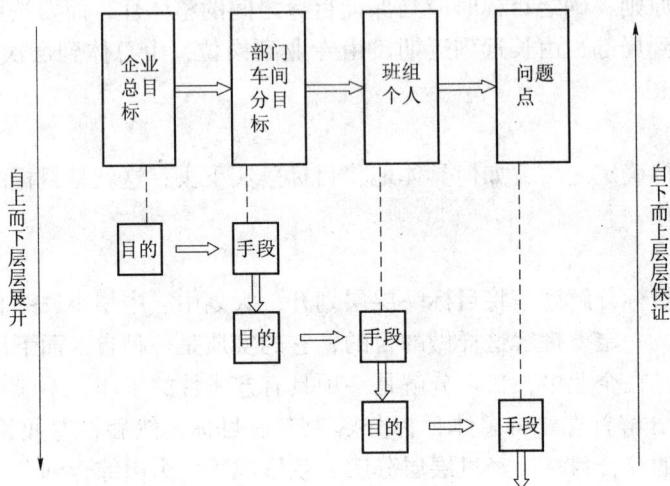

图3-3　目标分解展开图

3）目标的实施

目标的实施阶段就是目标实现过程，这一阶段的工作质量直接影响着目标成效。为了保证各层次、各成员能实现目标，必须授予相应的权力，使之有能力调动和利用必要的资源，保证目标实施有效地进行。这一阶段包含以下三个内容。

（1）编制计划。

经过目标分解和协商之后，各个部门和各个岗位所需完成的目标已经确定下来，目标分解解决的是每个部门应该做什么的问题，而编制计划则是要解决什么时候，做什么的问题。因此，在目标分解的基础上还要编制计划。

编制计划实际上就是制定实现目标的措施和确定实现目标的手段，在目标管理中，这一步虽然要由目标执行者自己进行，但绝不等于放任自流，而是要求领导者给予必要的协助。例如，提出各种建议，提供各种信息，组织各种沟通交流活动等，力图使制订出的计划更加严密和切实可行，同时也更加符合总体目标的要求。

（2）自我控制。

自我控制是目标管理的一个十分重要的特征。它是员工按照自己所承担的目标责任，按照目标责任的要求，在目标实施过程中进行自主的管理。由于受控于目标，故不会出现自由放任的现象。

自我控制采用的主要方法是自我分析和自我检查，而在实现目标的过程中，不断地总结经验与教训，通过一定的反馈方式，把握目标的实现程度；通过将实现程度与目标进行对比，从中找出差距与不足，并研究实现目标的有效方法。自我控制对目标的实现起着积极的作用。

自我控制并不意味着脱离领导，而是要建立新型的上下级协作关系。实现这种类型的关系要做到以下几点：第一，要保持一定的沟通，及时汇报目标的实施情况和存在的问题，使上级掌握工作进度，以便取得领导的支持和指导；第二，实施的情况要及时反馈给协作部门，以便实现相互间的良好配合，纵向和横向关系要做到制度化。

（3）监督与检查。

目标的实施主要是靠员工的自我控制，但并不排斥管理者对目标实施进行必要的监督和检查。这是因为在实施目标的过程中，难免在局部会出现不利于总体目标实现的行为。通过监督和检查，可以对好的行为进行表扬和宣传，对偏离目标的现象及时指出和纠正，对实施中遇到的问题及时加以解决，从而保证目标的最终实现。

监督和检查的内容包括进度、数量和质量等。通过监督和检查可以实现对偏差的调整，并保证完成目标的均衡性，实现有效的协作和信息沟通。

4）目标成果的评价

目标成果的评价是实施目标管理过程中不可缺少的环节，它可以起到激励先进和教育后进的作用。目标成果评价的步骤大致是这样的：先由执行者进行自我评价，并填入目标卡片中，送交上级主管部门；然后再由上级实事求是地给予评价，确定其等级。

进行评价的依据主要是目标的完成情况。同时，也包括目标的困难程度和为完成目标而付出的努力程度。若在执行目标过程中，由于各方面情况的变化对目标进行了必要的修整，则还应包括修正部分，对目标完成情况的考核一定要有说服力，能充分体现职工实际成绩的好坏。而且，考核的具体办法应是事先就规定好的，让员工做到心中有数，具体的考核评价办法可由企业根据自身的实际情况确定，其原则就是要能准确真实地反映员工的绩效。

5）实行奖惩

根据评价结果实行奖惩，评价考核一定要同物质奖励及精神奖励结合起来，体现多劳多得。评价考核工作是否公平、合理，是否照顾到了大家的利益，这对下期工作的影响是很大的。因此，企业领导人一定要谨慎抓好这项工作。

6）新的目标管理循环

目标成果评价与奖惩，既是对某一阶段组织活动效果以及组织成员贡献的总结，也为下一阶段的工作提供参考和借鉴。在此基础上，再制定新的目标，开始目标管理的新一轮循环。

知识拓展3-2

行动的寓言：螃蟹、猫头鹰和蝙蝠

螃蟹、猫头鹰和蝙蝠去上除恶习补习班。数年过后，它们都顺利毕业并获得博士学位。不过，螃蟹仍横行，猫头鹰仍白天睡觉晚上活动，蝙蝠仍倒悬。

它的寓意很简单：行动比知识重要。

📖 **课堂讨论！**

完成本任务后，请进行自我测试：

你是否已明确计划的深刻内涵？

● 帝王之道论管理－3

刘秀的成功：宽厚仁爱、人品上乘

汉光武帝刘秀（公元前6年—公元57年），是东汉王朝的开国皇帝。建武元年（公元25年）六月，刘秀在群臣的拥戴下称帝于鄗县南千秋亭五城陌（今河北柏乡北），重建汉政权，不久定都洛阳，史称东汉。公元37年，完成了统一事业。

刘秀建立东汉王朝后，首先致力于整顿吏治，加强专制主义中央集权。他虽封功臣为侯，赐予优厚的爵禄，但禁止他们干预政事，对诸侯王和外戚的权势，也多方限制。在行政体制上，刘秀一方面进一步抑夺三公职权，使全国政务都经尚书台，最后总揽于皇帝；另一方面，又加强监察制度，提高刺举之吏，如御史中丞、司隶校尉和部刺史的权限和地位。又令全国共并省400多个县，吏职减省至十分之一。与此同时，刘秀还采取了不少措施来安定民生，恢复残破的社会经济。建武六年，下诏恢复三十税一的旧制。东汉初年的封建租赋徭役负担，比起西汉后期和战争期间有所减轻。他前后九次下诏释放奴婢，或提高奴婢的法律地位，使大量奴婢免为庶人，使流民返回农村，促进生产。他统治的时期，史称"中兴"。

建武十五年，刘秀针对当时"田宅逾制"和隐瞒土地户口的严重现象，下令全国检核土地户口。郡县守、令不敢触动贵戚官僚和世家豪族，反而在清查过程中"多为诈巧，不务实核"，"优饶豪右，侵刻羸弱"。结果，激起各地农民的反抗，郡国的豪强大姓也乘机作乱。对此，刘秀采取了不同的对策。对于农民的反抗斗争是进行分化和镇压，对于大姓兵长，则在处死度田不实的十几名郡守之后，即下令停止度田，向豪强地主让步。光武帝在其统治末年还"宣布图谶于天下"，企图以儒家学说与谶纬神学的混合物作为思想武器，加强对人民思想的统治。

刘秀的军事才能很高。称帝之后遣众将攻伐四方，往往能从前方上报的排兵布阵形势中发现问题，有时因前方不能及时得到纠正，便为敌人所败。此外，刘秀待人诚恳简约，宽厚有信，窦融、马援等均由此归心。在新末的军阀混战中，刘秀的军纪相对较好，但手下大将吴汉等仍然多有屠城、暴掠之举。天下未定之时刘秀对诸将的约束显然不够，造成手下大将邓奉因家乡遭吴汉军劫掠，忿而反叛。直到吴汉与刘尚攻灭最后一个敌人公孙述，纵兵大掠成都，刘秀才肯斥责他们。然而诏书虽写得声情并茂，吴汉的官爵却并未受到影响。

刘秀是个宽厚简易的人。在统一过程中，刘玄的一些手下曾参与谋害他的哥哥，他能够不计前嫌地招降并加以厚待；分封功臣时，不顾他人劝说，将最大的封地划到了四县之广；战争尚未结束，就将原来十分之一的税率减到三十分之一；马援为隗嚣所使，分别访问公孙述和刘秀，独为刘秀的人格魅力折服；耿弇、窦融曾专制一方，以兵多权大心不自安，而刘秀对他们未有半点疑虑。凡此种种，都成为他成功的决定性因素。甚至在统一之后，他废郭皇后及太子刘强，立阴皇后及次子刘阳（后改名庄），犹能令郭皇后到其子中山王的封国安享余年，两子之间不生嫌隙，也没有受到臣下及后人的议论。然而，也因为刘秀宽厚简易的性格，造成东汉制度不立，过于依赖皇帝的明智，遂在明章之治以后陷入了长期的黑暗和混乱。

● **任务小结**

通过对本任务的学习，同学们可以了解计划的一些相关基础知识，理解计划和目标管理的概念及内涵，掌握计划的程序和用途，并能运用计划和目标管理的知识制订自己的计划。

第三部分 任 务 实 训

⊃ **案例分析**

布拉德利服装公司的激励计划

艾丽斯·约翰逊（Alice Johnson）是布拉德利服装公司（妇女服装和衣着用品的生产者）的人事经理，她刚从一个管理开发研究班回来，在那里对激励理论，特别是马斯洛和赫茨伯格的理论相当注意。她为马斯洛清晰的需要层次理论和赫茨伯格的激励因素及保健因素理论所感动，认为布拉德利服装公司可以立即实际运用它们。她欣赏这两种激励方法简单易用，并且觉得公司的工资和薪金水平在本行业中已是最好的了。她相信，公司应该把重点放在赫茨伯格的激励因素的使用上。

结果，她说服了公司的执行委员会，去着手制订了关于强调表彰、提升、更大的个人责任、成就并使工作更有挑战性等各种计划。计划运转了几个月之后，她迷惑了，发现结果并不如她所期望的那样。

计划好像并没有引起服装设计人员对工作的热情。有些人觉得他们已经有了一个挑战性工作了，他们的成就感已通过他们超过销售定额实现了，在他们的佣金支票中就是对他们的表彰。对他们来说，所有这些新计划都是浪费时间。裁剪员、缝纫工、熨衣工和包装工的感受是各不相同的。有些人随新计划的实行而受到表彰，反应良好；但是另外一些人则认为计划是管理人员的诡计，要让他们更加拼命工作而不增加任何工资。他们工会的企业代表同后面那些人的意见一致，公开批评这些计划。

反应是如此的悬殊，约翰逊女士受到公司最高层主管人员的不少批评，他们认为被一个过度热心的人事经理所欺骗了。在同该公司的管理顾问讨论这个问题时，顾问对约翰逊女士的意见是她对人的激励观念想象得过于简单了。

【思考题】

1. 你认为这个计划为什么会引起这么多的争议？计划应该包含哪几个方面？
2. 如果你是约翰逊女士，你会做些什么？

⊃ **模拟实训**

塑 造 自 我

1. 实训要求

列出几项可以改变的缺点，提出改变的措施。

2. 实训目的

正确地克服自己的短处。

① 确定改变的内容：我要改变什么？

② 确定目标：达到什么目的？

③ 制订计划：如何改变自己？

④ 实施计划并检查实施情况：具体按计划去做。

3. 成果与检测

写一篇 2 000 字以上的自我改变计划，要符合自身的实际情况，逻辑严谨，可操作性强。

➲ **游戏活动**

跨　绳

1. 目的

体会计划的重要性，明了团队合作的作用。

2. 道具

一条长绳、一根棍子。

3. 时间

45 分钟。

4. 程序

（1）把全班同学分成若干组，每组 8 ~ 10 人。

（2）找四位同学，两人把长绳的两头系在树或杆子上，另两人在长绳的两侧分别画起跑线和终点线。

（3）每组同学都要从长绳的一边越到另一边。

5. 规则

（1）绳子的高度控制在 0.9 ~ 1.4 米之间。

（2）在越绳的过程中，任何人不得触及绳子。

（3）小组最后一位同学要把棍子也带走。

6. 教师任务

（1）事先寻找一块空地，空地上有两棵树或杆子，两棵树或杆子之间的距离在 4 米之内。

（2）根据两棵树或杆子的距离准备一条长绳，另外再找一根棍子。

（3）秒表计时，每组的用时是从起跑线到终点线所花费的时间。

（4）注意活动过程中学生的安全问题。

（5）总结活动的意义。

7. 考核标准

不违反规则，且用时最少的小组获胜。

任务四 作合理的决策

⇲ 任务提示

　　本任务将引领你明确决策的含义、特点及程序等内容！

⇲ 任务先行

　　决策究竟是怎么回事？它是怎样来到我们身边的？它是研究什么的？要了解这些问题，请往下看！

第一部分　故事与案例

⊃ 故事导入

被困的老虎

　　山间的小路上，老虎踏进了猎人设置的索套之中，挣扎了很长时间后，它都没有能使自己的脚掌从索套中解脱出来，眼见猎人一步一步逼近，老虎一怒之下，奋力挣断了这条被套住的脚掌，忍痛离开这危机四伏的危险地带。

　　从这则寓言故事中，我们能领悟出企业管理中的道理：老虎断了一只脚自然是很痛苦的，但是如果保存了性命，则是一个聪明的选择，所谓"断尾求生"，就是这个道理。例如，美国奇异公司的前执行长威尔逊曾把许多业绩不在业界前两名的事业部门关闭；又如，某银行把 700 多亿元的不良资产出售给资产管理公司，这些都是痛苦的决定，但是为了整体的利益，经营者必须当机立断，拿出勇气和魄力作出决定。

⊃ 案情介绍

安通公司的投资决策

　　安通公司是一家特种机械制造公司。该公司下设 10 个专业工厂，分布在全国 10 个省市，拥有 20 亿元资产，8 万名员工，其中本部员工 200 人。本部员工中 60% 以上的技术管理人员，基本都是学特种机械专业的。该公司所属企业所生产的产品由政府有关部门集中采购，供应全国市场。

　　改革开放以来，安通公司的生产经营呈现较好的局面，在机械行业普遍不景气的情况下，该公司仍保持各厂都有较饱和的产品。但是，进入 90 年代以后，国内市场开始呈现供大于求的趋势。政府有关部门的负责人曾透露，如果三年不买安通公司的产品，仍可维持正常生产经营。面对这样的新形势，安通公司领导连续召开两次会议，分析形势，研究对策。

　　第一次会议专门分析形势。刘总经理主持会议，他说：我们的产品在全国市场已经趋于饱和。如果不是有政府主管部门干预和集中采购，我们的生产能力一下子就过剩 30%，甚至更多，我们应该对此有清醒的认识。负责经营的李副总经理说，改革开放以来，全公司的资金利润率达到了 8% 左右，居全国机械行业平均水平之上。分管技术工作的赵副总经理说，总公司和各厂的产品特别是有一部分产品通过近几年引进国外先进技术，基本上能满足国内市场目前的需要，总公司和各厂的专业技术力量很强，如果没有新产品持续不断地开发出来，单靠现有老产品很难使本行业有较大发展，且专业人员也会流失。

第二次会议仍由刘总主持。他说，总公司要适应新形势，必须研究自己的发展战略。分管经营的李副总说，公司应该充分利用富余人员和富余资金，寻找新的门路，发展多种经营，要敢于发展机械行业外的产品。基于这样的认识，安通公司提出了适应市场的新的经营战略："一业为主，多种经营，立足本业，面向全国，走向世界。"

两次会议统一了思想，提出了新的经营战略，各个分厂和本部各个部门都积极行动起来，研究自己今后的发展方向和目标。这时，安通公司听到这样两则信息：一是山东省有一家饭店正在建设之中，由于缺乏资金，就要面临停工。该饭店投资 100 万元，地处市中心，据预测年利润率可达 25% 以上，4 年就可全部收回投资，是一个投资少、见效快的项目。二是辽宁省有一个年产 40 万吨的煤矿，正在筹资，寻求合作伙伴。该煤矿允诺投资回报率至少为 20%。目前，煤炭正供不应求，市场前景也是很可观的。

听到这两则信息后，总公司派出两队人马分别到山东省和辽宁省了解情况。几天后，两队人马回到总部，证实了两则信息是真实可靠的，而且经营者都是国营单位，投资前景看好，并写了向山东省饭店和辽宁省煤矿分别投资 50 万元的请示报告。请示报告很快被批了下来，资金迅速划了过去。由于有了这笔资金的注入，山东省的饭店得以顺利施工，并于第二年开始营业。饭店开始营业以后，安通公司的有关领导出差路过，也到饭店看过，看上去饭店经营得还不错，也上升了档次。到第三年的年底，传来消息，山东省饭店全年亏损 10 万元，辽宁省煤矿亏损 5 万元，都没有利润可分。第四年也是这种局面，饭店和煤矿都有亏损，没有利润可分。安通公司对此感到很棘手，一下子拿不出有效的解决策略。

➲ 案例解读

根据 SWOT 分析，安通公司具有良好的内部资源条件，（人、财、物）优势明显，但产品单一，供大于求，面临外部环境的威胁，因此开辟新市场，实行多元化经营的思路是正确的，但投资煤矿和餐饮业论证不充分。加之行业跨度大，在该领域的经营业务中，安通公司不具备一定的优势。投产后，又缺乏必要的监控和指导，以致造成经营不善和亏损。可采取以下对策：① 对两个项目进行再论证和追踪决策，决定取舍，如有继续发展的机会应加强监控和管理，力争尽快扭亏为盈；② 利用企业的资源和人力优势，引入新技术开发新产品，开辟国际和国内两个市场。

第二部分　任务学习引导

重要知识

决策的含义

决策是为了实现某一目标而从若干个行动方案中选择一个满意方案的分析判断过程。

4.1　熟知决策的特征与类型

4.1.1　决策的概念与特征

1. 决策的概念

决策是为了实现某一目标而从若干个行动方案中选择一个满意方案的分析判断过程。决策是管理者从事管理工作的基础，是衡量管理者水平高低的重要标志之一，在管理活动中具有重要的地位与作用，具体表现在以下几方面。

（1）决策是管理的核心内容。管理工作是多方面的，都是围绕着决策而展开的。管理活动中的每一个具体环节都有具体的决策问题。首先，计划工作的每一环节都涉及决策。例如，目标的制定、行动方案的选择等，都离不开决策；其次，组织、领导、人员配备、控制等管理职能的发挥也离不开决策。例如，采取何种组织结构形式，采用何种领导方式，如何选聘人才，如何进行控制等，都需要通过决策来解决。管理中时时处处会遇到问题，决策就是解决问题。可以说，决策贯穿于管理过程的始终，存在于一切管理领域。

（2）决策是管理者的主要职责。有组织就有管理，有管理就有决策。不论管理者在组织中的地位如何，决策都是管理者的重要职责。管理者管理水平的高低，实际上在很大程度上取决于决策水平的高低。

（3）决策关系到工作目标的实现乃至组织生存与发展。决策选择的行动方案的优劣直接影响到目标实现的速度、程度和质量，影响到管理的效率，决策失误，必然会导致管理与经营行为的失败。

2. 决策的特征

决策的类型很多且各有特点，但同时也有共同的特征，可以概括为以下几点。

（1）超前性。任何决策都是针对未来行动的，要求决策者具有超前意识，思想敏锐，能够预见事物的发展变化，适时地作出正确的决策。

（2）目标性。决策目标就是决策所要解决的问题，无目标的决策或目标性不明确的决策，往往会导致决策无效甚至失误。

（3）选择性。决策必须具有两个以上的备选方案，通过比较评定来进行选择。

（4）可行性。决策所做的若干个备选方案应是可行的，这样才能保证决策方案切实可行。所谓"可行"，一是指能解决预定问题，实现预定目标；二是方案本身具有实行的条件，比如技术上、经济上都是可行的；三是方案的影响因素及效果可进行定性和定量的分析。

（5）过程性。决策既非单纯的"出谋划策"，又非简单的"拍板定案"，而是一个多阶段、多步骤的分析判断过程。决策的重要程度、过程的繁简及所费时间长短固然有别，但都必然具有过程性。

（6）科学性。要求决策者能够透过现象看到事物的本质，认识事物发展变化的规律性，作出符合事物发展规律的决策。

（7）风险性。决策环境往往是不确定的、复杂的，目标也不很明确。人们不可能做到对未来有完全充分的了解，有时会出现失误。根据直觉、经验决策则更是如此。

4.1.2 决策的类型

1. 按决策的范围分类

按决策的范围分类，可分为战略决策和战术决策。

战略决策是指与组织发展方向有关的重大问题的决策。例如：企业经营目标的确定与改变；技术革新与技术改造；新产品开发计划；多元化经营的发展计划；企业联合或联营的决定，等等。

战术决策又称管理决策，它是为实现战略目标所采取的决策。例如：企业组织机构的设计与变更；各种规章制度的建立和改革；企业内部人力、物力、财力的协调与控制，等等。

2. 按决策层次分类

按决策层次分类，可分为高层决策、中层决策和基层决策。

高层决策是指组织最高领导层所做的决策。这类决策大多是有关组织全局以及与外界有密切联系的重大问题，如组织的经营方针、市场开拓等。

中层决策是指组织中层管理人员所作出的决策。

基层决策是指组织中基层管理人员所做的决策，这类决策一般解决日常工作中的问题。一般说来，越往高层的决策，越具有战略性的、非常规性的、非确定性等特性；而越往低层的决策，就越具有战术性的、常规性的、确定性的、技术性等特点。

3. 按决策依据分类

按决策依据分类，可分为经验决策和科学决策。

经验决策是依据过去出现的事会重复出现，凭以往的这种经验判断所作出的决策，这类决策只适用于日常的一些事物上。

科学决策则是运用运筹学、计算机、管理信息系统等现代决策技术而进行的决策。

4. 按决策的重复程度分类

按决策的重复程度分类，可分为程序化决策和非程序化决策。

程序化决策是指这种决策是常规的、重复的，当某一问题发生时，没必要重新作出新的决策，可以按照原有设立的一定方式进行工作。这种决策属于定型化、程序化或定规化的决策。例如，订货程序、材料与工具出入库制度、工资发放等。由于这些活动经常地、重复地进行，积累了一套经验，把这不断重复的工作方法和顺序，编成固定的工作规则和程序，使这类工作有章可循。对这种经常性的业务工作和管理所作的决策称为程序化决策。这种决策工作主要由企业中、下层管理人员来承担。

非程序化决策又称一次性决策，它是属于非常规的、非定型化、非例行的决策。这类决策活动不是经常重复出现的，它用来解决以往没有经验可资依据的新问题。

然而，程序化决策与非程序化决策并不是截然不同的，程序化决策也有重复次数多少的不同，非程序化决策也可能包括某些部分曾是过去处理的，也就是说，程序化或重复性是从高到低的一个连续系列。

5. 按决策主体的多少分类

按决策主体的多少分类，可分为集体决策和个人决策。集体决策是指多个人一起作出的决策，个人决策则是指单个人作出的决策。相对于个人决策，集体决策有一些优点：能更大范围地汇总信息；能拟定更多的备选方案；能得到更多的认同；能更好地沟通；能作出更好的决策，等等。但集体决策也有一些缺点，如花费较多时间，产生责任不明的情况以及"从众现象"等。

6. 按决策的可靠程度分类

按决策的可靠程度分类，可分为确定型决策、风险型决策和不确定型决策。

确定型决策是指一个方案只有一种确定的结果。这种决策问题的各种未来的自然状态非常明确，只要将各个方案的结果进行比较，谁好谁坏，确定选择一个最好的方案，即可作出决策。

风险型决策和不确定型决策都是指由于存在不可控制的因素，一个方案有可能出现几种不同的结果。例如，某一企业要生产一定数量的某种产品，由于无法控制市场变化情况，销售难以预测，因此，盈利和亏本这两种可能性都存在。到底是生产还是不生产，很难作出决策，需要冒点风险。一般认为，风险型决策和不确定型决策的区别在于，前者对各种可能结果，有一个客观的概率可以作为依据，而后者只能靠决策者的经验和心理因素来确定。

知识拓展4-1

木 桶 理 论

一只木桶盛水的多少，取决于最短的那块板子。学生某一学科的能力缺陷将会影响其整体水平的提高。因此，弥补弱势学科，改掉性格中的致命弱点，意义重大。

4.2 设计决策的程序与运用决策的方法

4.2.1 决策的程序

决策是一个过程，为了对决策过程有一个更为详细的了解，我们详细考察一下决策过程的每一步骤和程序。

1. 界定问题

问题是决策的始点，决策始于问题的识别，即发现问题，问题就是现实和理想之间的差异。识别和发现问题在决策过程中是比较难的，必须不断地对组织与环境状况进行深入的调查研究和创造性的思考才能做到。发现问题后还必须对问题进行分析，包括要弄清问题的性质、范围、程度、影响、后果、起因等各个方面，为决策的下一步做准备。

2. 确定决策目标

目标体现的是组织要达到的目的。目标是决策活动的开始，而实现目标（即取得预期的管理效果）是决策的终点。

确定目标时，要注意以下几点。

（1）目标应明确具体。

决策目标的确定是为了实现它，因而要求决策目标定得要准确，首先要求概念必须明确清晰，即决策目标的理解应当只有一种，能够使执行者明确地领悟含义。如果一个目标的含义，怎样理解都可以，那么就无法作出有效的决策，也无法有效地执行。

（2）目标要分清主次。

在决策过程中，目标往往不止一个，多个目标之间既有协调一致的时候，有时也会发生矛盾。例如，要求商品物美价廉就有矛盾，物美往往要增加成本，价廉就得降低成本，有时还会影响质量。在诸多目标中，有的目标是必须达成的，有的目标是希望达成的，这样就可以使实现目标的严肃性和灵活性更好地结合起来。因此，在处理多目标问题时，一般应遵循下列两条原则：第一，在满足决策需要的前提下尽量减少目标的个数，因为目标越多，选择标准就越多，选择方案越多，越会增加选择的难度。第二，要分析各个目标的权重，分清主次，先集中力量实现必须达到的主要目标。

（3）要规定目标的约束条件。

决策目标可以分为有条件目标和无条件目标两种，凡给目标附加一定条件者称为有条件目标，而所附加条件称为约束条件；不附加任何条件的决策目标称为无条件目标。约束条件一般分为两类：一类是客观存在的限制条件，如以一定的人力、物力、财力条件；另一类是目标附加一定的主观要求，如目标的期望值，以及不能违反国家的政策法规等。凡是有关条件目标，只有在满足其约束条件的情况下达到目标时，才算其真正实现了决策目标。

（4）决策目标数量化。

决策目标数量化就是要给决策目标规定出明确的数量界线。有些目标本身就是数量指标，如产值、产量、销售量、利润等。在制定决策目标时要明确规定增加多少，而不要用"大幅度"和"比较显著"之类的词，有些属于组织问题、社会问题、质量问题等方面的决策，目标本身不是数量指标，可以用间接测定方法。例如，产品质量可以用合格率、废品率等说明。

（5）决策目标要有时间要求。

决策目标中必须包括实现目标的期限。即使将来在执行过程中有可能会因情况变化而对实现期限做一定修改，但确定决策目标时也必须把预定完成期限规定出来。

3. 拟定备选方案

决策目标确定以后，就应拟定达到目标的各种备选方案。拟定备选方案，要注意以下几个方面。

（1）分析和研究目标实现的外部因素和内部条件，积极因素和消极因素，以及决策事物未来的变化趋势和发展状况。

（2）将外部环境各不利因素和有利因素、内部业务活动的有利条件和不利条件等，同决策事物未来趋势和发展状况的各种估计进行排列组合，拟定出实现目标的方案。

（3）将这些方案同目标要求进行粗略的分析对比，权衡利弊，从中选择出若干个利多弊少的可行方案，供进一步评估和抉择。

拟定可行方案的过程是一个发现、探索的过程，也是淘汰、补充、修订、选取的过程。既应当有大胆设想、勇于创新的精神，又要细致冷静、反复计算、精心设计。对于复杂的问题，可邀请有关专家共同商定。在拟定方案时，可运用"头脑风暴法"、"对演法"等智囊技术。"对演法"就是让相互对立的小组制订不同的方案，然后双方展开辩论，互攻其短，以求充分暴露矛盾，使方案越来越完善。

4. 评估决策方案

备选方案一经确定，决策者必须对每一种备选方案进行评估。在评估过程中，要使用预定的决策标准以及每种备选方案的预期成本、收益、不确定性和风险。为了解决决策的困难，通常的方法是根据目标的权重排出先后次序，然后通过加权求和的方式将其综合为一个目标；或者将一些次要目标看做决策的限制条件，使某个主要目标达到最大（或最小）来选择方案。

5. 选择最佳方案

从已列出的并且评估过的备选方案中选择最佳方案这一步骤是决策的关键阶段。通过可行性分析和评估，确定出每个方案的经济效益和社会效益，以及可能带来的潜在问题，按照一定的标准比较各个方案的优劣，从中选择最佳方案。方案选择的具体方法有两种类型：一种是定性方法，即决策者根据以往的经验和掌握的材料，经过权衡利弊，作出决断；一种是定量方法，即借助于数学和计算机技术进行决策的方法。

6. 方案的实施与反馈

实施决策是指将决策传递给有关人员并得到他们行动的承诺。只有通过付诸实施，才能最终检验决策是否合理有效，才能发现偏差并作出必要的调整。

一个决策方案的实施需要较长时间，在这段期间内，由于组织内部条件和外部环境的不断变化，原来的决策方案可能已经不符合实际情况。因此，管理者要对决策效果进行评价，及时获得决策方案执行情况的反馈信息，对没有达到预定效果的项目要找出原因，与既定目标发生偏离的，要对原定方案进行修订；对客观情况发生重大变化，原定目标无法实现时，则要重新寻找问题或机会，重新审定目标，按照决策程序，直到选出新的最优化方案时为止。

4.2.2 决策的方法

随着决策理论和实践的不断发展，已经创造出许多科学的决策方法，总的归纳起来可以分为两大类：一类是定性决策方法；另一类是定量决策方法。决策者应当根据决策过程的性质和特点，灵活地运用各种方法，优势互补，才能提高科学决策的水平。

1. 定性决策方法

定性决策方法又称为"软方法"，是指决策者根据个人或专家的知识、经验和判断能力，充分发挥出专家的集体智慧，进行决策的方法，所以也叫主观决策法。定性决策的优点是方法灵活简便，通用性大，为一般管理者易于采用，有利于调动专家的积极性，激发人的创造力，更适用于非常规性决策。但其缺点是定性决策方法多建立在专家个人主观意见的基础上，未经严格论证，主观性大。定性决策方法主要有以下几种。

1）德尔菲法

德尔菲法是 20 世纪 50 年代由美国兰德公司发明的，最早用于预测，后来推广应用到决策中来。它是一种通过信函向专家征求对未来有关事项意见的一种决策方法，也是目前采用得最普遍的一种现代预测和决策方法。

德尔菲的要点是：① 不记名投寄征询意见；② 收集各专家意见；③ 统计、整理专家意见；④ 将整理后的意见进行多次反馈、咨询，直至意见比较集中为止。

由于德尔菲法是以匿名及书信的方式进行的，因此避免了专家们聚集一堂时彼此产生的心理作用，可以最大限度地利用专家资源，获得比较满意的结果。但是，德尔菲法也有不足之处：一方面用书信的方式咨询意见，使问题的讨论受到了很大的限制；另一方面，如果组织者不能很好地理解专家的意见，就有可能在整理和归纳专家意见时出现误差。

2）头脑风暴法

头脑风暴法又名畅谈会法，类似于我们颇为熟悉的"诸葛亮会议"，其思想是邀请有关专家敞开思路，在不受约束的条件下，激发灵感，集中体现自由开放、群策群力、发挥集体智慧，针对某些问题畅所欲言，创造一种自由奔放的思考环境，诱发创造性思维的共振和连锁反应，产生更多的创造性解决方案。此方法产生的结果是名副其实的集体智慧的结晶。

头脑风暴法的具体操作规则可以用实例来说明。比如：选择 5～12 人，1 人为主持人，1～2 名记录员（最好是非正式与会人员），要求人人参与会议，时间以不超过 2 小时为宜，地点环境不受外界干扰，不允许有质疑和批评，不允许反驳，也不要做结论，建议越多越好，广开思路，不要重复别人的意见，思考、表达创意的气氛和空间应该是完全轻松自由的。这种方法适用于简单问题的决策。

3）列名小组法

列名小组法是采用函询与集体讨论相结合的方式征求专家意见的方法。这种方法分为两个步骤：第一步，请有关专家在互不接触的条件下，用函询的方式提出自己对某一个问题的意见。第二步，邀请专家聚会，把第一步收集的意见匿名发表给大家，使大家畅所欲言，深入探讨。列名小组法可以有效地避免头脑风暴法和德尔菲法的弊端，既可以使专家们在第一阶段毫无顾忌地各抒己见，又可以在第二阶段相互启发，取长补短。但是，这种方法如果使用不当，也会失之偏颇。

4）方案前提分析法

方案前提分析法是通过分析、评估决策方案赖以成立的前提，来进行决策的方法。由于方案前提分析法不是讨论方案本身，而是讨论方案的前提，这样就能较好地避免决策中一些人为因素的消极影响。方案前提分析法的关键在于找出方案的前提。另外，在讨论时对前提成立的条件要尽量刨根究底，以求更详细、透彻地对方案的前提进行了解。

5）提喻法

提喻法是通过讨论从其他角度提出的与方案有关或类似的其他方案，借助类比达到分析评估方案目的的方法。提喻法是 20 世纪 60 年代由美国学者哥顿首创的一种决策方法，因而也称哥顿法。由于运用提喻法可以隐瞒决策问题的真相，因而可以防止与会者因个人利害关系而产生消极影响，同时还有利于与会者从新的角度和侧面探讨问题，进行创造性思维，避免他们囿于成见而束缚思想。

6）创造工程法

创造工程法是运用创新思维提出问题与解决问题的一种方法。这种方法把决策过程看成是一个有秩序、有步骤的创新过程。包括三个阶段：第一阶段是确定问题阶段；第二阶段是孕育、创新阶段；第三阶段是提出设想和付诸实施阶段。创造工程法的核心是第二阶段，其灵魂是创造性思维。

2. 定量决策方法

定量决策方法又称"硬方法"，是指建立在数学、统计学等基础上的决策方法。它的核心就是把决策变量、变量与目标之间的关系用数学式表示出来，建立数学模型。然后根据决策条件，通过计算（复杂问题要用计算机）求得答案。这种方法既可以适用于决策过程中的任何一步，也特别适用于方案的比较和评价。定量决策方法主要有：盈亏平衡分析法、决策树法、线性规划法、边际分析法、等概率法、小中取大决策法、大中取大决策法、期望值决策法、博弈论，等等。下面主要介绍一下盈亏平衡分析法和决策树法。

1）盈亏平衡分析法

盈亏平衡分析法又称保本分析法或量本利分析法，是通过考察销售量、成本和利润的关系以及盈亏变化的规律来为决策提供依据的方法。

在运用盈亏平衡分析法时，关键是找出企业不盈不亏时的销售量（称为保本销售量或盈亏平衡销售量，此时企业的总收入等于总成本）。该法常用图形来考察销售量、成本和利润的关系。在应用图解法时，通常假设产品价格和单位变动成本都不随销售量的变化而变化，所以销售收入曲线、总变动成本曲线和总成本曲线都是直线。盈亏平衡分析是一种简单的方法，对管理者而言是很有价值的。

由图 4 - 1 可以看出，盈亏平衡的产销量为 Q_1 时，在这一点的产销量企业不亏不盈。当产销量低于 Q_1 时，就产生亏损，产销量越少，亏损额越多；当产销量高于 Q_1 时就产生利润，产销量越多，产生利润也就越多。通过公式也可计算出盈亏平衡点 A，决策者需要知道产品销售的单位价格（P）、单位可变成本（V）及总固定成本（C）。盈亏平衡点 A 的产销量 Q_1 计算公式如下：

$$Q_1 = C/(P - V)$$

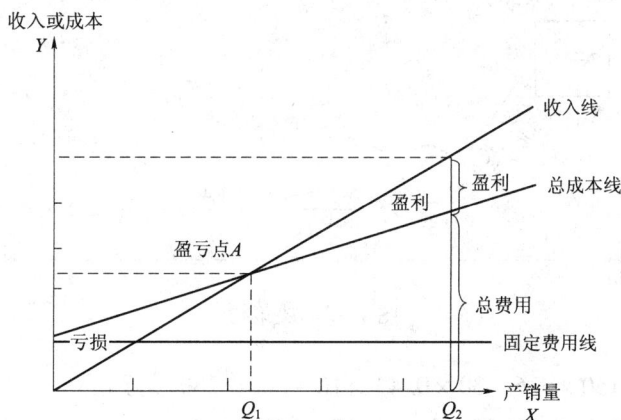

图 4 - 1　盈亏平衡分析

这个公式告诉我们：① 当我们以某个高于可变成本的价格销售产品达到某个单位时，总收入一定可以等于总成本；② 价格与可变成本的差乘以销售数量所得的积等于固定成本。由此公式可以推算出有一定利润（L）的产销量 Q_2 的计算公式：

$$Q_2 = (C + L)/(P - V)$$

2）决策树法

决策树法主要应用于风险型决策。所谓风险型决策，就是不确定情况下的决策。风险型决策一般有以下特点：① 决策目标明确、量化，一般是经济性的，如获得最大利润；② 有多个方案可选择，可根据项目条件和市场预测资料对方案收益及损失比较准确地进行估计；③ 未来环境可能存在多种自然状态；④ 决策者可估算出不同自然状态出现的概率；⑤ 决策标准是使期望净收益达到最大或损失减至最小。因此，决策者在决策时，无论采用哪种方案，都要承担一定的风险。

决策树法是根据逻辑关系将决策问题绘制成一个树型图，按照从树梢到树根的顺序，逐步计算各节点的期望值，然后根据期望值准则进行决策的方法。

决策树由决策点、方案分枝、自然状态点、概率分枝和结果节点组成。决策点是进行方案选择的点，在图中用"□"表示；方案分枝是从决策点引出的若干直线，每条线代表一个方案；自然状态点是方案实施时可能出现的自然状态，在图中用"○"表示；概率分枝是从自然状态点引出的若干条直线，每条直线表示一种可能性；结果节点是表示不同方案在各种自然状态下所取得的结果，在图中用"△"表示。

举一个例子：某公司准备生产某种新产品，可选择两个方案。第一种方案是引进一条生产线，需投资 500 万元，建成后如果销路好，每年可获利 150 万元，如果销路差，每年要亏损 30 万元。第二种方案是对原有设备进行技术改造，需投资 300 万元，如果销路好，每年可获利 60 万元，如果销路差，每年可获利 30 万元。两种方案的使用期限均为 10 年，根据市场预测，产品销路好的概率为 0.6，销路差的概率为 0.4，应如何进行决策？

先绘制决策树如图 4 - 2 所示，然后计算两种方案的期望收益值如下：

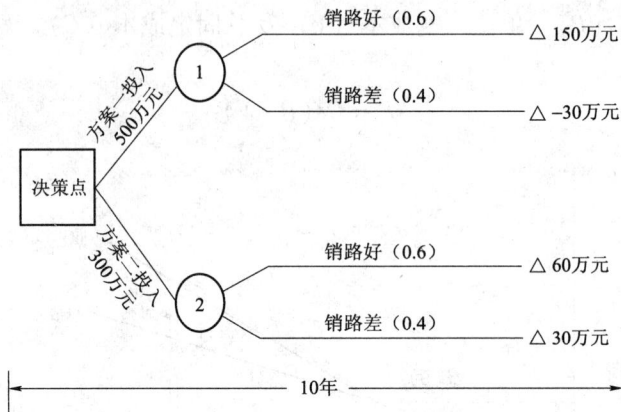

图 4 - 2 决策树

方案一：① $= (150 \times 0.6 - 30 \times 0.4) \times 10 - 500 = 280$（万元）

方案二：② $= (60 \times 0.6 + 30 \times 0.4) \times 10 - 300 = 180$（万元）

比较两种方案的期望收益可知，方案一的期望收益值大于方案二，所以决策者应选择方案一，即引进一条生产线。

知识拓展4-2

破 窗 理 论

建筑物的一扇窗或一块玻璃被人砸碎，如果不及时补上，其他的玻璃碎得更快。个别学生未被教育好，会影响到其他学生；一个知识点的疑惑被认为无所谓。因此，我们在自我管理、班级教育中，应懂得防微杜渐。

📖 **课堂讨论！**

完成本任务后，请进行自我测试：

你是否已明确决策的深刻内涵？

● **帝王之道论管理－4**

宋武帝刘裕的成功：仁义

宋武帝刘裕本是一个普通老百姓，提剑首创大业，不到一个月，就安定了苟延残喘的晋室。他所镇守的句章大小只有州府的一半，统率着一郡之兵，攻杀四川守将谯纵；西入长安，擒获了后秦姚泓家族；在山西大岘山打败了南燕慕容超；在岭南，打败了占据广州的焦循，焦氏父子全被斩首。帅旗所指，攻无不克，战无不胜。观其豁达恢宏，有汉高祖刘邦的风度，看他胜算在握，可与光武帝刘秀媲美，只可惜在位时间太短，大志未酬，否则他的业绩不可限量。这就是为什么认为他比司马懿、曹操卓越的缘故。

宋武帝刘裕劣迹比曹操多，功德比司马懿大。他从一个普通士兵起步，数次抗击孙恩的乌合之众；他振臂一呼，即摧毁了荆州、郢州桓玄牢不可破的军事家族势力；他双管齐下，战车长驱，山东一带的军事重镇就荡然无存；他又回戈直指江、湘，五岭的大小山头很快都被肃清；他命令建威将军孙处自海道袭击番禺，广州遂被席卷；他起用资历轻微的朱龄石，四川便被收复；羌人和匈奴人被他的军威震慑，很快，南北双方之间的攻守、君臣之势就倒转了过来；他亲自督率气吞万里的大军安定中原后，假借天命，仿法前代帝王，终于登上皇帝的宝座。这可以说是以仁义取天下。

● **任务小结**

通过对本任务的学习，同学们可以了解一些决策的相关基础知识，理解决策的概念及内涵，掌握做决策的程序和类型，并能运用决策的知识合理作出自己的一些合理决策。

第三部分　任 务 实 训

⤷ **案例分析**

开发新产品与改进现有产品之争

袁之隆先生是南机公司的总裁。这是一家生产和销售农业机械的企业。1992 年产品销售额为 3 000 万元，1993 年达到 3 400 万元，1994 年预计销售可达 3 700 万元。每当坐在办公桌前翻看那些数字、报表时，袁先生都会感到踌躇满志。

这天下午又是业务会议时间，袁先生召集了公司在各地的经销负责人，分析目前和今后的销售形势。在会议上，有些经销负责人指出，农业机械产品虽有市场潜力，但消费者的需求趋向已有所改变，公司应针对新的需求，增加新的产品种类，来适应这些消费者的新需求。

身为机械工程师的袁先生，对新产品研制、开发工作非常内行。因此，他听完了各经销负责人的意见之后，心里便很快算了一下，新产品的开发首先要增加研究与开发投资，然后需要花钱改造公司现有的自动化生产线，这两项工作耗时 3～6 个月。增加生产品种同时意味着必须储备更多的备用零件，并根据需要对工人进行新技术的培训，投资又进一步增加。

袁先生认为，从事经销工作的人总是喜欢以自己业务方便来考虑，不断提出各种新产品的要求，却全然不顾品种更新必须投入的成本情况，就像以往的会议一样。事实上，公司目前的这几种产品，经营效果还很不错。结果，他决定仍不考虑新品种的建议，目前的策略仍是改进现有的品种，以进一步降低成本和销售价格。他相信，改进产品成本、提高产品质量并开出具有吸引力的价格，将是提高公司产品竞争力最有效的法宝。因为，客户们实际考虑的还是产品的价值。尽管袁先生已作出了决策，但他还是愿意听一听顾问专家的意见。

【思考题】

1. 你认为该企业的外部环境中有哪些机会与威胁？

2. 如果你是顾问专家，你会对袁先生的决策如何评价？

⊙ 模拟实训

1. 实训目标

通过对企管沙盘模拟企业决策过程，帮助学生综合所学知识，系统分析管理决策，培养学生的实践能力。

2. 实训内容

① 应用所学知识，分析管理决策程序。

② 了解管理决策的基本方法。

3. 实训组织

① 将全班学生分成若干小组，每组代表不同的虚拟公司，小组成员分别担任公司的重要职位（CEO、CFO、生产总监和市场总监等），每组亲自经营一家拥有 1 000 万元资产且销售良好的企业，连续经营最少 6 年。

② 在教师指导下，各模拟公司成员需要在规定时间内（通常最少 3 个半小时）完成 6 年的经营活动模拟。

4. 成果与检测

① 每一轮模拟之后，学生都要进行综述和分析，每组写一份分析报告，每组派一名代表在班上交流。

② 由教师与学生对各个小组的分析报告作出评估并且对报告进行评分。

⊙ 游戏活动

创造性服务竞赛

1. 目的

明白决策中市场调查和预测的重要性。

2. 道具

每组一张小纸条，上面写着公司名称和所属行业（见"附件 1"）。

3. 时间

70分钟。

4. 程序

（1）根据活动的道具设计"点子"，使该"点子"既能宣传企业，又能更好地服务客户。

（2）小组代表陈述本组"点子"及理由。

（3）请陈述小组之外的同学发表对"点子"的认可度并简要说明原因。

5. 规则

（1）"点子"必须紧密联系本公司所经营的业务。

（2）"点子"必须不能使公司亏本。

6. 教师任务

（1）把全班同学分成6～8人一组。

（2）宣布活动的名称、程序、规则及时间。

（3）发放道具。

（4）在学生讨论的同时，教师在黑板上画一张表格（见"附件2"）。

（5）把陈述小组之外的同学看成客户，请他们谈谈对"点子"的看法，并在相应的位置打"√"。

（6）总结本次活动。

7. 考核标准

"点子"能够使陈述小组之外的同学最满意的小组获胜。

附件1：公司名称及所属行业

序号	公司名称	所属行业	序号	公司名称	所属行业
1	生命游戏	体育用品商店	5	给我电话	移动电话服务公司
2	君往何处	交通服务行业	6	第一页	书店
3	木材店	木制品商店	7	雏菊连锁店	花店
4	美女与野兽	男女皆宜理发店	8	城市动物园	国内最大的动物园之一

附件2：考核情况

序号	小组代表	公司名称	考 核 标 准		
			满意	一般	不满意
1					
2					
3					
4					

项 目 小 结

本项目围绕管理者的计划与决策职能设计了相关基本知识，设置了重要知识、课堂讨论等栏目，体现了对一些重要理论知识的重组。

本项目进程以任务先行开始，以项目任务小结结束，希望读者在完成项目任务之后，能够及时进行自我的过程性评价。

本项目技能目标：完成本项目后，读者应该能够把握计划与决策的丰富内涵，以计划与决策技能指导日常管理活动。完成本项目将为掌握管理者的计划与决策能力奠定良好的基础。

项目三

探究管理的组织与人事职能

◉ 知识目标

通过完成本项目，你应该能够：

1. 认识组织的内涵与职能；
2. 了解组织设计的原则与内容；
3. 掌握主要的组织结构形式和人力资源规划的程序；
4. 熟悉人员配备的原则、人员选聘的标准以及薪酬管理等。

◉ 技能目标

1. 设计组织结构；
2. 合理配备人员以及薪酬的设计。

◆ 项目任务

　　任务五　认知人力资源管理

　　任务六　设计组织结构

　　任务七　构建组织文化

　　任务八　激励员工

◆ 项目解析

◆ 故事导入

◆ 案情介绍

◆ 案例解读

◆ 课堂讨论

◆ 案例分析

◆ 模拟实训

◆ 游戏活动

◆ 项目小结

▶▶ 项目解析

尊敬的读者：我们每天都生活在组织中，见过不少的组织，我们也都不知不觉地在参与其中。那么，管理者呢，更是如此，他们离不开组织。没有组织，也就没有管理者了。好了，从现在开始，我们将引领你走进组织和人力资源理论，一层一层地揭开它神秘的面纱！

为了更好地把握组织以及人力资源基本理论，为完成今后各项任务打下坚实基础，首先请尝试完成本项目：探究管理的组织与人事职能。

为了方便你掌握组织及人力资源有关概念和更好地掌握它们的技巧，我们又将本项目分为四个任务：

任务五　认知人力资源管理

任务六　设计组织结构

任务七　构建组织文化

任务八　激励员工

你可以对照知识目标及技能目标，反复演练，有的放矢地依次完成各项任务，直至完成本项目，为早日成为现代管理者做好准备。

任务五　认知人力资源管理

↘ 任务提示

本任务将引领你明确人力资源管理的概念、人力资源规划的程序、人员选聘的标准及方法、人员配备原则！

↘ 任务先行

什么是人力资源管理？它是怎样来到我们身边的？它是研究什么的？要了解这些问题，请往下看！

第一部分　故事与案例

○ 故事导入

两 只 鹦 鹉

一个人去买鹦鹉，看到一只鹦鹉前标道：此鹦鹉会两门语言，售价二百元。

另一只鹦鹉前则标道：此鹦鹉会四门语言，售价四百元。

该买哪只呢？两只都毛色光鲜，非常灵活可爱。这人转啊转，拿不定主意。

结果突然发现一只老掉了牙的鹦鹉，毛色暗淡散乱，标价八百元。

这人赶紧将老板叫来，问：这只鹦鹉是不是会说八门语言？

店主说：不。

这人奇怪了，说：那为什么又老又丑，又没有能力，会值这个价钱呢？

店主回答：因为另外两只鹦鹉叫这只鹦鹉老板。

从这则寓言故事中，我们能领悟出企业管理中的道理：真正的领导人，不一定自己能力有多强，只要懂信任，懂放权，懂珍惜，就能团结比自己更强的力量，从而提升自己的身价。相反，许多能力非常强的人却因为过于坚持完美主义，事必躬亲，认为什么人都不如自己，最后只能做最好的攻关人员或销售代表，成不了优秀的领导人。

⊙ 案情介绍

柔能制刚，弱能制强

《明史》记载，有一次明武宗朱厚照南巡，提督江彬随行护驾。江彬素有谋反之心，他率领的将士，都是西北地区的壮汉，身材魁伟，虎背熊腰，力大如牛。兵部尚书乔宇看出他图谋不轨，从江南挑选了一百多个矮小精悍的武林高手随行。

乔宇和江彬相约，让这批江南拳师与西北籍壮汉比武。江彬从京都南下，原本骄横跋扈，不可一世。但因手下与江南拳师较量，屡战屡败，气焰顿时消减，样子十分沮丧，蓄谋篡位的企图也打了折扣。乔宇所用的就是"以柔克刚"的策略。

⊙ 案例解读

在企业管理中，这一招也是非常有用的。人的性格千奇百怪，这个世界上什么人都有，如果你是一个管理者，而你的团队里恰好就有一些不好管理的人，软硬不吃，你该怎么办呢？其实，以柔克刚就是一个很好的方法。

任何人的不合作态度都是有原因的，或者是因为待遇太低，或者是因为不公平，或者是因为工作量的分配不匀，或者是因为在对员工的各项政策上有所误解，而这些都是与你这个做决策的管理者有关。也许你不是决策者，而只是个执行者，那你又应该怎样面对下属的这种不满情绪呢？也许有的人会说，不听指挥的我就辞掉他！这真的是最好的办法吗？

一个企业解聘一个员工很容易，如果不是太差的企业招进一个员工也不难，可是要找到一个适合的员工就真的非常难，如果因为这样的原因失去了一些好的员工，对企业而言就是相当大的损失，而且会直接影响整个集体的战斗力。这时候就需要领导发挥以柔克刚的本领了，首先承认错误在自己，让员工的气有地方撒，然后再施以缓兵之计，调查清楚事情的原委，再有的放矢地加以解决，不是很好吗？

第二部分 任务学习引导

重要知识

人力资源管理的含义

人力资源管理是指企业运用现代管理方法，对人力资源的获取（选人）、开发（育人）、保持（留人）和利用（用人）等方面所进行的计划、组织、指挥、控制和协调等一系列活动，最终达到实现企业发展目标的一种管理行为。

5.1 编制人力资源规划

5.1.1 人力资源规划的含义及内容

1. 人力资源规划的含义

人力资源规划是指企业所有各类人力资源规划的总称。

按期限分，可分为长期（5年以上）规划、短期（1年及以内）规划，以及介于两者之间的中期规划。

按内容分，可分为战略发展规划、组织人事规划、制度建设规划、员工开发规划。

人力资源规划又称人力资源计划，是指根据组织的发展战略、目标及组织内外部环境的变化，运用科学的方法对组织人力资源的需求和供给进行预测，制定相宜的政策和措施，从而使组织人力资源供给和需求达到平衡，实现人力资源合理配置，有效激励员工的过程。

人力资源规划的概念包括以下四层含义。

（1）人力资源规划的制定必须依据组织的发展战略、目标。

（2）人力资源规划要适应组织内外部环境的变化。

（3）制定必要的人力资源政策和措施是人力资源规划的主要工作。

（4）人力资源规划的目的是使组织人力资源供需达到平衡，保证组织长期持续发展和员工个人利益的实现。

2. 人力资源规划的内容

人力资源规划包括以下五个方面的内容。

1）战略规划

战略规划是根据企业总体发展战略的目标，对企业人力资源开发和利用的方针，政策和策略的规定，是各种人力资源具体计划的核心，是事关全局的关键性计划。

2）组织规划

组织规划是对企业整体框架的设计，主要包括组织信息的采集、处理和应用，组织结构图的绘制，组织调查、诊断和评价，组织设计与调整，以及组织机构的设置等。

3）制度规划

制度规划是人力资源总规划目标实现的重要保证，包括人力资源管理制度体系建设的程序、制度化管理等内容。

4）人员规划

人员规划是对企业人员总量、构成、流动的整体规划，包括人力资源现状分析、企业定员、人员需求和供给预测，以及人员供需平衡等。

5）费用规划

费用规划是对企业人工成本、人力资源管理费用的整体规划，包括人力资源费用的预算、核算、结算，以及人力资源费用控制。

人力资源规划又可分为战略性的长期规划、策略性的中期规划和具体作业性的短期规划，这些规划与组织的其他规划相互协调联系，既受制于其他规划，又为其他规划服务。

人力资源规划的程序即人力资源规划的过程，一般可分为以下几个步骤：收集有关信息资料、人力资源需求预测、人力资源供给预测、确定人力资源净需求、编制人力资源规划、实施人力资源规划、人力资源规划评估、人力资源规划反馈与修正。

5.1.2 人力资源规划的程序

1. 收集有关信息资料

人力资源规划的信息包括组织内部信息和组织外部环境信息。

（1）组织内部信息主要包括企业的战略计划、战术计划、行动方案、本企业各部门的计划、人力资源现状等。

（2）组织外部环境信息主要包括宏观经济形势和行业经济形势、技术的发展情况、行业的竞争性、劳动力市场、人口和社会发展趋势、政府的有关政策等。

2. 人力资源需求预测

人力资源需求预测包括短期预测和长期预测，总量预测和各个岗位需求预测。

人力资源需求预测的典型步骤如下：

步骤一，现实人力资源需求预测；

步骤二，未来人力资源需求预测；

步骤三，未来人力资源流失情况预测；

步骤四，得出人力资源需求预测结果。

3. 人力资源供给预测

人力资源供给预测包括组织内部供给预测和外部供给预测。

人力资源供给预测的典型步骤如下：

步骤一，内部人力资源供给预测；

步骤二，外部人力资源供给预测；

步骤三，将组织内部人力资源供给预测数据和组织外部人力资源供给预测数据汇总，得出组织人力资源供给总体数据。

4. 确定人力资源净需求

在对员工未来的需求与供给预测数据的基础上，将本组织人力资源需求的预测数与在同期内组织本身可供给的人力资源预测数进行对比分析，从比较分析中可测算出各类人员的净需求数。这里所说的"净需求"既包括人员数量，又包括人员的质量、结构，即既要确定"需要多少人"，又要确定"需要什么人"，数量和质量要对应起来，这样就可以有针对性地进行招聘或培训，就为组织制定有关人力资源的政策和措施提供了依据。

5. 编制人力资源规划

根据组织战略目标及本组织员工的净需求量，编制人力资源规划，包括总体规划和各项业务计划。同时要注意总体规划和各项业务计划及各项业务计划之间的衔接和平衡，提出调整供给和需求的具体政策和措施。一个典型的人力资源规划应包括：规划的时间段、计划达到的目标、情景分析、具体内容、制定者、制定时间。

6. 实施人力资源规划

人力资源规划的实施是人力资源规划的实际操作过程，要注意协调好各部门、各环节之间的关系，在实施过程中需要注意以下几点。

（1）必须要有专人负责既定方案的实施，要赋予负责人拥有保证人力资源规划方案实现的权力和资源。

（2）要确保不折不扣地按规划执行。

（3）在实施前要做好准备。

（4）实施时要全力以赴。

（5）要有关于实施进展状况的定期报告，以确保规划能够与环境、组织的目标保持一致。

7. 人力资源规划评估

在实施人力资源规划的同时，要进行定期与不定期的评估，可从如下三个方面进行。

（1）是否忠实执行了本规划。

（2）人力资源规划本身是否合理。

（3）将实施的结果与人力资源规划进行比较，通过发现规划与现实之间的差距来指导以后的人力资源规划活动。

8. 人力资源规划反馈与修正

对人力资源规划实施后的反馈与修正是人力资源规划过程中不可缺少的步骤。评估结果出来后，应进行及时的反馈，进而对原规划的内容进行适时的修正，使其更符合实际，更好地促进组织目标的实现。

知识拓展5-1

首因效应：避免凭印象用人

首因效应是指个体在社会认知过程中，通过"第一印象"最先输入的信息对客体以后的认知产生的影响作用。

在社会认知中，个体获得对方第一印象的认知线索往往成为以后认知与评价的重要根据。

5.2 实施人力资源管理

5.2.1 员工招聘与解聘

员工招聘是指组织根据人力资源管理规划和工作分析的要求，从组织内部和外部吸收人力资源的过程。员工招聘包括员工招募、甄选和聘用等内容。

1. 员工招聘的来源

员工招聘的来源一般分为外部招聘和内部招聘。

外部招聘的渠道大致有：人才交流中心、招聘洽谈会、传统媒体广告、网上招聘、校园招聘、人才猎取和员工推荐等。

1）人才交流中心和人才招聘会

我国很多城市都设有专门的人才交流服务机构，这些机构常年为企事业用人单位提供服务。他们一般建有人才资料库，用人单位可以很方便地在资料库中查询条件基本相符的人才资料。通过人才交流中心选择人员，具有针对性强、费用低廉等优点。

人才交流中心或其他人才交流服务机构每年都要举办多场人才招聘会，用人单位的招聘者和应聘者可以直接进行接洽和交流。招聘会的最大特点是应聘者集中，用人单位的选择余地较大，费用也比较合理，而且还可以起到很好的企业宣传作用。

2）媒体广告

通过报纸杂志、广播电视等媒体进行广告宣传，向公众传达招聘信息，覆盖面广，速度快。相比而言，在报纸、电视中刊登招聘广告费用较高，但容易醒目地体现组织形象。很多广播电台都辟有人才交流节目，播出招聘广告的费用较少，但效果也比报纸、电视广告差一些。招聘广告一般包含以下内容：

（1）组织的基本情况；

（2）招聘的职位、数量和基本条件；

（3）招聘的范围；

（4）薪资与待遇；

（5）报名的时间、地点、方式以及所需的材料等。

媒体广告招聘的优点是：信息传播范围广、速度快；应聘人员数量大、层次丰富；组织的选择余地大，组织可以招聘到素质较高的员工。

媒体广告招聘的缺点是：招聘时间较长；广告费用较高；要花费较多的时间进行筛选。

3）网上招聘

网上招聘是一种新兴的招聘方式。它具有费用低、覆盖面广、时间周期长、联系快捷方便等优点。用人单位可以将招聘广告张贴在自己的网站上，或者张贴在某些网站上，也可以在一些专门的招聘网站上发布信息。网上招聘由于信息传播范围广、速度快、成本低、供需双方选择余地大，且不受时间、空间的限制，因而被广泛采用。当然，它也存在一定的缺点，如容易鱼目混珠，筛选手续繁杂，以及对高级人才的招聘较为困难等。

4）校园招聘

学校是人才高度集中的地方，是组织获取人力资源的重要源泉。对于大专院校应届毕业生招聘，可以选择在校园直接进行。校园招聘的形式包括在学校举办的毕业生招聘会、招聘张贴、招聘讲座和毕业生分配办公室推荐等。

5）人才猎取

一般认为，"猎头"公司是一种专门为雇主"猎取"高级人才和尖端人才的职业中介机构。

6）员工推荐

通过企业员工推荐人选，是组织招聘的重要形式。

内部招聘就是将招聘信息公布给公司内部员工，员工自己可以来参加应聘。

2. 内部招聘与外部招聘的优缺点

1）内部招聘的优缺点

内部招聘有如下几个优点。

（1）选任时间较为充裕，了解全面，能做到用其所长，避其所短。

（2）应聘者对组织情况较为熟悉，会使得他们了解与适应工作的过程大大缩短，上任后能很快进入角色。

（3）内部提升给每个人带来希望，有利于鼓舞士气，提高工作热情，调动员工的积极性，激发他们的上进心。

内部招聘有如下几个缺点。

（1）容易造成"近亲繁殖"。创新是组织获得发展的动力，但是老员工有老的思维定式，从而不利于创新。

（2）容易在组织内部形成错综复杂的关系网，任人唯亲，拉帮结派，给公平、合理、科学的管理带来困难。

（3）内部备选对象范围狭窄。

2）外部招聘的优缺点

外部招聘有以下几个优点。

（1）来源广泛，选择空间大。特别是在组织初创和快速发展时期，更需要从外部大量招聘各类员工。

（2）可以避免"近亲繁殖"，能给组织带来新鲜空气和活力，有利于组织创新和管理革新。此外，由于他们新近加入组织，与其他人没有历史上的个人恩怨关系，从而在工作中可以很少顾忌复杂的人情网络。

（3）可以要求应聘者有一定的学历和工作经验，因而可节省在培训方面所耗费的时间和费用。

外部招聘有以下几个缺点。

（1）难以准确判断他们的实际工作能力。

（2）容易造成对内部员工的打击。

（3）招聘费用高。

3. 猎头招聘

企业高层的招聘，选用猎头招聘的效果要远远好于普通的网络招聘、报纸招聘。猎头招聘更具有针对性，筛选的人选更适合企业的需求。目前，国内猎头公司较好的有 chinahr 猎头公司、精英猎头公司、烽火猎头公司等。

4. 员工的解聘

员工解聘是指企业与员工解除劳动合同。员工的解聘包括员工辞职、辞退和资遣三种情况。

（1）员工辞职。辞职是指职工根据劳动法规或劳动合同的规定，提出辞去工作从而解除劳动关系。辞职一般有两种情形：一种是依法立即解除劳动关系。如用人单位对职工有暴力或威胁行为强迫其劳动、不按合同约定支付工资等，职工可以随时向用人单位提出解除劳动合同的要求；二是根据职工自己的选择，提前30日以书面形式通知用人单位解除劳动合同关系。

（2）员工辞退。辞退是用人单位解雇职工的一种行为，是指用人单位由于某种原因与职工解除劳动关系的一种强制措施。根据原因的不同，可分为违纪辞退和正常辞退。违纪辞退是指用人单位对严重违反劳动纪律或企业内部规章，但未达到被开除、除名程度的职工，依法强行解除劳动关系的一种行政处理措施。正常辞退是指用人单位根据生产经营状况和职工的情况，依据改革过程中国家和地方有关转换企业经营机制、安置富余人员的政策规定解除与职工劳动关系的一种措施。

（3）员工资遣。资遣是企业因故提出与员工终止劳动合同的一项人事调整活动。资遣不是因为员工的过失原因造成的，而是企业根据经营的需要，主动与员工解除劳动契约。

5.2.2 员工培训

1. 员工培训的含义

培训是指一定组织为开展业务及培育人才的需要，采用各种方式对员工进行有目的、有计划的培养和训练的管理活动，其目标是使员工不断地更新知识，开拓技能，改进员工的动机、态度和行为，使企业适应新的要求，更好地胜任现职工作或担负更高级别的职务，从而促进组织效率的提高和组织目标的实现。

2. 企业选择员工培训的类型与方式

1）新员工入门培训和上岗前培训

这是对刚刚进入企业的新员工所进行的专门培训。新员工进行培训，主要是向新员工介绍企业的基本情况、企业的规章制度、企业文化、企业的发展前景等，帮助新员工学会适应企业的需要，实现从学生到企业员工的角色转换。这种培训一般由人力资源部门统一安排，不需要采购部门单独进行。

2）员工上岗后的适应性培训

适应性培训是指在岗位的员工为不断适应工作要求而进行的培训，它是企业对所有员工进行的日常性培训，可以定期，也可以不定期。适应性培训的内容包括：一是根据工作分析和岗位职责的规定和要求，对任职者进行的有关岗位知识、工作态度、职业道德等方面的培训。通过培训使员工提高素质，适应本职位的要求。二是对员工进行本岗位新知识、新技能、新方法和新观念，以及相关领域的辅助性知识和技能的培训。适应性培训的内容、时间和方法可以根据企业的具体要求灵活地掌握。

3）专业技术人员培训

在企业中，各类专业技术人员通常都需要定期培训。这是因为，在科学技术飞速发展的时代，分类专业知识、技术不断更新，各种先进的技术手段层出不穷，如果忽视对专业技术人员的持续不断的培训，专业技术人员就不能很好地适应组织发展的需要。在专业技术人员的培训中，尤其要重视培养他们解决实际问题的能力和处理人际关系的能力，帮助专业技术人员将知识运用于生产与经营过程，并且善于在组织中与同事互相协作，多出成果。

4）管理人员培训

管理人员培训的内容包括高层管理人员培训、中层管理人员培训、基层管理人员培训。高层管理人员培训主要由人力资源部门负责，采购部门中层和基层管理人员的培训则可由本部门单独负责。事实上，即使是那些由人类资源部门负责此类培训的企业也必须注重采购部门的参与。

5.2.3 绩效评估

1. 绩效评估的概念

绩效是指构成员工职位的任务被完成的程度，它反映了员工能在多大程度上实现职位要求。

绩效评估（Performance Appraisal）又称绩效评价、员工考核绩效评估，是一种正式的员工评估制度，它是通过系统的方法、原理来评定和测量员工在职务上的工作行为和工作成果。绩效评估是企业管理者与员工之间的一项管理沟通活动。绩效评估的结果可以直接影响到薪酬调整、奖金发放及职务升降等诸多员工的切身利益。

2. 绩效评估的程序

一般而言，绩效评估工作大致要经历制订评估计划、确定评估标准和方法、收集数据、分析评估、结果运用五个阶段。

1）制订绩效评估计划

为了保证绩效评估顺利进行，必须事先制订计划，在明确评估目的的前提下，有目的地要求选择评估的对象、内容、时间。

2）确定评估的标准和方法

（1）评估的标准。绩效评估必须有标准，作为分析和考察员工的尺度，一般可分为绝对标准和相对标准。绝对标准如出勤率、废品率、文化程度等以客观现实为依据，而不以考核者或被考核者的个人意志为转移的标准。所谓相对标准，如在评选先进时，规定10%的员工可选为各级先进，于是采取相互比较的方法，此时每个人既是被比较的对象，又是比较的尺度，因而标准在不同群体中往往就有差别，而且不能对每一个员工单独作出"行"与"不行"的评价。

一般而言，评估标准采用绝对标准。绝对标准又可分为业绩标准、行为标准和任职资格标准三大类。

（2）选择评估方法。在确定评估目标、对象、标准后，就要选择相应的评估方法。常用的评估方法有以下几种。

第一，业绩评定表：就是将各种评估因素分优秀、良好、合格、稍差、不合格（或其他相应等级）进行评定。其优点在于简便、快捷，易于量化。其缺点是容易出现主观偏差和趋中误差，等级宽泛，难以把握尺度，大多数人高度集中于某一等级。

第二，工作标准法（劳动定额法）：把员工的工作与企业制定的工作标准（劳动定额）相对照，以确定员工业绩。其优点在于参照标准明确，评估结果易于作出。缺点在于标准制定，特别是针对管理层的工作标准制定难度较大，缺乏可量化衡量的指标。此外，工作标准法只考虑工作结果，对那些影响工作结果的因素不加反映，如领导决策失误、生产线其他环节出错等。目前，此方法一般与其他方法一起使用。

第三，强迫选择法：评估者必须从3～4个描述员工在某一方面的工作表现的选项中选择一个（有时两个）。其优点在于用来描述员工工作表现的语句并不直接包含明显的积极或消极内容，评估者并不知评估结果的高低。其缺点在于评估者会试图猜想人力资源。

第四，排序法：把一定范围内的员工按照某一标准由高到低进行排列的一种绩效评估方法。其优点在于简便易行，完全避免趋中或严格/宽松的误差。但缺点在于标准单一，不同部门或岗位之间难以比较。

第五，硬性分布：将限定范围内的员工按照某一概率分布划分到有限数量的几种类型上的一种方法。例如，假定员工工作表现大致服从正态分布，评价者按预先确定的概率（比如，共分五个类型，优秀占5%，良好占15%，合格占60%，稍差占15%，不合格占5%）把员工划分到不同类型中。这种方法有效地减少了趋中或严格/宽松的误差，但问题在于假设不符合实际，各部门中不同类型员工的概率不可能一致。

第六，关键事件法：指那些对部门效益产生重大积极或消极影响的行为。在关键事件法中，管理者需要将员工在考核期间内所有的关键事件都真实记录下来。其优点在于针对性强，结论不易受主观因素的影响。缺点在于基层工作量大。另外，要求管理者在记录中不能带有主观意愿，这一点在实际操作中往往难以做到。

第七，叙述法：评估者以一篇简洁的记叙文的形式来描述员工的业绩。这种方法集中描述员工在工作中的突出行为，而不是日常每天的业绩。不少管理者认为，叙述法不仅简单，而且是最好的一种评估方法。然而，叙述法的缺点在于评估结果在很大程度上取决于评估者的主观意愿和文字水平。此外，由于没有统一的标准，不同员工之间的评估结果难以比较。

第八，目标管理法：是当前比较流行的一种绩效评估方法。目标管理法的特点在于绩效评估人的作用从法官转换为顾问和促进者，员工的作用也从消极的旁观者转换为积极的参与者。这使员工增强了满足感和工作的自觉性，能够以一种更积极、主动的态度投入工作，促进工作目标和绩效目标的实现。

3）收集数据

绩效评估是一项长期、复杂的工作，对于作为评估基础的数据收集工作要求很高。在这方面，国外的经验是注重长期的跟踪、随时收集相关数据，使数据收集工作形成一种制度。

4）分析评估

这一阶段的任务是根据评估的目的、标准和方法，对所收集的数据进行分析、处理、综合，其具体过程如下。

（1）划分等级。把每一个评估项目，如出勤、责任心、工作业绩等，按一定的标准划分为不同等级。一般可分为3～5个等级，如优、良、合格、稍差、不合格。

（2）对单一评估项目的量化。为了能把不同性质的项目综合在一起，就必须对每个评估项目进行量化，不同等级赋予不同数值，用以反映实际特征，如优为10分，良为8分，合格为6分，稍差为4分，不合格为2分。

（3）对同一项目不同评估结果的综合。在有多人参与的情况下，同一项目的评估结果会不相同。为综合这些意见，可采用算术平均法或加权平均法进行综合。

（4）对不同项目的评估结果的综合。有时为达到某一评估目标要考察多个评估项目，只有把这些不同的评估项目综合在一起，才能得到较全面的客观结论，一般采用加权平均法。当然，具体权重要根据评估目的、被评估人的层次和具体职务来定。

5）结果运用

得出评估结果并不意味着绩效评估工作的结束，在绩效评估过程中获得的大量有用信息可以运用到企业各项管理活动中。

（1）通过向员工反馈评估结果，帮助员工找到问题、明确方向，这对员工改进工作、提高绩效会有促进作用。

（2）为人事决策（如任用、晋级、加薪、奖励等）提供依据。

（3）检查企业管理各项政等（如人员配置、员工培训等）方面否有失误，还存在哪些问题。

5.3 编制职业规划

5.3.1 职业生涯的概念及阶段

1. 职业生涯的概念

职业生涯就是一个人的职业经历。

职业生涯是以心理开发、生理开发、智力开发、技能开发、伦理开发等人的潜能开发为基础，以工资待遇、职称、职务的变动为标准，以满足需求为目标的工作经历和内心体验的经历。

职业生涯是人一生中最重要的历程，是追求自我、实现自我的重要人生阶段，对人生价值起着决定性作用。

职业生涯就是一个动态的过程，是指一个人一生在职业岗位上所度过的、与工作活动相关的连续经历，并不包含在职业上成功与失败或进步快与慢的含义。也就是说，不论职位高低，不论成功与否，每个工作着的人都有自己的职业生涯。

2. 职业生涯的阶段

职业生涯是指一个人一生连续从事和负担的职业、职务、职位的过程。职业生涯不仅仅是职业活动，而且包括与职业有关的行为和态度等内容。美国的一位职业指导专家萨帕（Donald E. Super）把人的职业发展过程分为五个阶段：成长期及探索期、建立期、稳定期、危险期和衰退期。（具体内容将在下文详细介绍）

一个人的职业生涯是一个漫长的过程。也许一生只从事一种职业，也许一生中从事多种职业，但每个人都希望找到一个相对稳定、适合自己的职业。如何选择和规划自己的职业生涯，往往受学识、爱好、机遇、工作环境等主客观条件的制约，只有根据现行的工作需要改变原来的职业目标和兴趣，调整心态，培养对所从事职业的敬业精神，在实践中产生对事业的热爱，才能集中精力全身心投入工作，实现个人价值，取得成就。

5.3.2 职业生涯规划的取决因素及职业规划

1. 职业生涯规划的取决因素

职业生涯规划的过程，主要取决于两个方面：一是社会发展的客观需要，特别是社会职业的现实要求；二是当事人自身的实际情况，其中起主要作用的是当事人自己。

职业生涯规划不是社会或学校强加在个人身上的实施方案，而是当事人在内心动力的驱使下，结合社会职业的要求和社会发展利益，依据现实条件和机会所制定的个人化的实施方案，所以，从个人的角度来讨论职业生涯规划，它的主要内容包括：自我认识；自我规划（确定职业方向和目标，制订职业发展道路计划）；自我管理（明确需要进行的自我学习、提升准备和行动计划）；自我实现（反馈评估，修正完善）。

2. 职业规划

职业规划的目的就是帮助个人达成其每一阶段的生涯发展任务，并为下一个阶段发展做好预先的规划和准备。适当地完成人生各个阶段的生涯发展任务，即是"生涯成熟"的表现。

（1）"成长期"和"探索期"是指从出生到22岁左右，一般来说就是大学毕业以前，是人生在校学习的阶段。

虽然职业教育或大学教育也有分科、分系，学生可以学到一些专业的知识，并摸索到自己的兴趣所在，对自己的未来事业也会有些期望和目标。但事实上，由于种种原因，学校教育和实际的工作差异颇大，大多数学生对专业设置、自身的兴趣、社会未来的变迁也不能在刚进入校门就能完全了解和决定。因此，成长期及探索期对个人生涯的影响，视个人情况不同而有所差异。探索期的主要任务是：职业取向逐渐具体化；职业取向的特定化；实现职业取向；发展符合于现实的自我概念；学习开创较多的机会。

（2）"建立期"是生涯中最重要的阶段。

因为从 23 岁到 45 岁是一个人一生工作最主要的阶段，企业组织中 90% 以上的员工多在这个年龄范围内。刚出校门的职场新人，对企业运作、工作本质及职业的内涵特质并不了解，选择企业、职业多是父母、师长的意见或道听途说的。等到实际投入工作后，往往事与愿违，差异颇大。因此，不稳定是他们的特点，理想与现实的落差也使他们不断调职、跳槽、换工作，以寻求他们的理想，这就是"试验期"。一般要到 30 岁左右，才会逐渐安定下来，而进入"稳定期"。

（3）"稳定期"是指 30 ～ 40 岁这一段时间。

大部分的人在此时应该已确立了其事业的目标，经过十年的试验和磨炼，无论在专业或人际关系上也有相当的基础，正好全力发挥、贡献所能。

（4）40 岁左右至 50 岁左右是所谓的"生涯中期"，有人称之为危险期。

在历经稳定期的充分发挥及个人的知识、能力、技能的竞争和评比后，小部分表现特殊或特别获得赏识的人员，可能更上一层楼进入企业核心，或成为独当一面的部门主管、高级顾问等，肩负更大的责任。但大部分的人员可没那么幸运，金字塔形的组织越往上层人数越少，这是必然的。一般人心理上一时无法调适，因而对自己的能力、理想等产生怀疑。

生涯的停滞是危险期的特征，会使许多人重新评估自身生涯目标及工作，最后可能会作出离开现在的公司、自行创业、出国充电等决定，试图另创新的局面。也可能调整自己的生活重心，由工作转移至家庭、兴趣爱好等，以逃避工作上的挫折。

总之，"中年危机"是大部分上班族可能面对的问题，但正好也可以借此时对自身未来生涯再做一次思考。至于最终决定要如何，是否有好的生涯规划，就是其中最主要的因素了。转行或自行创业，行业的专业知识、自己的经济能力是否已具备？如果失败，家庭生计又如何维持？离开现在的公司，另谋他职，自己的专业、能力、人际关系又如何？这时你的内外情况和 20 岁出头时完全不同。除非你早有了规划，累积了相当的财富、能力和人脉，有长期失业的心理准备，否则，"负担"和"输不起"将是你最大的考验和阻碍。

大多数的人在此时的抉择可能是"宜动不宜静"，而进入"维持期"，选择留在公司里。就算没能晋升，也可能被安排为一个中、高级的资深管理者、技师、工程师、专员等，也许他们能稍微放松一下。此时对组织所能贡献的，就是他们多年累积的专业知识和判断力。从事顾问、教导和技能传承的工作，这都是幸运的一群。在现实的企业环境中，他们也有可能被冷落、忽视，甚至讽刺，但必须忍耐，为了那微薄的"退休金"而忍气吞声，所以"生涯晚期"的个人际运差别会很大。

（5）"衰退期"是指 60 岁或 65 岁退休以后至死亡为止。

当然，每个人退休年龄不尽相同，在此系指从原公司、原工作退了下来而言。如果年龄不到 60 岁或身体状况还不错，许多人仍然选择退而不休。因为，对一个工作了近 40 年的人来说，一下子无事可做，真是难以面对的。有些人退休后，突然老了许多，就是心理无法调适而导致的。

知识拓展5-2

蓝斯登定律：给员工快乐的工作环境

跟一位朋友一起工作，远较在"父亲"之下工作有趣得多。你给员工快乐的工作环境，员工给你高效的工作回报。让你的员工快乐起来！

5.4 设计薪酬

5.4.1 薪酬及薪酬管理的概念

1. 薪酬的概念

薪酬是指员工向其所在单位提供所需要的劳动而获得的各种形式的补偿，是单位支付给员工的劳动报酬。薪酬包括经济性薪酬和非经济性薪酬两大类。

1）经济性薪酬

经济性薪酬分为直接经济性薪酬和间接经济性薪酬。

（1）直接经济性薪酬是单位按照一定的标准以货币形式向员工支付的薪酬。

（2）间接经济性薪酬不直接以货币形式发放给员工，但通常可以给员工带来生活上的便利，减少员工额外开支或者免除员工后顾之忧。它包括养老保险、医疗保险、失业保险、工伤及遗属保险、住房公积金、餐饮等；其他货币性薪酬包括有薪假期、休假日、病事假等。

2）非经济性薪酬

非经济性薪酬是指无法用货币等手段来衡量，但会给员工带来心理愉悦效用的一些因素，包括工作、社会和其他方面。其中工作方面包括工作成就，工作有挑战感、责任感等的优越感觉；社会方面包括社会地位、个人成长、实现个人价值等；其他方面包括友谊关怀、舒适的工作环境、弹性工作时间等。

2. 薪酬管理的概念

薪酬管理是在组织发展战略指导下，对员工薪酬支付原则、薪酬策略、薪酬水平、薪酬结构、薪酬构成进行确定、分配和调整的动态管理过程。

薪酬管理要为实现薪酬管理目标服务，薪酬管理目标是基于人力资源战略设立的，而人力资源战略服从于企业发展战略。

薪酬管理包括薪酬体系设计和薪酬日常管理两个方面。

（1）薪酬体系设计主要是薪酬水平设计、薪酬结构设计和薪酬构成设计。薪酬设计是薪酬管理最基础的工作，如果薪酬水平、薪酬结构、薪酬构成等方面有问题，企业薪酬管理不可能取得预定目标。

（2）薪酬日常管理是由薪酬预算、薪酬支付、薪酬调整组成的循环，这个循环可以称为薪酬成本管理循环。薪酬预算、薪酬支付、薪酬调整工作是薪酬管理的重点工作，应切实加强薪酬日常管理工作，以便实现薪酬管理的目标。

薪酬体系建立起来后，应密切关注薪酬日常管理中存在的问题，及时调整公司薪酬策略，调整薪酬水平、薪酬结构及薪酬构成，以实现效率、公平、合法的薪酬目标，从而保证公司发展战略的实现。

5.4.2 基本工资制度

在企业薪酬管理实践中，根据薪酬支付依据的不同，有岗位工资、职务工资、技能工资、绩效工资、工龄工资、薪级工资等薪酬构成元素。通常企业选择一个或两个为主要形式，其他为辅助形式。以下是几种主要的工资制度形式：依据岗位或职务进行支付的工资体系称为岗位工资制或职务工资制；依据技能或能力进行支付的工资体系称为技能工资制或能力工资制；依据绩效进行支付的工资体系，如计件工资制、提成工资制、承包制等；依据岗位（职务）和技能工资进行支付的工资体系称为岗位技能工资制或职务技能工资制；依据岗位（职务）和绩效工资进行支付的工资体系称为岗位绩效工资制或职务绩效工资制。选择并确定工资制度形式是很关键的，这体现着公司的价值导向。

1. 岗位工资制

岗位工资制是依据任职者在组织中的岗位确定工资等级和工资标准的一种工资制度。岗位工资制基于这样两个假设：第一，岗位任职要求刚好与任职者能力素质相匹配，如果员工能力超过岗位要求，意味着人才的浪费，如果员工能力不能完全满足岗位要求，则意味着任职者不能胜任岗位工作，无法及时、保质保量地完成岗位工作。岗位工资制的理念是：不同的岗位将创造不同的价值，因此不同的岗位将给予不同的工资报酬；同时企业应该将合适的人放在合适的岗位上，使人的能力素质与岗位要求相匹配，对于超过岗位任职要求的能力不给予额外报酬。岗位工资制鼓励员工通过岗位晋升来获得更多的报酬。

2. 职务工资制

职务工资制是简化了的岗位工资制，职务和岗位的区别在于，岗位不仅表达出层级还表达出工作性质，如人力资源主管、财务部部长等就是岗位，而职务仅仅表达出来层级，如主管、经理，以及科长、处长等。职务工资制在国有企业、事业单位以及政府机构得到广泛的应用。职务工资制只区分等级，事实上和岗位工资制具有本质的不同，岗位工资制体现不同岗位的差别，岗位价值综合反映了岗位层级、岗位工作性质等多方面因素，是市场导向的工资制度，而职务工资仅仅体现层级，是典型的等级制工资制度。

3. 技能工资制

技能工资制根据员工所具备的技能而向员工支付工资，技能等级不同，薪酬支付标准不同。技能通常包括三类：深度技能、广度技能和垂直技能。深度技能是指从事岗位工作有关的知识和技能，深度技能表现在能力的纵向结构上，它强调员工在某项能力上不断提高，鼓励员工成为专家；广度技能是指从事相关岗位工作有关的知识和技能，广度技能表现在能力的横向结构上，它提倡员工掌握更多的技能，鼓励员工成为通才；垂直技能指的是员工进行自我管理，掌握与工作有关的计划、领导、团队合作等技能，垂直技能鼓励员工成为更高层次的管理者。

4. 能力工资制

能力工资制根据员工所具备的能力向员工支付工资，员工能力不同，薪酬支付标准不同。在人力资源开发与管理中，能力多指一种胜任力和胜任特征，是员工具备的能够达成某种特定绩效或者是表现出某种有利于绩效达成的行为能力。根据能力冰山模型，个人绩效行为能力由知识、技能、自我认知、品质和动机五大要素构成。知识是指个人在某一特定领域拥有的事实型与经验型信息；技能是指结构化地运用知识完成某项具体工作的能力，即对某一特定领域所需技术与知识的掌握情况；自我认知是指个人关于自己的身份、人格以及个人价值的自我感知；品质是指个性、身体特征对环境和各种信息所表现出来的持续而稳定的行为特征；动机是指在一个特定领域自然而持续的想法和偏好（如成就、亲和力、影响力），它们将驱动、引导和决定一个人的外在行动。其中，知识和技能是冰山模型的"水面以上部分"，是外在表现，是容易了解与测量的部分，相对而言也比较容易通过培训来改变和发展；而自我认知、品质和动机是"水面以下部分"，是内在的、难以测量的部分，它们不太容易通过外界的影响而得到改变，但却对人员的行为与表现起着关键性的作用。

5. 绩效工资制

绩效工资制是以个人业绩为付酬依据的薪酬制度，它的核心在于建立公平合理的绩效评估系统。绩效工资制可以应用在任何领域，适用范围很广，在销售、生产等领域更是得到大家认可，如计件工资制、提成工资制也都是绩效工资制。

绩效工资制有以下几个优点。

（1）有利于个人绩效和组织绩效提升。绩效工资制的采用需要对绩效进行评价，给予员工一定的压力和动力，同时需要上级主管对下属不断进行绩效辅导和资源支持，因此会促进个人绩效和组织绩效的提升。

（2）有助于实现薪酬内部公平和效率目标。因为根据绩效付酬，有助于打破大锅饭、平均主义思想，鼓励多劳多得，因而有助于实现薪酬的内部公平以及提高效率这两个目标。

（3）人工成本低。虽然对业绩优异者给予较高报酬会给公司带来一定程度上人工成本的增加，但事实上，优秀员工报酬增加是以给公司带来价值为前提的，员工获得高报酬的同时公司也获得了更多的利益；另一方面，公司给予业绩低下者较低薪酬或淘汰业绩低下者，这会大大降低工资成本。

绩效工资制有以下几个缺点。

（1）易产生短视行为。由于绩效工资与员工本期绩效相关，易造成员工只关注当期绩效，从而产生短视行为，可能为了短期利益的提高而忽略组织长远的利益。

（2）员工忠诚度不足。如果绩效工资所占比例过大，固定工资太少或者没有，由于保健因素的缺乏，容易使员工产生不满意；另外这种工资制度不可避免会有员工被淘汰，员工流动率比较高，这两方面都会影响员工的忠诚度，影响组织的凝聚力。

6. 组合工资制度

在企业薪酬管理实践中，除了以岗位工资、技能工资、绩效工资中的一个为主要元素外，很多情况下是以两个元素为主，以充分发挥各种工资制度的优点。常见的组合工资制度有岗位技能工资制和岗位绩效工资制。

1）岗位技能工资制

岗位技能工资制是以按劳分配为原则，以劳动技能、劳动责任、劳动强度和劳动条件等基本劳动要素为基础，以岗位工资和技能工资为主要内容的企业基本工资制度。技能工资主要与劳动技能要素相对应，确定依据是岗位、职务对劳动技能的要求和雇员个人所具备的劳动技能水平。技术工人、管理人员和专业技术人员的技能工资可分为初、中、高三大工资类别，每类又可分为不同的档次和等级。岗位工资与劳动责任、劳动强度、劳动条件三要素相对应，它的确定是依据三项劳动要素评价的总分数，划分几类岗位工资的标准，并设置相应档次，一般采取一岗多薪的方式，视劳动要素的不同，同一岗位的工资有所差别。我国大多数企业在进行岗位技能工资制度改革中，除设置技能工资和岗位工资两个主要单元外，一般还加入工龄工资、效益工资、各种津贴等。

2）岗位绩效工资制

岗位绩效工资制得到广泛应用是因为在当前市场竞争中，为了激励员工，将员工业绩与收入联系起来是很多企业采取的办法。除了在企业中得到广泛应用之外，很多事业单位也采取岗位绩效工资制度。事业单位的岗位绩效工资由岗位工资、薪级工资、绩效工资和津贴补贴四部分构成。事业单位员工可分为专业技术人员、管理人员、技术工人、普通工人四个序列。专业技术人员岗位工资根据本人现聘用的专业技术岗位（通俗地讲就是获得了职称并且被聘用）来执行相应的岗位工资标准；管理人员按本人现聘用的岗位（任命的职务）来执行相应的岗位工资标准；技术工人按本人现聘用的岗位（技术等级或职务）来执行相应的岗位工资标准；普通工人执行普通工岗位工资标准。薪级工资根据任职者工龄、任本岗位年限及岗位等级确定，其实质是对岗位工资进行修正，对经验丰富者给予更多报酬，取消工龄工资反映在薪级工资中。绩效工资一般是上级主管部门核定绩效工资总量，由各单位自主制订绩效工资分配方案，可以采取灵活多样的分配形式和办法。

知识拓展5-3

称 糖 效 应

顾客到商店准备买1斤水果糖。售货员抓了一把糖放在秤上称，同样1斤糖，不同的称法对顾客心理将产生不同的影响。

薪酬管理是人力资源管理中的重要一环。从人性的角度来看：获得奖励是人类行为动机的一个出发点。

课堂讨论！

完成本任务后，请进行自我测试：
你是否已明确人力资源管理的深刻内涵？

● 帝王之道论管理 –5

曹操的用人：求才若渴、知人善用、用人唯才

曹操是中国历史上著名的政治家、军事家、文学家。曹操出身宦官，在东汉末年的群雄

逐鹿中原的战争中由弱小到强大，到最后统一中国的北方，他不仅有谋略，也有才华，重视发展经济，还能赋词作诗。曹操的成功在于他的用人。曹操在人才任用方面向来都是求才若渴、知人善用和用人唯才，网罗地主阶级中下层人物。看看《三国演义》中关于对待许攸的一段描写："时操方解衣歇息。闻说许攸私奔到寨，大喜，不及穿履，跣足出迎。遥见许攸，抚掌欢笑，携手共入，操先拜于地。"在平定荆襄时，入城至府中坐定，即召蒯越近前，抚慰曰：吾不喜得荆州，喜得异度也。另外徐晃、张辽、张郃、庞德、贾诩、文聘、韩嵩、王粲等都是降将，但是曹操都能够推心置腹，委以大任，进而成就大业。

● 任务小结

通过对本任务的学习，同学们可以了解人力职业管理的一些相关基础知识，理解人力资源规划、招聘、培训、绩效评估、职业规划和薪酬管理的概念及内涵，掌握人力资源规划的程序、人员配备的原则和一些基本工资制度，并能运用职业生涯知识规划自己的职业生涯。

第三部分 任务实训

⊃ 案例分析

由两位年轻人辞职引起的薪资制度改革

一家在同行业居领先地位、注重高素质人才培养的高技术产品制造公司，不久前有两位精明能干的年轻财务管理人员提出辞职，到提供更高薪资的竞争对手公司里任职。其实，这家大公司的财务主管早在数月前就曾要求公司给这两位年轻人增加薪资，因为他们的工作表现十分出色。但人事部门的主管认为，这两位年轻财务管理人员的薪资水平，按同行业平均水平来说，已经是相当高的了，而且这种加薪要求与公司现行建立在职位、年龄和资历基础上的薪资制度不符，因此拒绝给予加薪。

对这一辞职事件，公司里的人议论纷纷。有人说，尽管这两位年轻人所得报酬的绝对量高于行业平均水平，但他们的表现出色，这样的报酬水准是很难令人满意的。也有的人质疑，公司人事部门的主管明显地反对该项提薪要求，但是否应当由了解其下属表现好坏的财务部门主管对本部门员工的酬劳行使最后决定权？公司制定了明确的薪资制度，但它是否与公司雇用和保留优秀人才的需要相适应呢？公司是否应当制定出特殊的条例来吸引优秀人才，或者还是让那些破坏现行制度的人离开算了……这些议论引起了公司总经理的注意，他责成人事部门牵头与生产、销售、财务等各部门人员组成一个专案小组，就公司酬劳计付方式广泛征求各部门职工的意见，并提出几套方案，供下月初举行的公司常务会讨论和决策之用。

【思考题】

1. 试分析为什么两位年轻人要离开。

2. 人事部门的主管认为，公司按职位、年龄和资历计付薪资的制度既已明确颁布，就应严格遵照执行，哪怕因此而流失优秀人才。你对这种观念持何种看法？

3. 公司总经理准备考虑薪资制度的改革问题，你会给他提什么建议？

⮕ **模拟实训**

人力资源规划报告的撰写

1. 实训目的

通过对本地区的调研，尝试对该企业进行人力资源规划。

2. 实训方式

实地调研，撰写规划报告。

3. 实训对象

本地区某家企业。

4. 实训内容

① 该企业产业环境分析、组织分析以及内部分析等。

② 人力资源需求分析及预测。

③ 人力资源供给分析及预测。

5. 实训步骤

① 学生分组，5～7人一组。

② 各小组进行前期调研、收集和整理相关资料。

③ 进行人力资源需求预测

④ 评价企业现有的人力资源。

⑤ 对内部人力资源的供给缺口进行分析，对外部人力资源供给进行预测。

⑥ 进行供求平衡分析。

⑦ 分组完成调研及规划报告。

⑧ 全班集体讨论。

⮕ **游戏活动**

授 权

1. 目的

体会作为一位主管在授权时通常犯的错误及改善的方法。

2. 道具

12个眼罩、3条20米的绳子。

3. 时间

30分钟。

4. 程序

（1）挑选24位同学，把这些同学分成3组，每组8人。8人分别扮演总经理、总经理秘书、部门经理、部门经理秘书、操作人员（4人）。

（2）教师把总经理们带到一边，小声对他们说明游戏规则：总经理要让秘书给部门经理传达一项任务，该任务就是由操作人员在戴着眼罩的情况下，每组把一条20米的绳子做成一个正方形，绳子要用尽。

（3）总经理指示其秘书将指令传给部门经理。

（4）部门经理向操作人员下达任务，操作人员执行命令。

（5）小组讨论。

5. 规则

（1）总经理不得直接指挥操作人员，一定通过秘书将指令传达给部门经理。

（2）部门经理如有不明白的地方，只能通过自己的秘书请示总经理秘书。

（3）部门经理在指挥的过程中要与操作人员保持 5 米以上的距离。

6. 教师任务

（1）准备 12 个眼罩（可用任何能蒙眼睛的物品代替，让学生协助准备）、3 条 20 米的绳子（可用捆绑啤酒的玻璃绳代替）。

（2）控制整个活动过程，及时制止违反规则的行为。

（3）总结：作为总经理不应该通过秘书来下达任务，而应该亲自下达具体任务；部门经理在执行任务的过程中，不应站在 5 米之外，而是应该积极主动参与进来，并及时处理问题，也不能事事向总经理请示；部门经理和总经理的沟通不应该通过秘书来传达，这样会造成信息传递过程中的失真；部门内部从上到下都应该职权分明，各司其职，保证信息流通过程的畅通无阻。

7. 考核标准

不违反规则且速度最快的小组获胜。

任务六　设计组织结构

⇨ 任务提示

本任务将引领你明确组织的内涵与职能、主要的组织结构形式、组织设计的内容！

⇨ 任务先行

什么是组织和组织结构？它们是怎样来到我们身边的？它是研究什么的？要了解这些问题，请往下看！

第一部分　故事与案例

⇨ 故事导入

木 桶 定 律

众所周知，一只木桶盛水的多少，并不取决于桶壁上最高的那块木板，而恰恰取决于桶壁上最低的那块木板。人们把这一规律总结成为"木桶定律"或"木桶理论"。

根据这一核心内容，"木桶定律"还有三个推论：

其一，只有当木桶壁上的所有木板都足够高时，木桶才能盛满水，只要这个木桶里有一块不够高度，木桶里的水就不可能是满的；

其二，比最低木板高的所有木板的高出部分是没有意义的，高得越多，浪费就越大；

其三，要想提高木桶的容量，应该设法加高最低木板的高度，这是最有效也是唯一的途径。

与木桶定律相似的还有一个链条定律：一根链条最薄弱的环节和其他环节一样承受着相同的强度，那么链条越长，就越薄弱。

这个故事告诉人们：对一个组织来说，构成组织的各个部分往往是参差不齐的，而劣质的部分往往决定了整个组织的水平。"最短的木板"与"最薄弱的环节"都是组织中有用的一部分，只不过比其他部分稍差一些，你不能把它们当作烂苹果扔掉。因此，管理的真正意义就是去修补最低的那块木板。

⊃ 案情介绍

康涅狄格互助保险公司的苏·雷诺兹

苏·雷诺兹（以下简称苏）今年22岁，即将获得哈佛大学人力资源管理专业的本科学位。在过去的两年里，她每年暑假都在康涅狄格互助保险公司打工，填补去度假的员工的工作的空缺，因此她在这里做过许多不同类型的工作。目前，她已接受该公司的邀请，毕业后将加入互助保险公司，成为保险单更换部的主管。

康涅狄格互助保险公司是一家大型保险公司，仅苏所在的总部就有5 000多人。公司奉行员工的个人开发，这已成为公司的经营哲学，公司自上而下都对员工十分信任。

苏将要承担的工作要求她直接负责25名职工。他们的工作不需要什么培训而且具有高度的程序化，但员工的责任感十分重要，因为更换通知要先送到原保险单所在处，要列表显示保险费用与标准表格中的任何变化；如果某份保险单因无更换通知的答复而将取消，还需要通知销售部。

苏工作的群体成员全部是女性，年龄从19岁到62岁，平均年龄为25岁。其中大部分人是高中学历，以前没有过工作经验，她们的薪金水平为每月420美元到2 070美元。苏将接替梅贝尔·芬彻的职位。梅贝尔为互助保险公司工作了37年，并在保险单更换部做了17年的主管工作，现在她退休了。苏去年夏天曾在梅贝尔的群体中工作过几周，因此比较熟悉她的工作风格，并认识大多数群体成员。她预计除了丽莲·兰兹之外，其他将成为她下属的成员都不会有什么问题。丽莲今年50多岁，在保险单更换部工作了10多年，而且作为一位"老太太"，她在员工群体中很有影响力。苏断定，如果她的工作得不到丽莲的支持，将会十分困难。

⊃ 案例解读

苏的特点是：有较好的专业背景，有一定的工作经验，但缺乏担任领导的经验。因而在成为主管以后，其关键是如何积累领导经验，干出成果，树立威信。丽莲明显有非正式组织领袖的特征，因此，苏在工作初期应尊重丽莲，主动地与她搞好关系。然后，可考虑用处理非正式组织的方法处理此事。

第二部分 任务学习引导

组织的定义

组织就是指人们为了实现一定的目标，互相协作组合而成的集体或团体，如党团组织、工会组织、企业、军事组织等。

6.1 认知组织

6.1.1 组织的含义、作用及实质

1. 管理学中组织的含义

在管理学中，组织的含义可以从静态与动态两个方面来理解。从静态方面看，是指组织结构，即：反映人、职位、任务以及它们之间的特定关系的网络。这一网络可以把分工的范围、程度、相互之间的协调配合关系、各自的任务和职责等用部门和层次的方式确定下来，成为组织的框架体系。从动态方面看，是指维持与变革组织结构，以完成组织目标的过程。通过组织机构的建立与变革，将生产经营活动的各个要素、各个环节，从时间上、空间上科学地组织起来，使每个成员都能接受领导、协调行动，从而产生新的、大于个人和小集体功能简单相加的整体职能。

组织一般可分为正式组织与非正式组织。其中，正式组织一般是指组织中体现组织目标所规定的成员之间职责的组织体系。我们一般谈到的组织都是指正式组织。在正式组织中，其成员保持着形式上的协作关系，以完成组织目标为行动的出发点和归宿点。非正式组织是在共同的工作中自发产生的，具有共同情感的团体。非正式组织形成的原因很多，如工作关系、兴趣爱好关系、血缘关系等。非正式组织常出于某些情感的要求而采取共同的行动。非正式组织对正式组织有非常重要的影响，管理者应高度重视非正式组织的影响。

2. 组织的作用

组织的作用主要表现在以下几个方面。

（1）有效的组织是进行决策的基础，是实现组织目标的保证。

（2）有效的组织是综合发挥人力、物力、财力以及技术、信息等资源，以实现管理综合效益的合理结构体系。

（3）有效的组织会创造一种良好的工作环境，使组织中的每一个人都能为完成群体的目标做出最大的贡献。

3. 组织的实质

组织的实质在于它是进行协作的人的集合体。管理的组织职能主要是设计、形成和保持一种良好的、和谐的集体环境，使人们能够相互配合，协调行动，以获得优化的群体效应。

管理的根本动力是充分发挥人的积极性、主动性和创造性。而要做到这一点，就必须通过合理的分工，建立机构、分布责权利、沟通联系制度等管理活动，维持一种发挥人的主动性、积极性和创造性的集体士气、气氛、风气，形成每个人的强烈的事业心、进取心，以及为实现组织目标而共同奋斗的集体精神。

管理组织的实质最明显的是表现为组织成员为实现共同的目标而有效地进行工作，表现在组织机构运行的高效化上。组织机构运行的高效化有以下四种衡量标准。

（1）管理效率高，层次简明合理，很少出现扯皮现象。

（2）信息传输迅速而准确，使组织的领导者能及时掌握新的情况，作出相应决策。

（3）任用合理，人人都能在自己的岗位上充分发挥作用，人与人之间关系和谐、协调。

（4）组织的总体目标和计划已被组织工作分配下去，使得目标和计划的完成有了切实保障。

6.1.2 组织工作的步骤

各个组织开展组织工作有其不同的具体过程和步骤，但从整体上来看，组织工作的开展有以下几个基本的步骤。

1. 明确组织工作的目标

组织工作的目标是根据计划工作确定的组织整体的目标而确定的。对于一个新建的组织而言，组织工作的目标要根据组织的宗旨，结合组织当前所处的具体环境和组织的发展规划来确定。它的内容要包括组织的发展规模、组织内的分工与协作的程度、组织集权和分权的程度、组织内部的信息沟通方式等。

对于一个已在运转的组织，组织工作的目标要根据组织的计划目标、组织在运转过程中所出现的问题，组织所处的具体环境和组织未来发展的需要来确定。它的内容包括对组织适应外部环境变化之间协作关系的要求、对专业化分工程度的要求等。

2. 确定工作分工

根据组织计划目标和组织工作目标的要求，明确完成组织计划目标所需要的分工，如办医院就要有医生、护士，办工厂就要有工程技术人员、工人，办一所学校就要有教师。这是根据完成组织目标的需要所进行的客观分工。

3. 确定管理幅度和管理层次

根据组织工作目标的要求，在客观分工的基础上，确定组织中的管理幅度，同时也就确定了组织中的管理层次。这是管理者根据提高管理效率的要求所进行的主观设计。

4. 部门的划分

管理幅度的有限性使得组织要按一定的方法把组织中的人和事划分成若干个可管理的单位或部门。它也是管理者根据组织工作目标的要求所进行的主观设计。

5. 确定管理和业务工作的关系

这是根据实现组织目标的要求，找出组织中的各个部门、各个管理层次之间在管理和业务工作上的关系。这是实现组织目标的客观要求。

6. 确定上下左右的工作程序

根据各个部门、各个管理层次之间联系的客观要求，通过职权管理和各种规章制度把这种客观要求具体确定下来，使组织中的各个部门和各个管理层次能围绕着组织目标的实现而成为一个整体，共同运转和工作。

7. 组织调整

这是控制职能在组织工作中的应用，即针对在组织运行过程中所出现的问题进行的调整。组织调整实际上就是进行的新一轮的组织工作。

知识拓展6-1

共生效应：在组织中共同发展

自然界有这样一种现象：当一株植物单独生长时，显得矮小、单调，而与众多同类植物一起生长时，则根深叶茂，生机盎然。人们把植物界中这种相互影响、相互促进的现象称为"共生效应"。

6.2　设计组织结构

6.2.1　组织结构形式

不同的组织有不同的特点，不可能用统一的组织模式，所以，设置组织结构，需要选择适当的组织结构形式。组织结构形式是组织结构框架设置的模式。

1. 直线制组织结构

直线制又称"军队式组织"，是人类社会各种组织存在的最基本形式，也是一种最早的和最简单的组织结构形式。这种组织结构没有管理职能部门，从最高层到最低层实现直线垂直领导，如图6-1所示。

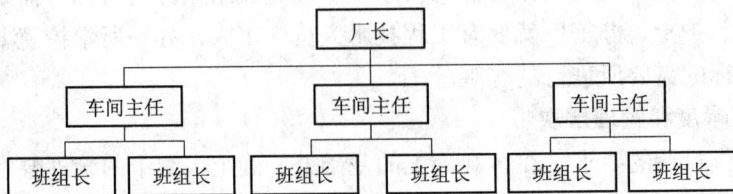

图6-1　直线制组织结构示意图

直线制组织结构的优点是：结构比较简单，责任分明，命令统一。

缺点是：对直线主管要求较高，要求直线主管掌握多种知识和技能，亲自处理各种业务。

在组织规模比较大、业务比较复杂的情况下，把所有管理职能都集中到最高主管一个人身上，显然对他来说是难以胜任的。因此，直线制只适用于规模较小，生产技术比较简单的企业，对生产技术和经营管理比较复杂的企业并不适用。

2. 职能制组织结构

职能制是指设立若干职能机构或人员，各职能机构或人员在自己的业务范围内都有权向下级下达命令和指示，即各级负责人除了要服从上级直接领导的指挥以外，还要受上级各职能部门或人员的领导，如图6-2所示。

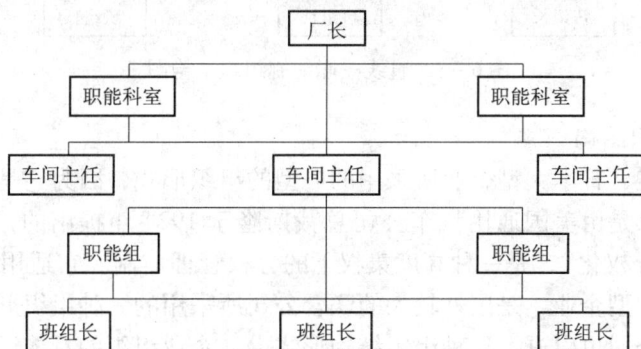

图6-2 职能制组织结构示意图

职能制的优点是：能适应现代化工业企业生产技术比较复杂，管理工作比较精细的特点；能充分发挥职能机构的专业管理作用，减轻直线领导人员的工作负担。

缺点是：它妨碍了必要的集中领导和统一指挥，形成了多头领导；不利于建立和健全各级行政负责人和职能科室的责任制，在中间管理层往往会出现"有功大家抢，有过大家推"的现象；另外，在上级行政领导和职能机构的指导和命令发生矛盾时，下级就无所适从。由于这种组织结构形式明显的缺陷，现代企业一般都不采用职能制。

3. 直线—职能制组织结构

直线—职能制又称为直线参谋制。它是在直线制和职能制的基础上，取长补短，吸取这两种形式的优点而建立起来的。目前，我国绝大多数企业都采用这种组织结构形式。这种组织结构形式是把企业管理机构和人员分为两类：一类是直线领导机构和人员，按命令统一原则对各级组织行使指挥权；另一类是职能机构和人员，按专业化原则从事组织的各项职能管理工作。直线领导机构和人员在自己的职责范围内有一定的决定权和对所属下级的指挥权，并对自己部门的工作负全部责任。而职能机构和人员则是直线指挥人员的参谋，不能对直线部门发号施令，只能进行业务指导。直线—职能制组织结构如图6-3所示。

直线—职能制组织结构的优点是：命令统一，职责明确，专业化管理程度较高，组织稳定。它既保证了管理体系的集中统一，又可以在各级行政负责人的领导下，充分发挥各专业管理机构的作用。

缺点是：职能部门之间缺乏交流、协作和配合，职能部门与行政负责人之间容易产生摩擦，组织系统的灵敏度较低，下级的许多工作要直接向上层领导报告请示才能处理，常常造成企业运作效率低下。

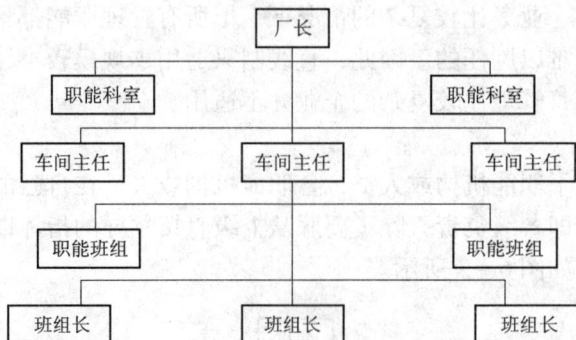

图 6-3　直线—职能制组织结构图

4. 事业部制组织结构

事业部制是欧美、日本大型企业所采用的典型的组织形式，因为它是一种分权制的组织形式。事业部制最早是由美国通用汽车公司总裁斯隆于 1924 年提出的，故有"斯隆模型"之称，也叫"联邦分权化"，是一种高度集权下的分权管理体制。它适用于规模庞大、品种繁多、技术复杂的大型企业，是国外较大的联合公司所采用的一种组织形式，近几年我国一些大型企业集团或公司也引进了这种组织结构形式。在企业组织的具体运作中，事业部制又可以根据企业组织在构造事业部时所依据的基础的不同区分为区域事业部制、产品事业部制等类型，通过这种组织结构可以针对某个单一产品、服务、产品组合、主要工程或项目、地理分布、商务或利润中心来组织事业部。区域事业部制以企业组织的市场区域为基础来构建企业组织内部相对具有较大自主权的事业部门；而产品事业部制则依据企业组织所经营的产品的相似性对产品进行分类管理，并以产品大类为基础构建企业组织的事业部门。

事业部制是分级管理、分级核算、自负盈亏的一种形式，即一个公司按地区或按产品类别分成若干个事业部，从产品的设计、原料采购、成本核算、产品制造，一直到产品销售，均由事业部及所属工厂负责，实行单独核算，独立经营，公司总部只保留人事决策、预算控制和监督大权，并通过利润等指标对事业部进行控制。也有的事业部只负责指挥和组织生产，不负责采购和销售，实行生产和供销分立，但这种事业部正在被产品事业部所取代。还有的事业部则按区域来划分。这里就产品事业部和区域事业部做些简单的介绍。

1）产品事业部（又称产品部门化）

按照产品或产品系列组织业务活动，在经营多种产品的大型企业中早已显得日益重要。产品部门化主要是以企业所生产的产品为基础，将生产某一产品有关的活动，完全置于同一产品事业部内，再在产品事业部内细分职能部门，进行该产品的生产、销售等工作。这种结构形态，在设计中往往将一些共用的职能集中，由上级委派，以指导各产品部门，做到资源共享，其组织结构如图 6-4 所示。

产品部门化的优点主要有以下几个：

（1）有利于采用专业化设备，并能使个人的技术和专业化知识得到最大限度的发挥；

（2）每一个产品部都是一个利润中心，部门经理承担利润责任，这有利于总经理评价各部门的政绩；

（3）在同一产品部门内有关的职能活动协调比较容易，比完全采用职能部门管理更有弹性；

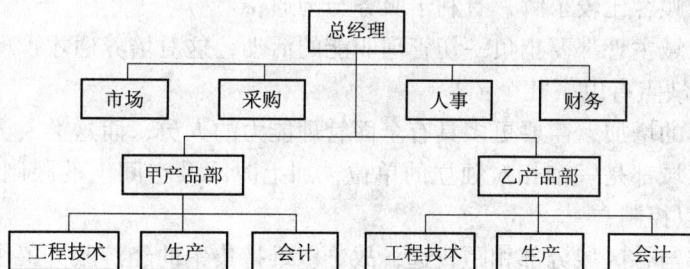

图6-4 产品事业部制组织结构图

（4）容易适应企业的业务扩展与业务多元化要求。

产品部门化的缺点主要有以下几个：

（1）需要更多的具有全面管理才能的人才，而这类人才往往不易得到；

（2）每一个产品分部都有一定的独立权力，高层管理人员有时会难以控制；

（3）对总部的各职能部门，如人事、财务等，产品分部往往不会善加利用，以致总部一些服务不能获得充分的利用。

2）区域事业部制（又称区域部门化）

对于在地理上分散的企业来说，按地区划分部门是一种比较普遍的方法。其原则是把某个地区或区域内的业务工作集中起来，委派一位经理来主管其事。按地区划分部门，特别适用于规模大的公司，尤其是跨国公司。这种组织结构形态，在设计上往往设有中央服务部门，如采购、人事、财务、广告等，向各区域提供专业性的服务，这种组织结构如图6-5所示。

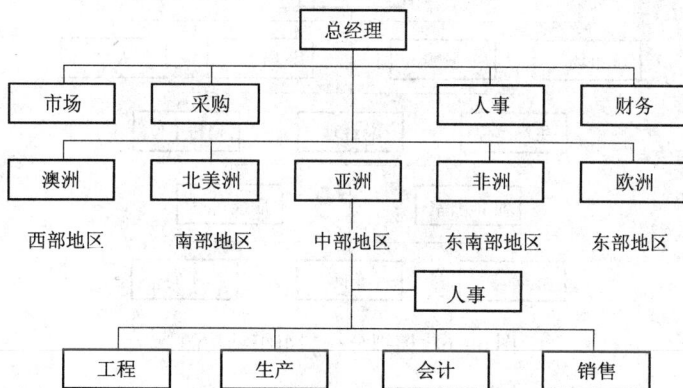

图6-5 区域事业部制组织结构图

区域部门化的优点主要有以下几个：

（1）责任到区域，每一个区域都是一个利润中心，每一区域部门的主管都要负责该地区业务的盈亏；

（2）放权到区域，每一个区域有其特殊的市场需求与问题，总部放手让区域人员处理，会比较妥善、实际，有利于企业高层管理者关注更重要的问题。

（3）有利于地区内部协调；

（4）对区域内顾客比较了解，有利于服务与沟通；

（5）每一个区域主管都要担负一切管理职能的活动，这对培养通才管理人员大有好处。

区域部门化的缺点有以下几个：

（1）随着地区的增加，需要更多具有全面管理能力的人员，而这类人员往往不易得到；

（2）每一个区域都是一个相对独立的单位，加上时间及空间上的限制，往往是"天高皇帝远"，总部难以控制；

（3）由于总部与各区域分部相距较远，故难以维持集中的经济服务工作。

总体来说，事业部必须具有三个基本要素特征，即：相对独立的市场；相对独立的利益；相对独立的自主权。

事业部制的优点是：总部领导可以摆脱日常事务，集中精力考虑全局问题；事业部实行独立核算，更能发挥经营管理的积极性，更利于组织专业化生产和实现企业的内部协作；各事业部之间有比较，有竞争，这种比较和竞争有利于企业的发展；事业部内部的供、产、销之间容易协调，不像在直线—职能制下需要高层管理部门过问；事业部经理要从事业部整体来考虑问题，这有利于培养和训练全面的管理人才。

事业部制的缺点是：公司与事业部的职能机构重叠，造成管理人员浪费；事业部实行独立核算，各事业部只考虑自身的利益，影响事业部之间的协作，一些业务联系与沟通往往也被经济关系所替代，甚至连总部的职能机构为事业部提供决策咨询服务时，也要事业部支付咨询服务费。

5. 模拟分权制

这是一种介于直线—职能制和事业部制之间的结构形式，其组织结构如图6-6所示。

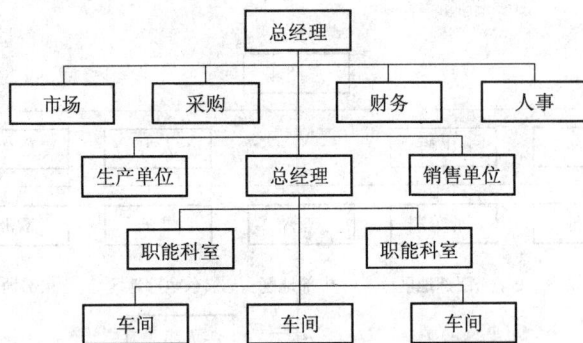

图6-6 模拟分权制组织结构图

有许多大型企业，如连续生产的钢铁、化工企业由于产品品种或生产工艺过程所限，难以分解成几个独立的事业部。又由于企业的规模庞大，以致高层管理者感到采用其他组织形态都不容易管理，这时就出现了模拟分权组织结构形式。所谓模拟，就是要模拟事业部制的独立经营、单独核算，而不是真正的事业部，实际上是一个个"生产单位"。这些生产单位有自己的职能机构，享有尽可能大的自主权，负有"模拟性"的盈亏责任，目的是要调动他们的生产经营积极性，达到改善企业生产经营管理的目的。需要指出的是，各生产单位由于生产上的连续性，很难将它们截然分开。就以连续生产的石油化工企业为例，甲单位生产出来的"产品"直接就成为乙单位生产所需的原料，这当中无须停顿和中转。因此，它们之间的经济核算，只能依据企业内部的价格，而不是市场价格，也就是说这些生产单位没有自己独立的外部市场，这也是模拟分权制与事业部制的差别所在。

模拟分权制的优点除了调动各生产单位的积极性外，就是解决企业规模过大不易管理的问题。高层管理人员将部分权力分给生产单位，减少了自己的行政事务，从而把精力集中到战略问题上来。

其缺点是：不易为模拟的生产单位明确任务，造成评估上的困难；各生产单位负责人不易了解企业的整体情况，在信息沟通和决策权力方面也存在着明显的缺陷。

6. 矩阵制组织结构

在组织结构上，我们把既有按职能划分的垂直领导系统，又有按产品（项目）划分的横向领导关系的结构，称为矩阵制组织结构，其结构示意图如图6-7所示。

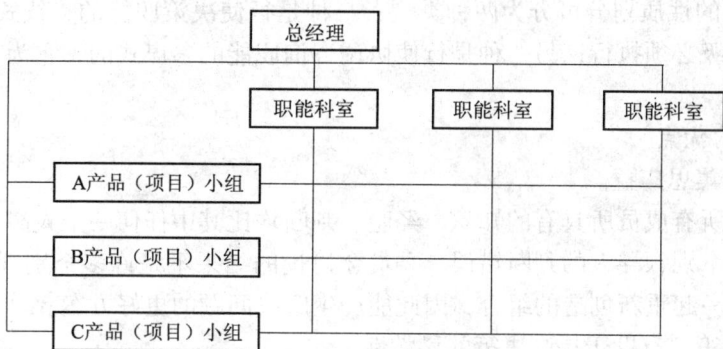

图6-7 矩阵制组织结构示意图

矩阵制组织是为了改进直线—职能制横向联系差、缺乏弹性的缺点而形成的一种组织形式。它的特点表现在围绕某项专门任务成立跨职能部门的专门机构上。例如，组成一个专门的产品（项目）小组去从事新产品开发工作，在研究、设计、试验、制造各个不同阶段，由有关部门派人参加，力图做到条块结合，以协调有关部门的活动，保证任务的完成。这种组织结构形式是固定的，人员却是变动的，需要谁，谁就来，任务完成后就可以离开。项目小组和负责人也是临时组织和委任的，任务完成后就解散，有关人员回原单位工作。因此，这种组织结构非常适用于横向协作和攻关项目。

矩阵制组织结构的优点是：机动、灵活，可随项目的开始与结束进行组织或解散；由于这种结构是根据项目组织的，任务清楚，目的明确，各方面有专长的人都是有备而来。因此在新的工作小组里，能沟通、融合，能把自己的工作同整体工作联系在一起，为攻克难关、解决问题而献计献策。由于从各方面抽调来的人员有信任感、荣誉感，使他们增强了责任感，激发了工作热情，促进了项目的实现；它还加强了不同部门之间的配合和信息交流，克服了直线—职能结构中各部门互相脱节的现象。

矩阵制组织结构的缺点是：项目负责人的责任大于权力，因为参加项目的人员都来自不同部门，隶属关系仍在原单位，只是为"会战"而来，所以项目负责人对他们管理困难，没有足够的激励手段与惩治手段，这种人员上的双重管理是矩阵制组织结构的先天缺陷；由于项目组成人员来自各个职能部门，当任务完成以后，仍要回原单位，因而容易产生临时观念，对工作有一定影响。

矩阵制组织结构适用于一些重大攻关项目。企业可用来完成涉及面广的、临时性的、复杂的重大工程项目或改革任务。特别适用于以开发与实验为主的单位，如科学研究，尤其是应用性研究单位等。

7. 委员会组织

个人管理指的是整个组织中的最高决策权集中在一个人的手里，由他对整个组织负责，因此称为个人负责制。如果组织中的最高决策权交给两位以上的管理者，也就是把权力分散到一个集体中去，即为委员会管理。

1）委员会的类型

（1）按照时间长短划分，组织中的委员会可是临时的，为某一特定目的而组织起来的，完成特定任务以后即行解散；委员会也可以是常设的，行使某种经常性职能。

（2）按职能的性质划分可分为两种类型：一种是行使决策职能的直线式的，如董事会，它的决策要求下级必须执行；另一种是行使协调咨询职能的参谋式的，它为直线人员提供咨询建议等。

2）委员会的优点

（1）有利于集思广益。

整个委员会所有成员所具有的知识、经验、判断均比其中任何一个人高，相互一起讨论研究，可以避免个别领导人的判断错误。委员会讨论的结果不是许多个别观点的简单综合，而是各种想法在一起重新创造的组合，因此能产生解决问题的更好方案。

（2）集体决策，有助于提高决策的科学性。

通常，委员会除了行政负责人参加外，还由各方面的专家、各部门各层次代表组成，委员会中委员的权利都是平等的，委员会最后是以少数服从多数的原则解决问题并采取集体行动的。如此可以避免权力过分集中在某一个人身上，既可防止个人滥用职权也可避免忽视某个层次、某个方面人士的意见和利益。

（3）便于沟通和协调。

委员会是很好的协调各部门活动的场所。讨论问题的过程也是沟通和协调的过程。当讨论和确定某项决策时，该项决策可能会使某一部门面临什么问题，为执行这项决策各部门应做哪些配合工作，均应得到反映，这有助于相互了解，有助于决策的有力执行。

（4）体现以人为本的原则，有利于激发更大的积极性。

委员会使下层管理者和普通员工有可能参与高层决策的制定。人们都希望对影响个人和组织利益的事加以控制，对自己所参与和帮助制定的决策更乐意接受和有更大的积极性。

3）委员会的缺点

由于委员会是由许多人共同决策，所以它也有以下一些缺点。

（1）委曲求全，折中调和。

委员会通常都有委曲求全的危险，当意见发生不一致时，要么争执双方互不相让，旷日持久，议而不决；要么讨价还价，采取折中的方法解决。结果谁也没有满足希望，谁也没有完全失望。但是结论却由于妥协而往往没有留下多少实质性的内容，在妥协不可能时，可以采取少数服从多数的原则作出决议，但多数赞成的决议不一定是良好的决议。

（2）责任不清，缺乏个人行动。

个人同意集体的决议并不意味着他的观点完全同最后的集体决议一致，个人对集体作出的决议或建议，也不承担个人责任。因此有人认为委员会并非一个完美有效的形式，通常以个人行动为好。

6.2.2 组织结构设计

1. 组织结构设计的概念

组织结构设计是指根据组织目标及实际工作需要，确定组织层次划分、各个部门及其工作人员的职责范围和权限，建立合理的组织结构的过程。组织设计包横向设计和纵向设计。组织横向设计主要解决管理与业务部门的划分问题，反映了组织中的分工合作关系；组织纵向结构设计主要解决管理层次的划分问题与职权分配问题，反映了组织中的领导隶属关系。组织结构设计是组织正常运作和责权划分的需要；有利于资源整合，达成组织目标；有利于企业活动中各职能的划分和定位；有利于授权的稳定性；有利于组织成员的职业成长。

2. 组织设计的影响因素

组织结构的影响因素主要有以下几个。

1）组织环境

环境特征是组织结构选择必须考虑的因素。外部环境迅速的变化性和复杂性程度加剧了环境的不确定性。在不确定性环境中，组织必须保持灵活性，保持一种随时对环境变化作出反应的状态。环境的不确定性影响着企业组织的形态。在不确定性低时，组织形态偏于机械型，无须模仿或少模仿，企业组织着眼于眼前的运作。在不确定性高时，组织的形态偏于有机型，广泛模仿或迅速模仿，企业组织重视计划与预测。

2）组织的战略及其所处的发展阶段

纵向一体化和横向一体化的企业的组织结构，是根据其管理人员所制定的战略发展而来的。而反过来，这些战略又是企业的经理们针对市场和技术环境的变化而提出的。

3）生产条件与技术状况

对于大规模生产技术而言，其正规化和集权化程度较高。由于技术的复杂性，相应地，高级管理人员比例和间接工人（如维修人员）比例也随之上升。间接人员比例上升是因为机器设备的复杂性。例如，在流水线上，工作具有很强的常规性，因此监工可以平均管理几十个雇员。而对于小批量生产或连续性流程而言，则恰恰相反，其控制幅度相应较小。从总体上看，小批量生产和连续性流程企业有着较强灵活性的组织结构，而大批量生产企业则有着机械式的组织结构。

4）组织规模

组织规模通常用员工数目来衡量。研究发现，大型组织的结构形式远远不同于小型组织。小型组织通常是非正式的，劳动分工少，规章制度较少（正规化程度低），专业人员和办公人员少，甚至不存在正式的预算和业绩评估系统。而大型组织则有着较多的分工，庞大的专业人员，大量的规章制度，以及控制、业绩评估等内部系统。

在科技、社会日新月异的今天，企业要想生存和发展，就必须根据内外部环境的变化，及时调整组织结构，绝不能因循守旧，故步自封。例如，在短短十几年时间里，联想的组织结构变化了好几茬：从众多的事业部到整合为六大子公司；再到北京联想、香港联想分而治之，联想几乎每年都在变。但经过几次"折腾"，联想已经摆脱了大多数民营企业小作坊式的经营模式，走向大集团、正规化、协同作战的现代企业管理模式。通过组织结构调整，联想不断打破阻碍自己发展的"瓶颈",从而不断走向成熟。

3. 组织结构设计的程序

1)确定组织目标

组织目标是进行组织设计的基本出发点。任何组织都是实现其一定目标的工具,没有明确的目标,组织就失去了存在的意义。因此,管理组织设计的第一步,就是要在综合分析组织外部环境和内部条件的基础上,合理确定组织的总目标及各种具体的派生目标。

2)确定业务内容

根据组织目标的要求,确定为实现组织目标所必须进行的业务管理工作项目,并按其性质适当分类,如企业的市场研究、经营决策、产品开发、质量管理、营销管理等。明确各类活动的范围和工作量,进行业务流程的总体设计,使总体业务流程优化。

3)确定组织结构

根据组织规模、技术特点、业务工作量的大小,参考同类其他组织设计的经验和教训,确定应采取什么样的管理组织形式,需要设计哪些单位和部门,并把性质相同或相近的管理业务工作分归适当的单位和部门负责,形成层次化、部门化的结构。

4)规定职位职责权限

根据组织目标的要求,明确规定各单位和部门及其负责人对管理业务工作应负的责任以及评价工作成绩的标准。同时,还要根据搞好业务工作的实际需要,授予各单位和部门及其负责人适当的权力。

5)联成一体

这是组织设计的最后一步,即通过明确规定各单位、各部门之间的相互关系,以及它们之间的信息沟通和相互协调方面的原则和方法,把各组织实体上下左右联结起来,形成一个能够协调运作,有效地实现组织目标的管理组织系统。

6)反馈与修正

要在组织运行过程中,加强跟踪控制,适时进行修正,使其不断完善。

4. 组织的横向设计——部门划分

组织横向设计主要解决管理与业务部门的划分问题,反映了组织中的分工协作关系。部门划分是指把工作和人员组成若干管理的单元并组建相应的机构或单位。不同的管理或业务,是使整个管理系统有机地运转起来的细胞与基础。

(1)按职能划分部门。

这是应用最广泛的一种部门划分方法,几乎可以在所有类型组织的结构中找到它的踪迹。任何一个企事业单位存在的目的都是要创造某种为他人所需要的物品或劳务,所以,诸如采购、制造、销售等,可以说是所有的企事业单位的基本职能。制造主要是指创造或增加物品或劳务的效用;销售主要是指寻找愿意按一定价格购买物品或接受服务的顾客;财务主要指资金的筹措、保管和运作。以这些基本职能为依据,便可以将组织划分为生产部门、销售部门、财务部门等。当然,由于各种组织的活动领域以及同一职能在不同组织中的重要程度不同等原因,现实中这些职能部门在不同类型的组织中会有不同的具体名称。

按照职能划分部门的优点是:① 有利于确保组织的主要基本活动得到重视;② 由于遵循了专业化原则,有利于提高人员使用的效率,同时也简化了培训工作;③ 由于最高主管要对最终成果负责,从而为高层实施严格控制提供了手段。

这种划分部门方式的缺点是：① 它容易使人们过度局限于自己所在的职能部门而忽视组织整体目标，部门间的协调比较困难；② 只有最高主管才能对最终成果负责，因而对各部门的绩效和责任很难进行评价；③ 不利于培养综合全面的管理人才。

（2）按产品划分部门。

这是许多开展多角化经营的大企业经常采用的部门划分方式。它实际上是从那些按照职能划分部门的企业中逐步发展起来的。因为随着企业规模的扩大和产品品种的增加，管理工作变得越来越复杂，各部门主管人员的工作负担也越来越重，而管理幅度的客观限制又使得他们难以通过增加直接下属的办法来解决问题，因而，此时按照产品或产品系列来重新组织企业活动就成为必要。在这样的结构模式中，组织将有关某产品或产品系列的生产、销售、服务等职能活动方面授予该产品分部的经理，使他们对该产品经营的利润负起责任。

按照产品划分部门的优点是：有利于企业采用专门设备，促进协调，充分发挥人员的技能和专门知识，也有利于产品和服务的改进；能够明确利润责任，便于最高主管把握各种产品或产品系列对总利润的贡献；有利于锻炼和培养独当一面的全能管理人才。

这种划分部门方式的缺点主要是：它对产品分部主管人员的全面管理能力要求高；各产品分部的独立性较强而整体观念较弱，分部之间的沟通与协调较差；各产品分部内都需要保持职能部门或职能人员，从而造成部门重复设置、管理费用增加。

（3）按地域、区域划分部门。

这是经营活动在地域上比较分散的企业所常用的一种部门划分方法。其做法是：将某一地区的业务活动集中起来，并委派相应的管理者，形成区域性的部门。

按照地域划分部门，有利于鼓励地方参与决策，促进地区活动的协调；有利于管理者注意当地市场的需要和问题；生产的当地化有利于降低运输费用，缩短交货时间；有利于培养能力全面的管理者。

这种方法的主要缺点是：由于机构重复，使得费用增加；总部对地方控制的难度较大；要求管理者具有全面的管理能力。

（4）按顾客划分部门。

有许多组织按照自己所服务的顾客来划分部门。这种方法是将与某一特定顾客有关的各种活动结合起来，并委派相应的管理者以形成部门。

按照顾客划分部门的目的是为了更好地迎合特定顾客群体的要求。采用这种方法有利于重视顾客的需要，增加顾客的满意程度，并有利于形成针对特定顾客的技能和诀窍。不足之处主要是：按照顾客组织起来的部门常常要求特殊对待而造成部门间协调困难，管理者必须要熟悉特定顾客的情况，否则在有些情况下很难轻而易举地对顾客进行区分。

（5）按照技术或设备划分部门。

制造业企业中设立的焊接车间、压力加工车间、电镀车间，医院的放射科、CT室等，就是按照技术或设备组织业务活动的。这种方法有利于充分发挥设备的能力和专业技术人员的特长，便于设备维修和材料供应。不足之处是：容易强调局部利益而忽视整体目标。

（6）按照时间划分部门。

根据时间来组织业务活动是最古老的划分部门的方法之一，多见于组织的基层部门。在许多组织中，由于经济的、技术的或其他一些原因，正常的工作日不能满足要求，而必须采用轮班的做法。例如，炼钢炉、医院的集中监护室、消防队等，均采用这种方法来进行组

103

织。采用这种方法有利于连续、不间断地提供服务和进行生产，有利于使设备、设施得到最充分的利用。缺点在于夜间可能会缺乏监督，人员容易疲劳，协调和沟通有时会比较困难。

（7）按照人数划分部门。

单纯地按照人数来安排业务活动是一种最原始、最简单的划分部门的方法。当最终成果只是取决于总人数时，或者说每个人的贡献都是单纯无差别的简单劳动时，采用这种方法是有效的。

5. 组织的纵向设计

组织的纵向结构设计，首先要根据组织的具体条件，科学规定管理幅度，然后在这个数量界定内，再考虑影响管理层次的其他因素，科学地确定管理层次；在此基础上，进行职权配置，从而建立组织的纵向结构。

1）管理幅度设计的含义

管理幅度也称管理宽度，是指一名管理者直接管理的下级人员的数量，管理幅度的大小实际上反映着上级管理者直接控制和协调的业务活动量的多少，它既同管理者和下级的情况有关，也同业务活动有关。在组织内，管理宽度不宜过宽。

管理层次也称组织层次，是指组织内部从最高一级管理组织到最低一级管理组织的各个组织等级。管理层次实际上反映的是组织内部纵向分工关系，各个层次将担负不同的管理职能，因此，伴随层次分工，必然产生层次之间的联系与协调问题。一般地，在组织内部设置的管理层次应尽量少一些。

管理幅度与管理层次互相制约，它们之间存在着反比的数量关系，其中起主导作用的管理幅度。所谓起主导作用，就是管理幅度决定着管理层次，即管理层次的多少取决于管理幅度的大小，这是由管理幅度的有限性决定的。

2）管理幅度的设计思想

英国管理学家厄威克归纳出组织工作的八项原则，其中之一就是"管理幅度原则"，厄威克阐明的管理幅度原则，反映了有关管理幅度设计的早期思想，其要点有：两个主管人员应该知道自己的管理幅度是有限的；认为管理幅度存在一个固定的具体人数，一般是 5 ～ 6 人，应该努力寻求这一普遍适用的有效幅度，在组织设计中推而广之。

然而，以后许多学者为探索管理幅度具体数值所作的大量调查却表明，不同行业、不同企业和企业内部的不同职务，管理幅度千差万别，并不存在固定的、普遍适用的人数。这一探索过程给予人们重要的启发，使他们认识到管理幅度因不同条件而异，因而逐渐把注意力由寻找普遍适用的具体人数，转移到研究管理幅度的各种影响因素上来，陆续提出一些新的见解和方法。

3）管理幅度设计所应考虑的因素

对于决定管理幅度大小的各种因素，从理论上加以抽象概括，可以归纳为上下级关系的复杂程度。衡量上下级关系复杂程度的标志有三个：关系的数量；相互接触的频率；相互接触所需花费的时间。但是，以上这三个衡量上下级关系复杂程度的标准，在管理幅度设计中，要进行观测和计算是比较难的。为了便于操作，我们可以根据这个原理，去寻找直接影响上下级关系复杂程度，又比较容易进行观察和评价的因素，这些因素主要有以下 7 个。

（1）领导的能力。这是影响管理幅度的首要因素。如果组织的领导者具有较强的领导能力，能够受到组织成员的尊重的拥护，善于处理各类问题，从而减少上下级关系的频繁接触和接触时间，那么管理跨度可以加大。

（2）下级的素质。如果被管理者训练有素，有较强的独立工作能力和丰富的工作经验，那么就可以减轻管理者的负担，那么管理幅度也可适当加大。

（3）授权的明确性。领导者对下属进行管理，很重要的一条是授权要明确：第一是布置任务要明确、具体，使下属知道干什么，怎么干；第二是在下达任务的同时要明确地授予相应的权力；第三是授予下级的权力应与其能力相符合。如果这三点都做得好，则管理幅度可以加大。

（4）计划制订与执行。如果计划制订得比较好，对工作的分派、步骤及其衔接中可能出现的问题事先都能有所考虑，那么计划的执行就会比较顺利，协调和控制的工作量就可能减少，管理幅度可以加大。

（5）考核明确。如果有比较明确的考核和评价标准，是非界线分明，则不必事事分析研究，思想认识比较容易统一，可以很快地采取相应的措施，则管理幅跨度可以加大。

（6）增强组织的凝聚力。如果能够设法增强组织的凝聚力，成员之间相互了解，配合默契，同心同德，那么就会提高工作效率，管理幅度也可以适当加大。

（7）政策稳定。政策稳定就会增强工作的程序性和减少重复，指导工作量就会减少，管理幅度就可以相应地加大。

4）管理幅度的设计方法

（1）经验统计法。这种方法是通过对不同类型组织的管理幅度进行抽样调查，以调查所得的统计数据为参照，再结合组织的具体情况去确定管理幅度。

经验统计法简便易行，但有明显的局限性。这就是它缺少对影响特定组织管理幅度诸因素的具体分析，特别是定量分析，只是简单地搬用其他组织的管理幅度标准，因而主观判断的成分很大，提出的管理幅度建议数难免与特定组织的实际条件不符，出现较大的误差。

（2）变量测定法。这种方法是把影响管理幅度的各种因素作为变量，采用定性分析与定量分析相结合的做法来确定管理幅度的一种方法。

变量测定法同经验统计法相比，由于它全面考虑了影响特定组织管理幅度的主要因素，并进行了定量分析，而不是简单地搬用其他组织的标准，所以，它所规定的管理幅度更为科学、合理。当然，也不可否认，变量测定法在选择主要变量、确定各个变量的影响程度时，设计人员的主观评价仍在起一定作用，这就难免产生误差。

应该指出的是，以上两种方法都要进行大量调查，尤其是变量测定法，调查与验证的工作量更大。因此，它们一般用于企业中、高层管理幅度的设计。这是考虑到中、高层管理幅度合理与否对企业组织的正常运行影响较大，即使多花费一些精力，也是值得的。企业基层管理幅度的设计当然也可采用这两种方法，不过，在一般情况下，因其所需考虑的因素较少，弹性亦很大，所以，不必作太详细的定量分析。

5）高层结构与扁平结构

在组织结构设计中，由于管理层次与管理幅度之间的对比关系，可能会产生两种典型的组织结构：一种是高层结构形式，即管理层次较多，而管理幅度较小；另一种是扁平结构形式，即管理层次较少，而管理幅度较大。

高层结构的优点是：主管人员的管理幅度较小，能够对下属进行有效控制；有利于明确领导关系，建立严格的责任制；因层次多，各级主管职位较多，能为下级提供晋升机会，促使其积极努力工作。高层结构的缺点是：由于层次较多，协调工作增加，造成管理费用大；信息的上传下达速度慢，且容易发生失真和误解等现象；最高领导层与基层管理人员相隔多个层次，不容易了解基层现状并及时处理问题。

扁平组织结构的优点是：有利于授权，激发下属积极性，并培养下属管理能力；信息传递速度快、失真少；能灵活地适应市场；管理费用低；便于高层领导了解基层情况。扁平结构的缺点是：管理人员的管理幅度大，负担重，难以对下属进行深入具体的指导和监督；对领导人员的素质要求较高。

6. 职权划分

1）职权分类

职权，即职务范围内的管理权限。居于组织中某一职位的管理者为了带领下属完成某项工作，必须拥有指挥、命令、协调等各项权力，这是领导者行使职责的工具。职责是指由于占据组织中某一职位而必须承担的责任，职责与职权是一对"孪生兄弟"，职责与职权共存，职权是履行职责的必要条件与手段，职责则是行使职权所要达到的目的。作为一名管理人员，占据了组织中某一职位，就必须承担该职位要求的职责，同时也必须拥有完成职责的职权，权责对等，且共存于一体。

在正式组织内部，最基本、最主要的信息沟通就是通过职权关系来实现的，通过职权关系上传下达，一方面使下级按指令行事，另一方面通过下级及时向上级反馈信息，使上级进行有效的控制，作出合理的决策。

组织中的职权有三种基本类型，即直线职权、参谋职权和职能职权。

① 直线职权是指上级直接指挥下级的权力，表现为上下级之间的命令权力关系。② 参谋职权是指参谋人员所拥有的辅助性的职权，是顾问性、服务性、咨询性和建议性的职权，旨在帮助直线权力有效地完成组织目标。参谋人员也可分为两类，即个人参谋和专业参谋。③ 随着组织规模不断扩展和管理活动日趋复杂，主管人员受时间、精力和专业知识与能力等方面的限制，仅仅依靠参谋人员的建议很难作出科学的决策，为了提高和改善管理效率，主管人员就将一部分本属于自己的直线职权授予给参谋人员，这就产生了职能职权。职能职权是指由直线主管人员授予的，参谋人员所拥有的部门决策权和指挥权。职能职权实质上属于直线职权。

2）授权

授权是指由管理者将自己所拥有的一部分权力授予下级而形成的分权，管理者授权是现代管理的一种管理方法与领导艺术。

授权首先要建立健全请示汇报制度，以制度约束下属，其次要体谅下属工作中的困难。监督检查不是简单地打幌子、下评语，而是为了上下沟通，上下一条心，齐心协力，共同履行职责，完成任务。因此，对下属工作中出现的问题领导者要敢于承担责任，同时给下属必要的支持。

3）集权与分权

集权与分权是一个与授权密切相关的内容，如果授权较少，那么就意味着较高程度的集权；如果授权较多，那么就意味着较高程度的分权。

集权意味着职权集中到较高的管理层次，分权则表示职权分散到整个组织中，不过，集权与分权都是相对概念，并不是绝对的。

对于一个企业，是集权程度高一些好，还是低一些好，这没有普遍适用的标准模式，只能根据影响集权与分权程度的客观因素，实事求是地加以确定。集权与分权的程度可根据以下因素的变化情况来衡量。

（1）产品结构及生产技术特点。这是来自企业内部影响集权与分权程度的基本因素。例如，有的企业产品单一，更新换代速度慢，生产过程连续性强，实行大量生产，由于其生产经营各环节之间的协作和联系十分紧密，客观上要求集中经营、统一管理，企业高层就应集权多些；而有的企业从事跨行业多种经营，产品的生产技术差别大，市场和销售渠道各不相同，在这种情况下，只有加大分权程度，才能使不同产品的生产单位能够根据行业特点灵活经营。

（2）环境条件。环境是从外部影响集权与分权程度的基本因素。由于企业所处的行业、经营资源的供应、面对的市场、使用的技术等存在差异，其环境有的复杂多变，不确定性程度高，有的则相对较为稳定，不确定性程度低。环境越是不确定，决策者越难以获得准确而可靠的环境信息，越难以把握外部条件的变化方向与速度，因而生产经营的风险就越大。显然，为了使企业下属单位能够及时抓住机会，避开风险，促进整个企业的发展，必须加大分权程度才行。而那些环境较为稳定的企业，则可以提高集权程度。在我国，环境条件中还有一个重要因素，这就是国家宏观调控的方式与政策。对于某些企业，国家控制相对较严，过去以指令性计划形式实行直接控制，今后将采取国有独资公司保持绝对控制权，这样的企业，其内部就要有较高程度的集权。

（3）企业战略。战略不同，将对企业集权与分权产生直接影响。例如，从总体上看，企业根据特定环境和自身条件，可以采取稳定型、增长型和收缩型等不同态势的战略。稳定型战略有利于提高企业集权程度。实行收缩型战略，必须加强企业高层的集权，不如此，就无法集中力量，保证重点，难以实现较大的战略调整。与这两种战略态势相反，增长型战略则要求扩大分权，以便充分发挥下属单位生产经营的主动性和创造性，为企业开拓更多、更大的市场。

（4）企业规模。企业规模越大，经营管理越复杂，决策数目就越多，决策频率就越高；同时由于管理层次和部门增多，使得横向协调越困难，高层也越不容易及时掌握下层情况。因此，决策权若过于集中，就会延误决策时间，降低决策效率，还会因情况不明而决策失误。所以，规模大的企业，除了那些由产品结构和生产技术特点所决定的、适合高度集权的企业外，一般都需要不同程度地扩大分权。

（5）企业管理水平和管理者条件。有些企业经过长期发展，形成了一整套适合自己情况的管理方式、制度和方法，各方面和各单位的管理水平都较高，这就为增加分权的内容和程度提供了有利条件；反之，由若干企业合并而成的公司，如果它们的管理水平参差不齐，有的单位管理基础较差，为了保证整个公司步调一致、协同作战，就需要加强集权，待情况好转后，再适当分权。控制技术的先进性是反映企业管理水平高低的一个重要标志。在生产自动化和拥有电子计算机管理信息系统的条件下，专业管理和作业管理将大大简化，这就为企业高度集权提供了优越的物质技术条件。同一行业、同等规模的企业，如不具备这种条件，就只能适当分权。企业管理水平的高低最终取决于管理人员的条件。如果企业各级管理人员素质好，既有经验和能力，又有强烈的责任心和进取心，分权程度自然可以加大；假若相反，企业极度缺乏优秀的管理人才，分权就会受到限制。

企业应根据实现组织目标的需要，综合上述影响因素，正确地确定集权和分权的程度，实现科学的职权配置。

知识拓展6-2

彼得原理：组织中不胜任

在一个等级制度中，每个职工趋向于上升到他所不能胜任的地位。

一个员工的胜任与否，是由层级组织中的上司判定，而不是外界人士。如果上司已到达不胜任的阶层，他或许会以制度的价值来评判部属。

6.3 组织变革

组织变革是指各类组织对于管理理念、工作方式、组织结构、人员配备、组织文化等多方面进行不断调整、改进和革新的过程。为了适应环境的变化，为了更有效地利用资源，最大限度地实现组织目标，组织必须不断地进行变革。

6.3.1 组织变革的动因

组织变革的原因来自组织的内部环境系统和组织的外部环境系统两个方面。

1. 组织的内部力量

这是在组织的内部起作用，并在组织管理部门控制之内的要求改革的力量。属于这方面的因素主要有以下几个。

1）组织结构的变化

组织结构方面的变革主要有：通过部门化的划分或单位联合成部门的变革方式使正式组织系统中产生许多分系统；新型结构形式的创建，如混合公司、跨国公司、地区性运输系统等，常引起很多其他的变革；非正式组织的变化也是组织系统变革的一个因素；内部结构中的临时性的部门，如特别委员会、任务小组等，也将为整个组织的变革提供动力。

2）技术的变化

技术系统是组织变革的重大推动力。机械化、自动化、计算机化对于组织有着广泛的影响。某种新技术的采用会导致生产组织的深刻变化、劳动生产率的大幅度提高，并影响到组织结构和员工的心理状态。对于不稳定的动态的环境，技术的因素尤其显得重要。

3）社会心理系统和人的因素

组织变革的动力经常来源于社会心理系统，组织变革及其目标的实现在很大程度上依赖于人的因素。组织内部的群体动力状态、人际关系、信息交流和意见沟通、团体的凝聚力和士气等，还有每个组织成员的士气、态度、行为、意见和要求等对整个组织的变革都有重要的影响。如果组织的变革得不到下级的支持，缺乏必要的社会心理气氛，那么这项变革就很难推行，即使推行了也很难成功。

2. 组织的外部动力

1）政治因素

任何组织内部的变革都会受社会政治因素的影响。其影响力量包括政权的更迭、政治体制的改革、国内政治局势的动荡和稳定、民主和法制的健全与破坏、方针政策的正确与偏航、社会风气的好坏、国际政治形势的变化等。

2）经济因素

生产力水平的提高，劳动生产条件与物质条件的改善，生产方式发生变化等，将推动组织与企业的发展；社会经济结构的发展，产业结构的变化，经济体制的改革推动各级企、事业单位的改革和调整；经济发展会影响教育、文化、科技及人们思想观念的变化，这些变化对组织改革都有影响。

3）市场变化因素

市场大致包括金融市场、房地产市场、信息市场、消费品市场、生产资料市场、人才和劳动力市场等。这些市场的变化对组织变革（尤其是企业组织变革）都有重要的影响。

6.3.2 组织变革的阻力来源及过程

1. 组织变革阻力的主要来源

1）个体和群体方面的阻力

个体对待组织变革的阻力，主要是因为其固有的工作和行为习惯难以改变、就业安全需要、经济收入变化、对未来未知状态的恐惧以及对变革的认知存在偏差等而引起。群体对变革的阻力，可能来自于群体规范的束缚，群体中原有的人际关系可能因变革而受到改革和破坏，群体领导人物与组织变革发动者之间的恩怨、摩擦和利害冲突，以及组织利益相关群体对变革可能不符合组织或者该团体自身的最佳利益的顾虑等。

2）组织的阻力

来自组织层次的对组织变革的阻力包括现行组织结构的束缚、组织运行的惯性、变革对现有责权利关系和资源分配格局所造成的破坏和威胁，以及追求稳定、安逸和确定性的保守型组织文化等，这些都是可以影响和制约组织变革的因素。此外，对任何组织系统而言，其内部各部门之间及系统与外部之间都存在着强弱程度不等的相互依赖和相互牵制的关系，这种联系是组织作为系统所固有的特征。然而，在一定期间内进行的组织变革，一方面出于克服和化解变革阻力的需要，另一方面也由于组织问题本质上错综复杂，因而很难一蹴而就，全面解决，这样，具有一定广度和深度的组织变革就通常只适宜采取分阶段、有计划地逐步推进的渐进式变革策略。在这种策略下，每一个计划期内的变革都只针对有限的一些组织问题，这就难以避免会导致系统内外尚未予以变革的要素对现有计划范围内的变革构成一种内在牵制和影响力。这种制约力量需要变革管理者在设计组织变革方案时就事先予以周密的考虑，以便安排合适的变革广度、深度和进度。

3）外部环境的阻力

组织的外部环境条件也往往是形成组织变革力量的不可忽视的来源。比如，与充分竞争的产品市场会推动组织变革相比，缺乏竞争性的市场往往造成组织成员的安逸心态，束缚组织变革的进程；对管理者经营企业之业绩的考评重视不足或者考评方式不正确，会导致组织变革压力和驱动力的弱化；全社会对变革发动者、推进者的期待和支持态度及相关的舆论和行动，以及企业特定组织文化在形成和发展中所依赖的整个社会或民族的文化特征，这些都是影响企业组织变革成败的重要力量。

2. 组织变革阻力的过程

成功的组织变革，通常需要经历解冻、改革和冻结这三个有机联系的过程。

1）解冻

由于任何一项组织变革或多或少会面临来自组织及其成员的一定程度的抵制，因此，组织变革过程需要有一个解冻阶段作为实施变革的前奏。解冻阶段的主要任务是发现组织变革的动力，营造危机感，塑造出组织改革的浓厚气氛，并在采取措施克服变革阻力的同时，具体描绘组织变革的蓝图，明确组织变革的目标和方向，以形成待实施比较完善的组织变革方案。

2）改革

改革或变动阶段的任务就是按照所拟定的变革方案的要求具体开展组织变革活动，以使组织从现有的组织结构模式向理想目标模式转变。这是变革的实质性阶段，通常可以分为实验和推广两个步骤。这是因为组织变革的涉及面较为广泛，组织中的联系相当错综复杂，往往"牵一发而动全身"，这种状况使得组织变革方案在全面付诸实施之前一般要先进行一定范围的典型实验，以便总结经验，修正进一步的变革方案，在实验取得初步成效后再进入大规模的全面实施阶段。进行变革实验还有一个优点，就是可以使一部分对变革上有疑虑的组织成员能在实验阶段较早地看到或感觉到组织变革的好处，从而有利于争取更多的支持者，并促使其踊跃参与到组织变革的行列，由此实现从变革观望者、反对者向变革的积极支持者和参与者转变。

3）冻结

组织变革并不是在实施了变革行动后就宣告结束，涉及人的行为和态度的组织变革，从根本上说，后面还需要有一个冻结阶段，在这样的条件之下的组织变革才有可能真正实现。现实中经常出现这样一种情况：在实施了组织变革方案之后，个人和组织都有不同程度地退回原有已习惯了的行为方式的倾向。为了避免出现这种情况，变革的管理者就必须采取措施以保证新的行为方式和组织形态能够不断得到强化和巩固。这一强化和巩固的阶段可以视为一个冻结或者重新冻结的过程，缺乏这一冻结阶段，组织变革就有可能趋于流产，而且对组织及其成员也将只有暂时的影响。

知识拓展6-3

毛毛虫效应：因跟随而导致失败

毛毛虫习惯于固守原有的本能、习惯、先例和经验，而无法破除尾随习惯而转向去觅食。人们盲目运用特定经验和习惯的方法，对待一些貌似神异的问题，结果只是浪费时间与精力，妨碍问题的解决。

课堂讨论！

完成本任务后，请进行自我测试：

你是否已明确管理者组织职能的深刻内涵？

● 帝王之道论管理 -6

孙权：智勇兼备

东吴太祖大皇帝孙权（公元 182—252 年），字仲谋，汉族，吴郡富春（今浙江富阳）人，三国时期吴国的开国皇帝，公元 229—252 年在位。孙权是中国兵法家孙武的第 22 世后裔，长沙太守孙坚次子。幼年跟随兄长吴侯孙策平定江东，公元 200 年孙策早逝，孙权继位为江东之主。公元 208 年，孙权与刘备联盟，并于赤壁击败曹操，天下三分局面初步形成。公元 219 年孙权自刘备手中夺得荆州，使吴国的领土面积大大增加。公元 222 年，孙权称吴王，229 年称帝，正式建立吴国。

孙权称帝前属于管理大师，他将文事赋予张昭、顾雍，武事赋予周瑜、鲁肃、吕蒙、陆逊，自己留在后方，让一批业务精英去做。同时，孙权还直接培养业务精英（孙权劝学），这样的老板当然可以成就事业。孙权还喜欢冲锋陷阵，被部下狠狠说了一顿，开始放弃冒险。看来，听得进去不同意见，对于成功的老板而言，绝对是必要条件。

● 任务小结

通过对本任务的学习，同学们可以了解组织、组织结构的一些相关基础知识，理解组织的内涵以及组织设计的影响因素，掌握主要的组织结构形式、组织结构设计的程序和组织变革的程序，并能运用组织及组织结构知识认识身边的组织，根据实际情况设计一些组织结构。

第三部分　任 务 实 训

⊃ 案例分析

教授的建议

H 市宇宙冰箱厂近几年来有了很大的发展，该厂厂长周冰是个思路敏捷、有战略眼光的人，早在前几年"冰箱热"的风潮中，他已预见到今后几年中冰箱热会渐渐降温，变畅销为滞销，于是命该厂新产品开发部着手研制新产品，以保证企业能够长盛不衰。果然，不久冰箱市场急转直下，各大商场的冰箱都存在着不同程度的积压。好在宇宙冰箱厂早已有所准备，立即将新研制生产出的小型冰柜投入市场，这种冰柜物美价廉且很实用，一问世便立即受到广大消费者的欢迎，宇宙冰箱厂不仅保住了原有的市场，而且又开拓了一些新市场。但是，近几个月来，该厂产品销售出现了一些问题，用户接二连三地退货，要求赔偿，影响了该厂产品的声誉。究其原因，原来问题主要出在生产上。主管生产的副厂长李英是半年前从H 市二轻局调来的。她今年 42 岁，是个工作勤恳、兢兢业业的女同志，工作认真负责，口才好，有一定的社交能力，但对冰箱生产技术不太了解，组织生产能力欠缺，该厂生产常因所需零部件供应不上而停产，加之质量检验没有严格把关，尤其是外协件的质量常常不能保证，故产品接连出现问题，影响了宇宙冰箱厂的销售收入，原来较好的产品形象也有一定程度的破坏，这种状况如不及时改变，该厂几年来的努力也许会付诸东流。周厂长为此很伤脑筋，有心要把李英撤换下去，但又为难，因为李英是市二轻局派来的干部，和上面联系密切，并且她也没犯什么错误，如硬要撤，处理得不好，也许会弄僵上下级之间的关系（因为该厂隶属于市二轻局主管）。不撤换吧，厂里的生产又抓不上去，长此以往，企业很可能会出现亏损局面。周厂长想来想去不知如何是好，于是就去找该厂的咨询顾问——某大学王教授商量。王教授听罢周厂长的诉说，思忖一阵儿，对周厂长说："你何不……呢？"周厂长听完，喜上眉梢，连声说："好办法，好办法"，于是便按王教授的意图回去组织实施。果然，不出 2 个月，宇宙冰箱厂又恢复了生机。王教授到底是如何给周厂长出谋划策的呢？原来他建议该厂再设一个生产指挥部，把李英升为副指挥长，另任命懂生产、有能力的赵翔为生产指挥长主管生产，而让李英负责抓零部件、外协件的生产和供应，这样既没有得罪二轻局，又使企业的生产指挥的强化得到了保证，同时又充分利用了李、赵两位同志的特长，调动了二人的积极性，解决了一个两难的问题。

小刘是该厂新分来的大学生，他看到厂里近来一系列的变化，很是不解，于是就去问周厂长："厂长，咱们厂已经有了生产科和技术科，为什么还要设置一个生产指挥部呢？这不是机构重复设置吗？我在学校里学过有关组织设置方面的知识，从理论上讲组织设置应该是因事设人，咱们厂怎么是因人设事，这是违背组织设置原则的呀！"周厂长听完小刘一连串的提问，拍拍他的肩膀关照说："小伙子，这你就不懂了，理论是理论，实践中并不见得都有效。"小刘听了，仍不明白，难道是书上讲错了吗？

【思考题】

1. 在企业中应如何设置组织机构？到底应该"因事设人"还是应该"因人设事"？
2. 你认为王教授的建议是否合适？
3. 如果你是厂长，你将如何处理这个难题？

⊃ **模拟实训**

分析企业组织结构

1. 实训目的

（1）通过对某一企业组织结构的了解和分析，培养学生对有关知识的综合应用能力。

（2）掌握组织设计和分析的技能。

2. 实训内容与要求

（1）学生以小组为单位，分别走访不同的企业。

（2）调查研究以下内容：

第一，了解某一企业的组织结构的设置及相互之间的联系；

第二，了解其中某一部门基层管理人员的职责内容；

第三，对该企业现有组织结构的状况进行分析，提出其是否有不妥之处。

（3）每个小组写一篇调查分析简要报告，画出所访企业的组织结构图，写一份关于某一职务的说明书。

（4）由班级组织召开交流研讨会，各小组交流信息，并现场答疑。

3. 实训考核

（1）教师对各小组上交的报告、组织结构图和职务说明书进行打分。

（2）教师根据学生交流会上的表现进行打分。

➲ 游戏活动

向 前 传 递

1. 目的

通过游戏使学生明白扁平式组织结构能够减少信息的失真。

2. 道具

每组一张小纸片，上面写着一条"消息"（见8.附注）。

3. 时间

30分钟。

4. 程序

（1）将全班同学分成若干小组，确定每个小组传递消息的第一人和最后一人。

（2）把纸片发给每个小组的第一人，第一人看完后，将纸片交给老师。

（3）消息由每个小组的第一人依次向小组其他成员传递，直至最后一人。

（4）最后一人将听到的消息写在纸上交给老师。如果只有2～3个小组，可以让每个小组最后一人在黑板上写上听到的消息，然后再叫小组其他1～2位小组成员在黑板上写上自己听到的消息，最后让每组第一人修改距他位置最近的小组成员所写的消息。

（5）如果是纸条，则老师念完纸条的内容，再念正确的答案；如果是写在黑板上，可以大声说出每个小组相同消息的不同版本。

5. 规则

（1）每次传递时只允许将消息说一遍。

（2）轻轻地将自己理解的消息告诉你旁边的人，并依次传递下去，只有当轮到小组某个成员时，他（她）才可以听。

（3）听到消息后，必须完全按照自己的理解告诉下一名成员。

6. 教师任务

（1）在上课前，为每个小组准备一份"附注"的复印件，然后将每条消息剪开。

（2）宣布完规则后，发放纸片，给每个小组第一人3～4分钟时间，然后收回纸片。

（3）监控传递人员，他（她）们只能将消息说一遍，防止说数遍，且防止同学一点一点传递。

（4）监督最后一人上交他（她）写的纸条，或者组织学生在黑板上写下所听到的消息。

7. 考核标准

在规定时间内传递消息最准确者获胜。时间依人数的多少自定。

8. 附注

（1）消息一：我将于7月2日到8月4日外出度假，因此我希望这段时间能够停送报纸。我记得你们可以在周六晚上送出周日的报纸，因此我也希望为我安排提早投递周日的报纸。

（2）消息二：我想将我的私人账户转为两人共有，我还想知道你们对小额商业贷款的新规定。此外，少于10 000美元的短期商业贷款的利率是多少？

（3）消息三：我有意于7月6日带队参观博物馆，成员包括十名儿童、三位老人和四个年龄超过18岁的成年人，这四个成年人中有一人是学生。请问分别买票享受老年人和学生折扣同购买团体票相比较，哪种方法更划算呢？

（4）消息四：我想订购两束玫瑰，分别送往两个地方。一束送给我的母亲，她居住在奥克兰；另一束送给我的姐姐，她则住在奥林达。玫瑰一定要新鲜——甜心玫瑰送给我的母亲，纯银玫瑰送给我的姐姐。

任务七　构建组织文化

↘ 任务提示

本任务将引领你明确组织文化的内涵与特点、功能和组织文化建设等内容！

↘ 任务先行

什么是组织文化？它是怎样来到我们身边的？它是研究什么的？要了解这些问题，请往下看！

第一部分　故事与案例

⊃ 故事导入

钓　螃　蟹

钓过螃蟹的人或许都知道，篓子中放了一群螃蟹，不必盖上盖子，螃蟹是爬不出去的，因为只要有一只想往上爬，其他螃蟹便会纷纷攀附在它的身上，结果是把它拉下来，最后没有一只出得去。

这个故事告诉人们：组织中也应该留意与去除所谓的"螃蟹文化"。企业里常有一些分子，不喜欢看别人的成就与杰出表现，天天想尽办法破坏与打压，如果不予以去除，久而久之，组织里就会只剩下一群互相牵制、毫无生产力的螃蟹。

⊃ 案情介绍

智邦公司的组织文化

在台湾地区的科技产业中，智邦可以说是最具"人文"特色的公司，这种人文的企业文化，从领导人的身上及办公环境可以得证。

虽然网络科技日新月异，但杜仪民始终将工作与假日生活区隔分明。周一到周五全力投入工作，周六、周日则全部奉献给家庭，而且要充分与家人沟通，取得家人谅解。不过由于企业主的工作实在太过忙碌，杜仪民偶尔还是会用无线的网络，在饭桌前敲敲打打着自己的电脑。而为了让员工对公司有"家"的感觉，智邦公司非常鼓励员工同仁结婚，一来可以让员工的心安定下来，再者夫妻同在一家公司上班，了解公司文化，也比较能相互了解及体谅，对公司及家庭生活皆有所助益。

因此，1999 年 12 月 1 日，人事处公布一项新规章，即本公司员工结为夫妻，男女同仁皆加薪 3 000 元。此外，为了让员工更安心上班，智邦还在公司内设立托儿所，并在托儿所装设网络猎取影像系统，让员工随时可以通过桌上的电脑，看到孩子上课的情形。

喜欢品尝日式生鱼片以及意大利菜的杜仪民，经常在寿司吧台品尝寿司之余，和寿司师傅讨论如何做出好吃的寿司。同时，古典音乐是杜仪民的另一项重要嗜好，尤其是巴洛克音乐，更是他的最爱，在他的房间内更是放满了整屋的 CD 唱片。或许是受到杜仪民的影响，每天一到下午，整座智邦科技大楼沉醉在悠扬的古典音乐声中。整座智邦科技大楼充满历史、古色古香、美食、艺术气息的办公环境，无处不是惊奇。走进智邦大楼，迎面摆放在大厅内侧的，是古色古香的中式家具，在右手边的服务台后方，挂着"文化源智，科技兴邦"的对联。一楼的员工餐厅内，以深海的风景彩绘布置而成，坐在此地用餐，让人得以放松心情，尽情享受美食。办公室走廊的两旁，挂着一幅幅的画，这些画都是智邦员工的绘画创作，仿佛令人置身在画廊、美术馆中；即使是公司开发、生产的各种网络硬件产品，在透明玻璃、蓝色镁光灯的照映下，原本冰冷的科技产品，却散发出铁汉般的柔情，仿佛就像艺术品的展示区。洁白的墙上，随处可见一幅幅的书法与画作，连洗手间的门上都画着美丽的女神维纳斯、温馨小品及短篇笑话集，贴心地提醒每一个人：敞开心胸，笑一笑，别让工作压力给逼坏了。

看来一向在园区创造新话题的智邦科技，"文化源智，科技兴邦"的八字对联，正道出了智邦的企业文化精神——文化的生活，让科技人更有智慧、更有创意！

⊃ 案例解读

这个案例体现的是一种以人为本的组织文化，并体现了浓郁的艺术氛围。

主管人员，特别是高层主管人员是企业风气的创立者。他们的价值观影响着企业发展的方向，在许多成功的企业中，在价值观推动下，领导人起了模范带头作用。他们制定了行为的标准，激励雇员们，使自己的公司具有特色，并且成为对外界的一种象征。

第二部分 任务学习引导

重要知识

组织文化的定义

组织文化是指一个组织共有的价值体系，包括组织共有的价值观念、价值准则、习惯、作风、道德规范等。

7.1 认知组织文化

7.1.1 组织文化的含义及特点

1. 组织文化的含义

就组织特定的内涵而言，组织是按照一定的目的和形式而建构起来的社会集团，为了满足自身运作的要求，必须要有共同的目标、共同的理想、共同的追求、共同的行为准则以及相适应的机构和制度，否则组织就会是一盘散沙。而组织文化的任务就是努力创造这些共同的价值观念体系和共同的行为准则。从这个意义上来说，组织文化是指组织在长期的实践活动中所形成的并且为组织成员普遍认可和遵循的具有本组织特色的价值观念、团体意识、行为规范和思维模式的总和。

2. 组织文化的特点

组织文化是整个社会文化的重要组成部分，既有社会文化和民族文化的共同属性，也有自己的不同特点。

1）实践性

每个组织的文化，都不是凭空产生或依靠空洞的说教就能够建立起来的，它只能在生产经营管理和生产经营的实践过程中有目的地培养而形成。同时，组织文化又反过来指导、影响生产实践。

2）独特性

每个组织都有自己的历史、类型、性质、规模、心理背景、人员素质等。这些内在因素各不相同，因此在组织经营管理的发展过程中必然会形成具有本组织特色的价值观、经营准则、经营作风、道德规范、发展目标等。

3）可塑性

组织文化的形成，虽然受到组织传统因素的影响，但也受到现实的管理环境和管理过程的影响。而且，只要充分发挥能动性、创造性，积极倡导新的行为准则、组织精神、道德和作风，就能够对传统的精神因素择优汰劣，从而形成新的组织文化。

4）综合性

组织文化包括了价值观念、经营准则、道德规范、传统作风等精神因素。这些因素不是单独地在组织内发挥作用，而是经过综合的系统的分析、加工，使其融合成为一个有机的整体，形成整体的文化氛围。

7.1.2 组织文化的构成

通常，人们一般认为组织文化分为三部分：一是精神文化部分，二是制度文化部分，三是物质文化部分。我们认为组织文化的结构应包括物质文化、行为文化、制度文化和精神文化四个部分，如图7-1所示。

1. 物质文化层

物质文化层也叫组织文化的表层，是由企业全体员工创造的能够从表面体现出来的产品和物质设施设备等构成的表层文化。它主要包括生产的产品和提供的服务、组织环境、厂容厂貌、厂旗厂歌等。

（1）产品和服务。企业生产的产品和提供的服务是企业生产经营的最终成果，它是企业物质文化的首要内容。产品文化包括产品的整体形象、产品的质量文化、产品设计中的文化因素。

（2）组织环境和厂容厂貌。环境主要是指各种物质设施、厂房建筑以及职工的生活娱乐设施。厂容厂貌是文化的表征，是体现组织个性化的标志，它包括名称、标志、空间结构、布局、厂歌等。

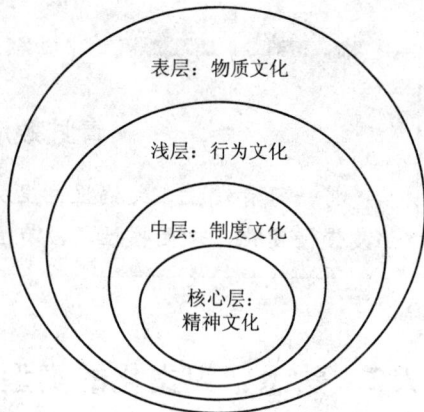

图 7 – 1　组织文化结构示意图

2. 行为文化层

行为文化层是指组织成员在生产、生活、学习、娱乐过程中产生的文化现象。它包括组织经营、宣传教育、人际交往的活动、文娱体育活动中产生的文化现象。它是组织精神和价值观在人的行为上的折射。从成员结构上看，企业行为文化主要包括领导者行为、模范人物行为、组织成员行为等。

（1）领导者行为。领导者是组织的灵魂。组织文化主要是由领导者设计的，它深深烙上了领导者的个性、志趣情操、精神状态、思维方式和目标追求等印记。领导者行为决定了组织文化的健康与优化的程度，决定了组织成员对其组织的信心程度，也决定了组织的发展。有什么样的领导者，就有什么样的组织和什么样的组织文化。领导者是组织文化的设计者、倡导者、推动者、发扬者，也是"组织文化的旗手"。

（2）模范人物行为。在具有优秀文化的组织中，最受人尊重的是那些集中体现了组织价值观的模范人物。这些模范人物使组织价值观"人格化"，他们是组织成员学习的榜样，他们的行为常常被组织成员作为仿效的行为规范。

（3）组织成员行为。组织成员是组织的主体，组织成员的群体行为决定组织整体的精神风貌和组织文明的程度。因此，组织成员群体行为的塑造是组织文化建设的重要组成部分。

3. 制度文化层

制度文化居于组织文化系统的中层，是具有本组织文化特色的各种规章制度、道德规范和职工行为准则的总称，包括领导体制、组织结构、规定与纪律，以及生产经营中的交往方式、行为准则等，也称为一种强制性文化。

4. 精神文化层

精神文化相对于物质文化、行为文化和制度文化来说，是一种更深层次的文化现象。在整个组织文化系统中，它处于核心地位。

组织精神文化是指在组织发展过程中，受一定的社会文化背景、意识形态影响而长期形成的一种组织精神和价值观念。它包括组织精神、管理哲学、组织道德、组织价值观念、组织风貌等内容，是组织意识形态的总和。它是物质文化、行为文化、制度文化的升华，并决定着组织文化的表层、浅层和中层。

知识拓展7-1

青蛙效应：感觉企业竞争环境变化

将一只青蛙放在大锅里，里头加水再用小火慢慢加热，青蛙虽然隐约可以感觉外界温度慢慢变化，却因惰性与没有立即必要的动力往外跳，最后被热水煮熟而不自知。

7.2 熟悉组织文化的类型与功能

7.2.1 组织文化的类型

目前，根据不同的标准，对组织文化有着不同的划分方法，其中，最常见的划分方法有以下两种。

1. 按照组织文化的内在特征来划分

按照组织文化的内在特征来划分，可以将组织文化划分为四种类型：学院型、俱乐部型、棒球队型、堡垒型。这种划分方法是由杰弗里·桑南菲尔德提出的。

1）学院型

学院型组织是为那些想全面掌握每一种新工作的人而准备的地方。在这里他们能不断地成长、进步。这种组织喜欢雇用年轻的大学毕业生，并为他们提供大量的专门培训，然后指导他们在特定的职能领域内从事各种专业化工作。例如，IBM公司、可口可乐公司、宝洁公司等都属于学院型组织。

2）俱乐部型

俱乐部型组织非常重视忠诚感和承诺。在俱乐部型组织中，资历是关键因素，年龄和经验都至关重要。与学院型组织相反，它们把管理人员培养成通才。例如，联合包裹服务公司、德尔塔航空公司、贝尔公司、政府机构和军队等都属于俱乐部型组织。

3）棒球队型

棒球队型组织鼓励冒险和革新。这类组织在招聘时，从各种年龄和经验层次的人中寻求有才能的人，薪酬制度以员工绩效水平为标准。由于这种组织对工作出色的员工给予巨额奖酬，员工一般都拼命工作。在会计、法律、投资银行、咨询公司、广告机构、软件开发、生物研究领域，这种组织比较常见。

4）堡垒型

棒球队型公司重视创造发明，而堡垒型组织则着眼于公司的生存。这类组织以前多数是学院型、俱乐部型或棒球队型，但在困难时期衰落了，现在尽力来保证企业的生存。这类组织的工作安全保障不足，但对于喜欢流动性、挑战的人来说，具有一定的吸引力。例如，大型零售店、林业产品公司、天然气探测公司等都属于堡垒型组织。

2. 按照地域可来划分

按照地域来划分，可以把组织文化划分为日本组织文化、美国组织文化和中国组织文化三种类型。

1）日本组织文化

日本是一个由单一民族构成的国家，自然环境险恶，自然资源有限，重视协作和技术的作用，习惯比较稳定的生活而不喜欢外出冒险，崇尚"团结"、"忠诚"等思想，强调"家族主义"。日本组织文化以"忠"为核心，提出忠、礼、勇、险、信五字，而取代中国的仁、义、理、智、信和以"仁"为中心的社会文化意识，从而使日本民族成为具有强大民族凝聚力的"大和"民族。日本组织文化的精髓就是以"和"、"同"、"忠"等传统价值观念为核心的企业理念。它重视"和为贵"，可以上下同心协力，形成万众一心应付各种艰巨工作的力量。"和"的精神要求在企业组织中形成人际关系的亲密感、依赖感、信任感及和谐气氛；凡事忍让、尊重他人存在的价值，彼此和睦相处。

2）美国组织文化

美国是一个移民国家，地域辽阔，资源丰富，经济实力和科技水平世界领先。美国自始至终倡导着个人能力主导一切的准则，信奉"个人能力主义"和"创新精神"。与日本的"家族主义"相比，美国人则更推崇"个人主义"，更强调按能力分配，更乐于以结果来评定工作的好坏。然而，正如美国快餐一样，在管理中美国人喜欢直来直去，重实际重效率，乐于创新，敢于竞争，体现在价值观上就是推崇"能力至上"，奉行个人主义和实用主义的价值观念。

3）中国组织文化

中国的传统文化博大精深，有着源远流长的历史传统。儒家思想对中华民族精神的形成产生了重要影响。孔子提倡刚健有为的进取精神；重视个人对家庭、国家和民族的责任义务；以"立德、立功、立言"三不朽学说作为理想人格的标准；以对社会、国家贡献的大小来衡量一个人价值的高低，注重感情投资，德育教化。

"修身、齐家、治国、平天下"，强调群体力量，强调领导者以身作则的榜样力量，其优点是强调和谐、稳定与团体意识，这对于避免团体间尖锐的矛盾冲突，更好地分配与利用有限的资源具有重大的作用。然而，其缺点也是显而易见的。首先，该模式注重"人治"，而非"法治"；其次，该模式提倡"平均主义"和"好人主义"，忽视了企业成员中实际上存在着好、中、差三部分人这一事实；再次，该模式片面信奉"仁者爱人"观念，在客观上助长了许多非正式组织，这些非正式组织干扰了企业正式组织的有效运转，甚至使正式组织的管理处于混乱状态。

另外，还有其他的分类方法。例如，按照组织文化所涵盖的范围，可以将其划分为主文化和亚文化；按照组织文化对其成员影响力的大小，可以划分为强文化和弱文化；按照文化与战略和环境之间的匹配关系，可分为使命型文化、小团体式文化和官僚制文化。

7.2.2 组织文化的功能

1. 导向功能

组织文化的导向功能主要是从两方面来发挥的：一是直接引导成员的性格、心理和行为；二是通过整体的价值认同来引导组织成员。后者是更为重要的一方面。良好的组织文化使成员潜移默化地接受本组织共同的价值观。一种强势文化可以长期引导组织成员为实现组织目标而自觉地努力奋斗，有如汽车的方向盘。

2. 凝聚功能

组织文化正是以种种潜移默化的方式，来沟通人们的思想感情，融合人们的理想、信念、作风和情操，培养和激发人们的群体意识。在特定的文化氛围之下，组织成员通过自己切身的感受，树立对本职工作的自豪感和使命感，以及对本组织的认同感和归属感，把自己的思想、感情、行为和整个组织联系起来，从而使组织产生一种强大的向心力和凝聚力，发挥出巨大的整体效应。

3. 激励功能

所谓的激励，就是通过外部刺激，使个体产生出一种情绪高昂、奋发进取的力量。在良好的组织文化氛围中，每个人的贡献都会及时受到肯定，而不会被埋没。这样，成员就时时受到鼓舞，处处感到满意，有了极大的荣誉感和责任心，自觉地为取得更大的成功而努力。

4. 约束功能

组织文化带来了无形的、非正式的、许多不成文的行为准则，人人自觉接受文化的规范和约束，心甘情愿地依照价值观的指导进行自我管理和自我控制，这种自我管理在很大程度上弥补了单纯的规范带来的不足与偏颇。因为再完善的管理制度也不可能无处不在，无所不包，倘若有人要钻制度的空子，那是防不胜防的。

5. 辐射功能

组织文化是一种热力强大的辐射源。组织文化不仅只在组织内发挥作用，对组织成员产生影响，而且还对社会产生影响。因为组织成员要与外界交往，组织的形象就会以综合的形式把自身丰富的文化内涵昭示于众。所有这些，都必将产生热力辐射般的作用，把自身的能量辐射到周围。

6. 稳定功能

组织文化是组织稳定发展的良药。由于组织文化具有相对的稳定性和连续性，一经建立，则进入了整个组织生活和成员的内心深处，持续而稳定地发挥作用。即使企业出现重大的人事变动，企业照样稳健前进，经久不衰。例如，日本的松下电器公司，松下幸之助本人虽已逝世，但松下的企业精神照样发挥作用，不因松下本人的逝世而受到影响。

文化的功能具有整合性。企业文化的上述六大功能，在实际中并不是单独地表现出来的，而是整体发挥作用。

知识拓展7-2

弼马瘟效应：增进整个组织的活力

在马厩中养猴，以"辟恶，消百病"，养在马厩中的猴子就是"弼马瘟"，"弼马瘟"所起的作用就是"弼马瘟效应"。

7.3 设计组织文化建设的程序

1. 选择组织价值观念

组织价值观念是组织文化的核心和灵魂，选择正确的组织价值观念是塑造组织文化的第一步。选择组织价值观有一个重要的前提就是要立足于本组织的具体情况。因为，不同的组织有不同的目的、环境、习惯和结构，由此构成千差万别的组织类型，因此必须准确地把握本组织的特点，选择适合自身发展的组织价值观，否则就不会得到广大员工和社会公众的认同与理解。选择正确的组织价值标准要把握以下三个原则。

（1）组织价值观念要明确、科学，具有鲜明的时代特点。

（2）组织价值观念要体现组织的宗旨、发展战略和方向。

（3）选择组织价值观念要坚持群众路线，充分发挥群众的创造精神。认真听取群众的各种意见，并经过自上而下和自下而上的多次反复，审慎地筛选出既符合本组织特点又反映员工心态的组织价值观和组织文化模式。要切实调查本组织成员对组织价值观念的认可程度和接纳程度。

2. 强化组织成员认同

选择和确立了组织价值观之后，就应通过一定的途径把该观念强化灌输给组织成员，使其深入人心。

1）大力宣传

充分利用一切宣传工具和手段，宣传组织文化的内容和要求，使之人人皆知，以营造浓厚的组织文化建设氛围。

2）树立榜样

典型榜样是组织精神和组织文化的"人格化身"。典型榜样的精神风貌、价值追求、工作态度和言谈举止都体现了组织文化的实质和意义，能够以其强大的感染力、影响力和号召力为组织成员提供现实的"标尺"，尤其是在组织发展的关键时刻，组织成员总是以榜样人物的言行为尺度来决定自己的行为导向。

3）培训教育

有目的的培训与教育，能够使组织成员系统接受和强化认同组织所倡导的组织精神和组织文化。但是，培训教育的形式可以多种多样，当前，在健康有益的娱乐活动中恰如其分地融入组织文化的基本内容和价值准则，往往不失为一种有效的方法。

3. 分析、归纳、提炼、定格

1）精心分析

在经过群众性的初步认同之后，应当将反馈回来的意见加以剖析和评价，详细分析和仔细比较实践结果与规划方案的差距，必要时可吸收有关专家和员工的合理化意见。

2）全面归纳

在系统分析的基础上，进行综合的整理、归纳、总结和反思，采取去粗取精、去伪存真、由此及彼、由表及里的方法，删除那些落后的、不为员工所认可的内容与形式，保留那些进步的、卓有成效的、为广大员工所接受的内容与形式。

3）精练定格

把经过科学论证和实践检验组织精神、组织价值观、组织文化，予以条理化、完善化、格式化，加以必要的理论加工和文字处理，用精练的语言表述出来。

4. 巩固实施

1）领导身体力行

组织领导者在塑造组织文化的过程中起着决定性的作用，他本人的模范行为就是一种无声的号召和导向，会对广大员工产生强大的示范效应。所以任何一个组织如果没有组织领导者的以身作则，要想培育和巩固优秀的组织文化是非常困难的。

2）建立相关的制度

在组织文化演变为全体员工的习惯行为之前，要使每一位成员都能自觉主动地按照组织文化和组织精神的标准去行事，必须建立某种奖优罚劣的规章制度。

5. 丰富发展

由于文化不是永恒不变的，任何一种组织文化都是特定历史的产物，因此，当组织的内外条件发生变化时，需要不失时机地更新、丰富和发展组织文化的内容和形式。这既是一个文化不断发展的过程，也是一个认识与实践不断深化的过程，组织文化由此经过循环往复达到更高的层次。

知识拓展7-3

杯子理论：制造一些杯子本身的独特文化

杯子生产厂家很聪明，根据市场的需求生产各种不同的杯子，试验室在物品的用量上很有讲究，厂家就生产出量杯方便试验员的应用；为了防止开水烫手，厂家就生产出带有手柄的水杯；冬天为了保持水温，厂家就生产出保温杯；酒桌上根据人们的每次饮酒量，厂家就生产出一口一杯的酒杯；在酒吧里为了满足客户追求浪漫和艺术的渴望，厂家就生产出艺术造型的高杯酒杯……

课堂讨论！

完成本任务后，请进行自我测试：
你是否已明确企业组织文化的深刻内涵？

● **帝王之道论管理 –7**

朱元璋："九字箴言"

出生低微，基础太薄，简直是一穷二白，还有个致命弱点，就是不认字，没有读过书，这些让朱元璋在以后的道路上做事情更无顾及，更有魄力，更爱惜人才，更能吃苦，更能勤奋学习！他的成功可归结为如下原因。

第一，志向远大。小时候的朱重八（即朱元璋原名）尽管没有太好的条件，但是却在周围的小伙伴身上当起了皇帝，叫小伙伴们三拜九叩的，从此在朱元璋的心中就立下了当皇帝的靶子，并一步一步到达这个顶峰。

第二，忠义立事。在封建社会，最讲究的是义字当头，特别是这些道德礼仪被用于统治阶级的精神工具后，"忠义"二字就变得尤为重要，所以，只要不牵涉到原则性的问题，朱元璋都做足了忠义这方面的文章。

第三，爱惜人才，勤于思考。这一点也是所有当皇帝的共性，古往今来大人物得天下不可不才，而才并非仅靠一己之力，事业之大非借助群体智慧不可。朱元璋虽然没有读过书，但是在这个方面比很多皇帝做得更好，更谦虚！他特别重用人才，手下刘伯温、李善长、朱升等人在起军前就被他召来出谋划策。

第四，善于学习，并能做到学以致用。与普通武夫不同的是，朱元璋对书籍的兴趣。他尊重读书人肚子里的知。他在军中专门养了几个秀才，没事时就让他们教自己读书认字。

第五，谨小慎微，耐力超群。农民的出身决定了朱元璋在指挥作战时，从不像其他流民领袖那样凭一时血气之勇。他最突出的军事个性是"持重"。朱元璋一生做事，信奉稳扎稳打，积小胜为大胜。朱元璋的一切活动特别是重大的军事和政治行动都是经过精心筹划，三思而行的。他很少冲动冒险，也不追求侥幸。朱元璋耐性极佳，史称老儒朱升的"高筑墙，广积粮，缓称王"九字方针给朱元璋带来了胜利，殊不知这也是朱元璋本身的一贯思想，只不过朱升之策恰与朱元璋同心而得其认可罢了。朱元璋从来不务虚名，不求近利。

◉ 任务小结

通过对本任务的学习，同学们可以了解组织、组织文化的一些相关基础知识，理解组织文化的内涵以及组织文化的类型，掌握组织文化的功能与实施，并能运用组织文化知识认识身边的组织，根据实际情况创建身边组织的文化。

第三部分 任 务 实 训

⊃ 案例分析

快乐的美国西南航空公司

美国西南航空公司创建于 1971 年，当时只有少量顾客，几只包装和一小群焦急不安的员工，现在已成为美国第六大航空公司，拥有 1.8 万名员工，服务范围已横跨美国 22 个州的 45 个大城市。美国西南航空公司的成功源于以下几点。

一、总裁用爱心管理公司

现任公司总裁和董事长赫伯·凯勒是一位具有传奇色彩的创办人，他用爱心（Luv）建立了这家公司。LUV 也是它们在纽约上市股票的标志，又是西南航空公司的精神。这种精神从公司高层一直感染到公司的门卫、地勤人员。

当踏进西南航空公司总部大门时，你会感受到一种特殊的气氛。一个巨大的、敞顶的三层楼高的门厅内，展示着公司的历史上值得纪念的事件。当你穿越欢迎区域进入把办公室分列两侧的长走廊时，你会沉浸在公司为员工举行庆祝活动的氛围中——令人激动地布置着数百幅配有镜架的图案，包含着成千上万张员工的相片，歌颂内容有公司主办的晚会和集体活动、垒球队、社区节目，以及万圣节、复活节。早期员工们的一些工艺品，连墙面到油画也巧妙地穿插在无数图案中。

二、公司处处是欢乐和奖品

在公司，你可以到处看到奖品。墙板上用签条标明心中的英雄奖、基蒂霍克奖、精神胜利奖、总统奖和幽默奖（这些奖当然是倒着挂的），并骄傲地写上了收奖者的名字，你甚至可以看到"当月顾客"。

当员工们轻松地迈进大厅过道，前往自己的工作单位时，到处洋溢着微笑和欢乐，谈论着"好得不能再好的服务"、"男女英雄"和"爱心"等。公司制定的"三句话训示"挂满了整个建筑物，最后一行写着："总之，员工们在公司内部将得到同样的关心、尊敬和爱护，这也是公司盼望他们能和外面的每一位顾客共同分享。"好讲挖苦话的人也许会讲：是不是走进了好莱坞摄影棚里？不！不！这是西南航空公司！

这里有西南航空公司保持热火朝天的爱心精神的具体事例：在总部办公室内，每月做一次100%的空气过滤，饮用水不断循环流动，纯净得像瓶装水一样。

西南航空公司有着丰富多彩的节目。情人节那天有最高级的服装，复活节有最考究的节目烤蛋，还有女帽竞赛，当然还有万圣节竞赛。每年一度的盛大的万圣节到来时，公司把总部大楼全部开放，让员工们的家属及附近小学生们都参加"恶作剧"或"奖点心"游戏。

公司专门为后勤人员设立"心中的英雄"奖，其获得者可以把本部门的名称由在指定的飞机作为荣誉，为期一年。

三、透明的管理

如果你要见总裁，只要他在办公室，你可以直接进去，不用通报，也没有人对你说："不，你不能见他。"

每年举行两次"新员工午餐会"，领导和新员工们直接见面，保持公开接触。领导向新员工提些问题，例如："你认为公司应该为你做的事情都做到了吗？""我们怎样才能把西南航空公司办得更好些？""我们怎样才能做得更好？"员工们的每一个问题，在30天内必须得到答复。一些关键的数据，包括每月载客人数、公司季度财物报表等，员工们都能知道。

"一纸会谈会"是一个全日性的会议，专为那些在公司里已工作了十年以上的员工而设的。会上副总裁们对自己管辖的部门先作概括介绍，然后公开讨论。讨论的题目有："你对西南航空公司感到如何？""我们应该如何使你前进并保持动力和热情？""我能回答你一些什么问题？"

四、领导是朋友又是亲人

当你看到一张张赫伯·凯勒和员工们一起拍的照片时，他从不站在主要地方，总是在群众当中。赫伯要每个员工都知道他不过是众员工之一，是企业合作人之一。

上层经理们每季度必须有一天参加第一线实际工作，担任订票员、售票员或行李搬运工等。"行走一英里计划"每年安排一天去其他营业区工作，以便了解不同营业区情况。旅游鼓励了员工们参加这项运动。

为了让员工们对学习公司财务情况更感兴趣，西南航空公司每12周给每位员工寄去一份"测验卡"，其中有一系列财务问题。答案可以在同一周的员工手册上找到。凡是填写了卡并寄回全部答案的员工都登记在册，有可能得到免费旅游的机会。

这种爱心精神在西南航空公司内部闪闪发光，正是依靠这种精神，当整个行业在赤字中徘徊时，他们连续22年有利润，创造了全行业个人生产率的最高纪录，1999年有16万人前来申请工作，人员调动率低得令人难以置信，连续三年获得国家运输部门的"三冠王"，表彰他们在航行准时、处理行李无误和客户意见最少三方面取得的最佳成绩。

（案例来源：圣才学习网）

【思考题】

1. 西南航空公司的企业文化是什么？采用了哪些手段去贯彻？
2. 赫伯在创建西南航空公司的企业文化中起到了什么作用？

3. 哪些事实说明了西南航空公司的"爱心管理"是成功的?

⊃ **模拟实训**

模拟公司的组织文化建设

1. 实训目标

培养学生初步分析与建设组织文化的能力

2. 实训内容

(1) 把班级学生分成小组,每个小组 7～10 人,要求每组要成立一家模拟公司。

(2) 每个小组结合自己本公司的实际,明确本公司应树立哪些先进的管理理念。

(3) 对本公司的文化建设提出各种设想,并制订建设方案。

(4) 在课堂上组织一次小组之间的交流,每个公司推荐一名成员谈公司的文化建设方案。

3. 实训要求

(1) 每个公司提交一份本公司的文化建设方案。

(2) 由教师对各公司所交材料与交流中的表现进行评估打分,也可以由教师和学生共同评价。

⊃ **游戏活动**

找 图 片

1. 目的

模拟部属与领导之间的组织文化能力。

2. 道具

用信封装的角色袋。

3. 时间

30 分钟。

4. 程序

(1) 把参与者分成若干组,每组 5 人。一人扮演上级主管,一人扮演直接主管,三人扮演部属角色。

(2) 告诉学生,每个信封有五张图片,每组找出每个人都有的一种图形。

(3) 将装有角色单的信封分给每个角色。

(4) 强调规则。

(5) 每组同学根据角色要求齐心协力完成任务。

5. 规则

(1) 作为部属,只能与直接主管及其他两位同事用书面方式沟通,不得与上级主管直接联系。

(2) 直接主管可以和上级主管及部属在纸上沟通。

(3) 上级主管只能与直接主管沟通,不能越级指挥。

6. 教师任务

（1）复印角色单，然后分装入信封内。

（2）活动时，将所有扮演上级主管角色的同学和扮演部属角色的同学，派置不同的、较远的地方，而且背对背。

（3）控制整个活动过程，及时制止违反规则的行为。

7. 考核标准

不违反规则，且速度最快的小组获胜。

任务八　激励员工

任务提示

本任务将引领你明确激励的内涵、要素以及一些常用的激励方法等内容!

任务先行

什么是激励? 它是怎样来到我们身边的? 它是研究什么的? 要了解这些问题，请往下看!

第一部分　故事与案例

事故导入

鞭　策

拿破仑在一次打猎的时候，看到一个落水男孩，一边拼命挣扎，一边高呼救命。这河面并不宽，拿破仑不但没有跳水救人，反而端起猎枪，对准落水者，大声喊道："你若不自己爬上来，我就把你打死在水中。"那男孩见求救无用，反而增添了一层危险，便更加拼命地奋力自救，终于游上岸来。

这个故事告诉人们：对待自觉性比较差的员工，一味地为他们创造良好的软环境、去帮助他们，并不一定让他们感受到"萝卜"的重要，有时还离不开"大棒"的威胁。偶尔利用你的权威对他们进行威胁，会及时制止他们消极散漫的心态，激发他们发挥出自身的潜力。此外，自觉性强的员工也有满足、停滞、消沉的时候，也有依赖性，因此适当的批评和惩罚能够帮助他们认清自我，重新激发新的工作斗志。

案情介绍

德姆的激励方法

比特丽公司是美国一家大型联合公司，总部设在芝加哥，下属有450个分公司，经营着9 000多种产品，其中许多产品，如克拉克捧糖、乔氏中国食品等，都是名牌产品。公司每年的销售额达90多亿美元。

多年来，比特丽公司都采用购买其他公司来发展自己的积极进取战略，因而取得了迅速的发展。公司的传统做法是：每当购买一家公司或厂家以后，一般都保持其原来的产品，使其成为联合公司一个新产品的市场；另一方面是对下属各分公司都采用分权的形式。允许新购买的分公司或工厂保持其原来的生产管理结构，这些都不受联合公司的限制和约束。由于实行了这种战略，公司变成由许多没有统一目标且彼此又没有什么联系的分公司组成的联合公司。

1976 年，负责这个发展战略的董事长退休以后，德姆就是在这种情况下被任命为董事长。

新董事长德姆的意图是要使公司朝着他新制定的战略方向发展。根据他新制定的战略，德姆卖掉了下属 56 个分公司，但同时又买下了西北饮料工业公司。

据德姆的说法，公司除了面临发展方向方面的问题外，还面临着另外两个主要问题：一个是下属各分公司都面临着向社会介绍并推销新产品的问题，为了刺激各分公司的工作，德姆决定采用奖金制，对下属干得出色的分公司经理每年奖励 1 万美元。但是，对于这些收入远远超过 1 万美元的分公司经理人员来说，1 万美元的奖金恐怕起不了多大的刺激作用。面临的另一个更严重的问题是，在维持原来的分权制度下，应如何提高对增派参谋人员必要性的认识，应如何发挥直线与参谋人员的作用问题。德姆决定要给下属每个部门增派参谋人员，以更好地帮助各个小组开展工作。但是，有些管理人员则认为只增派参谋人员是不够的，有的人则认为，没有必要增派参谋人员，可以采用单一联络人联系几个单位的方法，即集权管理的方法。

公司专门设有一个财务部门，但是这个财务部门根本就无法控制这么多分公司的财务活动，因此造成联合公司总部甚至无法了解并掌握下属部门支付支票的情况等。

⊃ 案例解读

德姆的激励方法难以达到理想的结果，因为微薄的奖励起不到足够的激励作用。要取得更好的激励效果，可以从两方面改进：一是提高物质的额度，对分公司经理这样高收入的阶层才会起到刺激作用；二是物质奖励和精神奖励相结合，奖励能否起到激励作用取决于人们取得的成绩和他们对不同需要的追求程度，物质奖励和精神奖励结合起来才能发挥最大的作用。

第二部分　任务学习引导

激励贯穿于管理过程的始终。一切管理活动的首要任务，是促使人们发挥其潜能，以帮助完成组织、部门或其中任何一个组织单位的任务和目标。管理者必须掌握和运用正确的激励手段，不断开拓新的激励方式，充分发挥激励的作用，才能成为有效的管理者。

重要知识

激励的定义

所谓激励，就是组织通过设计适当的外部奖酬形式和工作环境，以一定的行为规范和惩罚性措施，借助信息沟通，来激发、引导、保持和归化组织成员的行为，以有效地实现组织及其成员个人目标的系统活动。

8.1 认知激励理论

在经济发展的过程中，劳动分工与交易的出现带来了激励问题。激励理论是行为科学中用于处理需要、动机、目标和行为四者之间关系的核心理论。行为科学认为，人的动机来自需要，由需要确定人们的行为目标，激励则作用于人的内心活动，激发、驱动和强化人的行为。

8.1.1 激励的作用及构成要素

1. 激励的作用

（1）提高人们工作的自觉性、主动性和创造性。一般来讲，个人目标与组织目标是一致的，二者统一的程度越高，职工的自觉性乃至主动性、创造性就越能得到充分发挥。

（2）激发人们工作的热情和兴趣。通过激励，使之对本职工作产生强烈、深刻、积极的情感，并以此为动力，动员自己的全部精力为达到预定目标而努力。

（3）使人们保持持久的干劲，提高工作绩效。激励可以激发人的干劲并使之有工作的坚韧性，为实现目标而坚持不懈地努力。一般地说，在目标一致、客观条件基本相同的条件下，工作绩效与能力和激励水平之间可用一个数学公式来表示：

$$工作绩效 = f(能力，激励)$$

从上式可知，工作绩效取决于能力和激励水平的高低。能力固然是取得绩效的基本保证，但是不管能力多强，如果激励水平低，就难以取得好的成绩。

2. 激励的构成因素

影响和驱动人们从事某种活动或实现某种目标的最主要的无外乎需要、动机等来自个性心理特征上的诱导。

（1）需要。人们对其所依赖和索取的物质、能量、信息之类的东西的欲求就是需要。

需要产生有两个主要方面：首先是人的生理状态引发需要，其次是外界刺激引发。需要是行为的内驱力，是行为的力量源泉，也是行为的终极目标。

（2）动机。动机有三种功能：首先是始发功能即动机引发行为，其次是导向功能，动机的第三种功能是强化。

8.1.2 激励的基本原则

1. 目标结合原则

在激励机制中，设置目标是一个关键环节。目标设置必须同时体现组织目标和员工需要的要求。

2. 物质激励和精神激励相结合的原则

物质激励是基础，精神激励是根本。在两者结合的基础上，逐步过渡到以精神激励为主。

3. 引导性原则

外激励措施只有转化为被激励者的自觉意愿，才能取得激励效果。因此，引导性原则是激励过程的内在要求。

4. 合理性原则

激励的合理性原则包括两层含义：其一，激励的措施要适度，要根据所实现目标本身的价值大小确定适当的激励量；其二，奖惩要公平。

5. 明确性原则

激励的明确性原则包括三层含义：其一，明确。激励的目的是需要做什么和必须怎么做；其二，公开。特别是分配奖金等员工关注的大量问题时，更为重要。其三，直观。实施物质奖励和精神奖励时都需要直观地表达它们的指标，总结和授予奖励及惩罚的方式。直观性与激励影响的心理效应成正比。

6. 时效性原则

要把握激励的时机，"雪中送炭"和"雨后送伞"的效果是不一样的。激励越及时，越有利于将人们的激情推向高潮，使其创造力连续有效地发挥出来。

7. 正激励与负激励相结合的原则

所谓正激励就是对员工的符合组织目标的期望行为进行奖励。所谓负激励就是对员工违背组织目的的非期望行为进行惩罚。正负激励都是必要而有效的，不仅作用于当事人，而且会间接地影响周围其他人。

8. 按需激励原则

激励的起点是满足员工的需要，但员工的需要因人而异、因时而异，并且只有满足最迫切需要（主导需要）的措施其效价才高，其激励强度才大。因此，领导者必须深入地进行调查研究，不断了解员工需要层次和需要结构的变化趋势，有针对性地采取激励措施，才能收到实效。

8.1.3 各学派激励理论

激励理论是关于如何满足人的各种需要、调动人的积极性的原则和方法的概括总结。激励的目的在于激发人的正确行为动机，调动人的积极性和创造性，以充分发挥人的智力效应，做出最大成绩。自从 20 世纪二三十年代以来，国外许多管理学家、心理学家和社会学家结合现代管理的实践，提出了许多激励理论。这些理论按照形成时间及其所研究的侧面不同，可分为行为主义激励理论、认知派激励理论和综合型激励理论三大类。

1. 行为主义激励理论

20 世纪 20 年代，美国风行一种行为主义的心理学理论，其创始人为华生。这个理论认为，管理过程的实质是激励，通过激励手段，诱发人的行为。在"刺激—反应"这种理论的指导下，激励者的任务就是去选择一套适当的刺激（即激励手段），以引起被激励者相应的反应标准和定型的活动。

新行为主义者斯金纳在后来又提出了操作性条件反射理论。这个理论认为，激励人的主要手段不能仅仅靠刺激变量，还要考虑到中间变量，即人的主观因素的存在。具体说来，在激励手段中除了考虑金钱这一刺激因素外，还要考虑到劳动者的主观因素的需要。根据新行为主义理论，激励手段的内容应从社会心理观点出发，深入分析人们的物质需要和精神需要，并使个体需要的满足与组织目标的实现一致化。

新行为主义理论强调，人们的行为不仅取决于刺激的感知，而且也决定于行为的结果。

当行为的结果有利于个人时，这种行为就会重复出现而起着强化激励作用。如果行为的结果对个人不利，这一行为就会削弱或消失。所以在教育中运用肯定、表扬、奖赏或否定、批评、惩罚等强化手段，可以对学习者的行为进行定向控制或改变，以引导到预期的最佳状态。

2. 认知派激励理论

行为简单地看成人的神经系统对客观刺激的机械反应，这不符合人的心理活动的客观规律性。对于人的行为的发生和发展，要充分考虑到人的内在因素，诸如思想意识、兴趣、价值和需要等。因此，这些理论都着重研究人的需要的内容和结构，以及如何推动人们的行为。

认知派激励理论还强调，激励的目的是要把消极行为转化为积极行为，以达到组织的预定目标，取得更好的效益。因此，在激励过程中还应该重点研究如何改造和转化人的行为。属于这一类型的理论还有斯金纳的操作条件反射理论和挫折理论等。这些理论认为，人的行为是外部环境刺激和内部思想认识相互作用的结果。所以，只有改变外部环境刺激与改变内部思想认识相结合，才能达到改变人的行为的目的。

3. 综合型激励理论

行为主义激励理论强调外在激励的重要性，而认知派激励理论强调的是内在激励的重要性。综合型激励理论则是这两类理论的综合、概括和发展，它为解决调动人的积极性问题指出了更为有效的途径。

心理学家勒温提出的场动力理论是最早期的综合型激励理论。这个理论强调，对于人的行为发展来说，先是个人与环境相互作用的结果。外界环境的刺激实际上只是一种导火线，而人的需要则是一种内部的驱动力，人的行为方向决定于内部系统的需要的强度与外部引线之间的相互关系。如果内部需要不强烈，那么，再强的引线也没有多大的意义。

波特和劳勒于 1968 年提出了新的综合型激励模式，将行为主义的外在激励和认知派的内在激励综合起来。在这个模式中含有努力、绩效、个体品质和能力、个体知觉、内部激励、外部激励和满足等变量。

在这个模式中，波特与劳勒把激励过程看成外部刺激、个体内部条件、行为表现、行为结果相互作用的统一过程。一般人都认为，有了满足才有绩效。而他们则强调，先有绩效才能获得满足，奖励是以绩效为前提的，人们对绩效与奖励的满足程度反过来又影响以后的激励价值。人们对某一作业的努力程度，是由完成该作业时所获得的激励价值和个人感到做出努力后可能获得奖励的期望概率所决定的。很显然，对个体的激励价值愈高，其期望概率愈高，则他完成作业的努力程度也愈大。同时，人们活动的结果既依赖于个人的努力程度，也依赖于个体的品质、能力以及个体对自己工作作用的知觉。

波特和劳勒的激励模式还进一步分析了个人对工作的满足与活动结果的相互关系。他们指出，对工作的满足依赖于所获得的激励同期望结果的一致性。如果激励等于或者大于期望所获得的结果，那么个体便会感到满足。如果激励和劳动结果之间的联系减弱，那么人们就会丧失信心。

知识拓展8-1

彼得原理：晋升是最糟糕的激励措施

一名称职的教授被提升为大学校长后，却无法胜任；一名优秀的运动员被提升为主管体育的官员，而无所作为。

8.2 运用激励理论

主要的激励理论有三大类，分别为内容型激励理论、过程型激励理论和行为改造型激励理论。具有代表性的理论及其基本内容如表 8 - 1 所示。

表 8 - 1 具有代表性的理论

名 称	提 出 者	基 本 内 容	对管理实践的启示
需要层次论	美国心理学家亚伯拉罕·马斯洛于 1943 年提出来的	马斯洛提出人的需要可分为五个层次，这五种需要成梯形分布。后来，他又补充了求知的需要和求美的需要，形成了七个层次。	1. 正确认识被管理者需要的多层次性。 2. 要努力将本组织的管理手段、管理条件同被管理者的各层次需要联系起来。 3. 在科学分析的基础上，找出受时代、环境及个人条件差异影响的优势需要，然后，有针对性地进行激励。
双因素论	美国心理学家赫茨伯格于 20 世纪 50 年代提出来的	提出两大类影响人的工作积极性的因素： （1）保健因素； （2）激励因素。	1. 善于区分管理实践中存在的两类因素，对于保健因素要给予基本的满足，以消除下级的不满。 2. 要抓住激励因素，进行有针对性的激励。 3. 正确识别与挑选激励因素。
期望理论	美国心理学家弗鲁姆于 1964 年提出来的	人们对工作积极性的高低，取决于他对这种工作能满足其需要的程度及实现可能性大小的评价。激励水平取决于期望值与效价的乘积，其公式是：激发力量＝效价×期望。	1. 选择激励手段，一定要选择员工感兴趣、评价高，即认为效价大的项目或手段。 2. 确定目标的标准不宜过高。 3. 如果不从实际出发，只从管理者的意志或兴趣出发，对员工来说是不可能收到激励作用的。
公平理论	美国心理学家亚当斯于 1965 年提出来的	人的工作积极性不仅受其所得的绝对报酬的影响，更重要的是受其相对报酬的影响。付出与报酬的比较方式包括横比和纵比两种。	1. 在管理中要高度重视相对报酬问题。 2. 尽可能实现相对报酬的公平性。 3. 当出现不公平现象时，要做好工作，积极引导，防止负面作用发生。

8.2.1　内容型激励理论及其运用

内容型激励理论就是针对激励的原因与起激励作用的因素的具体内容进行研究的理论。

1. 马斯洛的需要层次理论在企业管理中的应用

（1）低层次的需要只有得到部分满足以后，高层次的需要才有可能成为行为的重要决定因素。

（2）高层次的需要比低层次需要更有价值，人的需要结构是动态的、发展变化的。

2. 奥德弗的 ERG 理论

"ERG"理论是生存—相互关系—成长需要理论的简称。奥德弗认为，职工的需要有三类：生存的需要（E）、相互关系需要（R）和成长发展需要（G）。

该理论认为，各个层次的需要受到的满足越少，越为人们所渴望；较低层次的需要者越是能够得到较多的满足，则较高层次的需要就越渴望得到满足；如果较高层次的需要一再受挫得不到满足，人们会重新追求较低层次需要的满足。这一理论不仅提出了需要层次上的满足到上升趋势，而且也指出了挫折到倒退的趋势，这在管理工作中很有启发意义。

3. 麦克利兰的成就需要理论

麦克利兰认为，在人的生存需要基本得到满足的前提下，成就需要、权利需要和合群需要是人的最主要的三种需要。成就需要的高低对一个人、一个企业的发展起着特别重要的作用。该理论将成就需要定义为：根据适当的目标追求卓越、争取成功的一种内驱力。

该理论认为，成就需要强烈的人事业心强，喜欢那些能发挥其独立解决问题能力的环境。在管理中，只要为他提供合适的环境，它就会充分发挥自己的能力。权利需要较强的人有责任感，愿意承担需要的竞争，并且能够取得较高的社会地位的工作，喜欢追求和影响别人。

该理论还认为，合群需要是人们追求他人的接纳和友谊的欲望。合群需要欲望强烈的人渴望获得他人赞同，高度服从群体规范，忠实可靠。

4. 赫兹伯格的双因素理论

赫兹伯格认为职工非常不满意的原因，大都属于工作环境或工作关系方面的，如公司的政策、行政管理、职工与上级之间的关系、工资、工作安全、工作环境等。他发现上述条件如果达不到职工可接受的最低水平时，就会引发职工的不满情绪。但是，具备了这些条件并不能使职工感到受激励。赫兹伯格把这些没有激励作用的外界因素称为"保健因素"。他还认为，能够使职工感到非常满意的因素，大都属于工作内容和工作本身方面的，如工作的成就感、工作成绩得到上司的认可、工作本身具有挑战性，等等。这些因素的改善，能够激发职工的热情和积极性。赫兹伯格把这一因素称为"激励因素"。以上就是"双因素理论"。

这一理论告诉我们，管理者首先应该注意满足职工的"保健因素"，防止职工消极怠工，使职工不致产生不满情绪，同时还要注意利用"激励因素"，尽量使职工得到满足的机会。

8.2.2　过程型激励理论及其应用

过程型激励理论是研究从人的动机产生到最终采取行动的心理过程的理论。它的主要任务是找出对行为起决定作用的某些关键因素，弄清它们之间的相互关系，以预测和控制人的行为。

1. 弗鲁姆的希望理论

弗鲁姆认为，一种激励因素的作用大小取决于两个方面：一是人对激励因素所能实现的可能性大小的期望；二是激励因素对其本人效价的大小。激励力量等于期望值和效价的乘积，即：

$$激励力量 = 期望值 \times 效价$$

所谓"期望"，就是指根据过去的经验，对获得某种结果概率的判断。

所谓"效价"，就是指此人对这个激励因素的爱好程度，即对他所要达到目标的价值的估计。

在管理工作中应用"期望"，要注意以下三点：

（1）要科学地设置目标，使目标给人以希望，从而产生心理动力；

（2）要提高期望水平，提高员工对目标的重要意义的认识，这样就会提高效价；

（3）正确处理好期望与结果的关系，防止员工期望过高，导致失望太大。

2. 亚当斯的公平理论

"公平理论"是研究人的动机和知觉关系的一种理论。亚当斯认为，一个人对他所得到报酬是否满意，不是只看其绝对值，而是进行社会比较和历史比较，看其相对值。两种比较结果相等时，就公平，公平就能激励人。反之，就会使人感到不公平，不公平就会产生紧张、不安和不满情绪，影响工作积极性的发挥。

在管理工作中应用亚当斯的理论时，要加强对职工的思想教育，防止在工作评定中出现贬低别人、抬高自己、搬弄是非、左右舆论、制造矛盾等不良倾向。

8.2.3 行为改造型激励理论及其应用

行为改造型激励理论是研究如何改造和转化人们的行为，使其达到目标的一种理论。

1. 亚当斯的挫折理论

由于目标无法实现，动机和需要不能满足，就会导致产生一种情绪状态，这就是"挫折"。

1）使人产生挫折心理的三个必备条件

（1）个人所得期望的目标是重要的、强烈的；

（2）个人认为这种目标有可能达成；

（3）在目标与现实中存在难以克服的障碍。

2）人受挫折后的行为表现

根据不同人的心理特点，受到挫折后的行为表现主要有以下两大类。

（1）采取积极进取态度，采取减轻挫折和满足需要的积极适应的态度。

（2）采取消极态度，甚至是对抗态度，诸如攻击、冷漠、幻想、退化、忧虑、固执和妥协等。

3）在管理工作中的应用

（1）要培养员工掌握正确战胜挫折的方法，教育员工树立远大的目标，不要因为眼前的某种困难和挫折而失去前进的动力。

（2）要正确对待受挫折的员工，为他们排忧解难，维护他们的自尊，使他们尽快从挫折情境中解脱出来。

（3）要积极改变情境，避免受挫折员工"触景生情"，防止造成心理疾病和越轨行为。

2. 斯金纳的强化理论

心理学认为，人的行为的结果对动机有反作用。如果行为是好的结果，就能对动机起正强化作用，即能使人的行为得到加强和重复；如果行为的结果使动机得到削弱，这就对动机起负强化作用，会使人的行为削弱或消失。

运用强化理论来影响、加强或改变职工的行为时，要注意采用以下几个方法：

（1）要按照职工的不同需要，采用不同的强化物；

（2）及时进行信息反馈；

（3）奖惩结合，以正强化为主。

3. 海德的归因理论

它是关于人的某种行为与其动机、目的和价值取向等属性之间逻辑结合的理论。

1）归因的种类

归因可分为两类：一是情境归因；二是个性倾向归因。情境归因是把个人行为的根本原因归为外部力量，如环境条件、社会舆论、企业的设备、工作任务、天气的变化等。个人倾向归因是把个人行为的根本原因归结为个人的自身特点，如能力、兴趣、性格、努力程度等。

2）应用

在管理工作中当员工完成任务受挫折时，管理人员要及时了解职工的归因倾向，才能帮助职工自己正确总结经验教训和顺利进行归因，使职工胜不骄、败不馁，进一步严格要求自己，更加发奋努力。

知识拓展8-2

蚂蚁效应："胜任"是对员工最大的激励

一只蚂蚁爬树，第一天早上从树根出发，晚上到达树梢，用了一整天的时间。当然，它不是匀速前进，而是时快时慢。第二天，还是这只蚂蚁，从树上下来。早上从树梢出发，晚上到达树根，也用了一整天的时间。同样，它也不是匀速前进，而是时快时慢。

8.3 建立和实施激励机制

8.3.1 激励机制

激励机制就是在激励中起关键性作用的一些因素，由时机、频率、程度、方向等因素组成。它的功能集中表现在对激励的效果有直接和显著的影响上，所以认识和了解激励的机制，对做好激励工作是大有益处的。

1. 激励时机

激励时机是激励机制的一个重要因素。激励在不同时间进行，其作用与效果是有很大差别的。例如，厨师炒菜时，不同的时间放入味料，菜的味道和质量是不一样的。超前激励可能会使下属感到无足轻重；迟到的激励可能会让下属觉得画蛇添足，失去了激励应有的意义。

激励如同发酵剂，何时该用、何时不该用，都要根据具体情况进行具体分析。根据时间上快慢的差异，激励时机可分为及时激励与延时激励；根据时间间隔是否规律，激励时机可分为规则激励与不规则激励；根据工作的周期，激励时机又可分为期前激励、期中激励和期末激励。激励时机既然存在多种形式，就不能机械地强调一种而忽视其他，而应该根据多种客观条件，进行灵活的选择，更多的时候还要加以综合运用。

2. 激励频率

所谓激励频率是指在一定时间里进行激励的次数，它一般是以一个工作周期为时间单位的。激励频率的高低是由一个工作周期里激励次数的多少所决定的，激励频率与激励效果之间并不完全是简单的正相关关系。

激励频率的选择受多种客观因素的制约，这些客观因素包括工作的内容和性质、任务目标的明确程度、激励对象的素质情况、劳动条件和人事环境等，一般来说有下列几种情形。

（1）对于工作复杂性强，比较难以完成的任务，激励频率应当高，对于工作比较简单、容易完成的任务，激励频率就应该低。

（2）对于任务目标不明确、较长时期才可见成果的工作，激励频率应该低；对于任务目标明确、短期可见成果的工作，激励频率应该高。

（3）对于各方面素质较差的工作人员，激励频率应该高，对于各方面素质较好的工作人员，激励频率应该低。

（4）在工作条件和环境较差的部门，激励频率应该高；在工作条件和环境较好的部门，激励频率应该低。

当然，上述几种情况并不是绝对的划分，通常情况下应该有机地联系起来，因人、因事、因地制宜地确定恰当的激励频率。

3. 激励程度

所谓激励程度是指激励量的大小，即奖赏或惩罚标准的高低。它是激励机制的重要因素之一，与激励效果有着极为密切的联系。能否恰当地掌握激励程度，直接影响到激励作用的发挥。超量激励和欠量激励不但起不到激励的真正作用，有时甚至还会起反作用。比如，过分优厚的奖赏，会使人感到得来全不费工夫，丧失了发挥潜力的积极性；过分苛刻的惩罚，可能会导致人的破罐子破摔的心理，挫伤下属改善工作的信心；过于吝啬的奖赏，会使人感到得不偿失，多干不如少干；过于轻微的惩罚，可能导致人的无所谓心理，不但不改掉毛病，反而会变本加厉。

因此，从量上把握激励，一定要做到恰如其分，激励程度不能过高也不能过低。激励程度并不是越高越好，超出了某个限度，就无激励作用可言了，正所谓"过犹不及"。

4. 激励方向

所谓激励方向是指激励的针对性，即针对什么样的内容来实施激励，它对激励效果也有显著影响。马斯洛的需要层次理论有力地表明，激励方向的选择与激励作用的发挥有着非常密切的关系。当某一层次的优势需要基本上得到满足时，应该调整激励方向，将其转移到满足更高层次的优先需要，这样才能更有效地达到激励的目的。比如，对一个具有强烈自我表现欲望的员工来说，如果要对他所取得的成绩予以奖励，奖给他奖金和实物不如为他创造一次能充分表现自己才能的机会，使他从中得到更大的鼓励。还有一点需要指出的是，激励方向的选择是以优先需要的发现为前提条件的，所以及时发现下属的优先需要是经理人实施正确激励的关键。

8.3.2 激励机制的建立与实施

1. 实行目标激励

1）目标设置

（1）目标应该具体化。

（2）要阐明目标的社会价值，并和个人利益相联系。

（3）目标既要有一定难度又要有实现的可能性。

（4）让完成目标的人参与目标设置。

（5）要对达到目标的进程有及时、客观的反馈信息。

2）目标管理

（1）制定总体目标。

（2）做好组织准备。

（3）制订个人计划。

（4）评定阶段性成果。

2. 创建适合企业特点的企业文化

21世纪将是一个充满变化的时代，而且变化的幅度不断增大，节奏不断加快，这就要求组织必须从僵化的机械模式，转变为更具有灵活性和适应性的有机模式；企业之间的竞争已从生产效率的竞争演化为创新率的竞争，其本质是企业文化的竞争，传统的"命令式"的领导方式已不适应对新型"知识员工"的管理。管理在一定程度上就是用一定的文化塑造人，只有当企业文化能够真正融入每个员工个人的价值观时，他们才能把企业的目标当成自己的奋斗目标，因此用员工认可的文化来管理，可以为企业的长远发展提供动力。

3. 多跑道、多层次激励机制的建立和实施

进入20世纪90年代以后，人们对物质要求更为强烈，并有很强的自我意识，从这些特点出发，如何制订新的、合理的、有效的激励方案至关重要，可以从以下几个方面来考虑。

（1）多一点空间、多一点办法，根据企业发展的特点激励多条跑道。

（2）要激励多条跑道，这样才能使员工真正安心在最适合他的岗位上工作。

（3）想办法了解员工需要的是什么。

总之，所采取的激励的手段要灵活多样，要根据不同的工作、不同的人、不同的情况制定出不同的制度，而绝不能是一种制度从一而终。

4. 充分考虑员工的个体差异，实施有差别的激励机制

激励的目的是为了提高员工工作的积极性，影响工作积极性的主要因素有：工作性质、领导行为、个人发展、人际关系、报酬福利和工作环境，而且这些因素对于不同企业所产生影响的排序也不同。

由此可见，企业要根据不同的类型和特点制定激励制度，而且在实施激励机制时一定要考虑到个体差异。

知识拓展8-3

马蝇效应：激起员工的竞争意识

没有马蝇叮咬，马慢慢腾腾，走走停停；有马蝇叮咬，马不敢怠慢，跑得飞快。这就是马蝇效应。马蝇效应给我们的启示是：一个人只有被叮着咬着，他才不敢松懈，才会努力拼搏，不断进步。

📋 **课堂讨论！**

完成本任务后，请进行自我测试：
你是否已明确企业组织文化的深刻内涵？

◉ **帝王之道论管理 – 7**

隋文帝杨坚：功过参半

杨坚即隋文帝（公元541—604年），隋朝的建立者。公元581—604年在位。他是华阴（今属陕西）人，北周时袭父爵为隋国公。女为宣帝皇后。静帝年幼即位，他任丞相，总揽朝政，封隋王。大定元年（公元581年）废静帝自立，建立隋朝。开皇七年（公元587年）消灭后梁，九年时间灭了陈，结束南北朝分立局面，统一全国。在位期间，他继行均田制，扩大垦田面积，废除了盐酒商税制，搜查隐漏农户，重编户籍，使封建国家管辖的人丁数字大增，以抵制豪强势力，保证国家财政收入。在政治上，他改革官制，确立三省制，简化地方行政机构。规定九品以上地方官吏均由中央任免，废除九品官人法，加强中央集权。在位后期，统治却日益残暴。仁寿四年（公元604年）被太子杨广（隋炀帝）杀害。在隋文帝即位的20多年里，国家统一、安定，农民的负担非常轻，经济繁荣发展，长安、洛阳一带修建了许多大仓库，储积的粮食、布帛一直用到唐朝初期，全国人口增加将近一倍，史称隋文帝的统治为"开皇之治"。

杨坚智勇夺取北周政权，创建隋朝；提倡勤俭节约，能以身作则，励精图治，政绩卓著。杨坚除了他的成就之外也有不少缺点，如喜怒无常、猜疑心重。杨坚的迷信程度非常的重，不但信佛教、道教，还信阴阳五行、鬼怪、符瑞、土地神、山神，甚至是龙王，什么都信。杨坚的文化程度很低，认为读书学习是无用的，所以学校也没必要。到了公元601年，杨坚便将郡县的学校全部废除，只剩中央的国子监了，供官员、贵族子弟们读书。

◉ **任务小结**

通过对本任务的学习，同学们可以了解有效的激励方法等相关基础知识，理解年薪制、员工持股计划等概念，掌握激励的含义、要素和过程，并能运用激励知识认识身边的组织激励状况。

第三部分 任务实训

☺ 案例分析

我们愿意加班

卢小姐在荷兰银行单证部工作，这是银行最繁忙的一个部门，主要从事信用证通知、议付、审单、结汇、开证等烦琐而又单一的工作。虽然分工很细，但业务量很大，每月1 500万美元的交易额却只有7个人（包括卢小姐）在做，每天案头总是堆满了文件，而做不完的往往得加班1～2小时。因此到了星期五，没有人再愿意加班，而是想尽早回家过周末，虽然加班费是平时的两倍。但星期五恰是银行最忙碌的一天，有些事如果不在星期五做完，就必须过两个休息日，这样在时间上就耽误了，也影响了银行的声誉。因此，副行长邓先生自然希望员工能自愿留下来加班，把事情做完。有一次周五，需要结汇的单子并不多，所以员工们想下班后留下来干完，免得星期一案头又堆起一座小山。邓先生看见了这种情况，马上盛情邀请加班的员工在附近一家饭店共进晚餐。在席上，他先是对员工的加班行为进行表扬，同时希望员工们能继续下去，当然员工们都欣然同意。在以后的几个星期内，员工们在星期五都自愿留下来加班，而邓先生也每两个星期请员工们吃一次饭，这样过了一个月，员工们对此开始厌倦，并戏称邓先生的请客吃饭是"鸿门宴"。邓先生及时得到了这一反馈信息，并签发了一项新规定：凡星期五加班的，加班费按正常时间的四倍计，累计加班时间满20小时的可休假一天。事实证明该规定非常有效。现在，员工们都愿意在星期五加班了。

【思考题】

1. 试用你学过的激励理论分析员工为什么对周五加班从愿意到厌倦、又到愿意。
2. 如果采用惩罚策略，是否也能起作用？为什么？

☺ 模拟实训

激励的重要性

1. 实训目标

（1）让学生了解激励的重要性。

（2）增强学生对激励的感性认识。

（3）培养学生运用激励的能力。

2. 实训内容

（1）组织一次长跑运动，最先到达的一组获得奖品。

（2）运用所学的激励理论鼓励在长跑中落后的队员。

（3）对激励的结果进行评价，分析激励在活动中所起的作用，想想有哪些激励的方法。

（4）班级相互交流，谈谈对"激励"有什么新认识。

3. 实训组织

（1）把学生分成若干个小组，每5～7人一组并且选出一名队长。

（2）场地：室外。

（3）道具：运动鞋、背包及奖品。

4. 实训考核

（1）在这次活动中，"激励"起到了什么作用？试写出简要报告。

（2）由教师与学生对各组情况作出评估，由教师对活动报告进行评分。

◉ 游戏活动

对别人的肯定

1. 目的

激励人们说出对别人的肯定的看法。

2. 时间

30 分钟。

3. 应用

激励方法。

4. 程序

（1）把全班同学分成两人一组，要求每个人写下 4～5 件在同伴身上注意到的事，但必须全部是肯定的（如穿着整齐、声音悦耳、善于倾听等）。

（2）在他们写了几分钟以后，每两个人组成一个小组进行讨论，每人说出他/她写了同伴哪些事，并展开讨论。

5. 总结与评估

（1）恰如其分，不失时机地赞美别人，无疑对提高对方自信心、建立友好关系必不可少。

（2）作为领导，更要多对下属予以肯定。

项 目 小 结

本项目围绕管理者的组织与人事职能设计了相关基本知识，设置了重要知识、课堂讨论等栏目，体现了对一些重要理论知识的重组。

本项目进程以任务先行开始，以项目任务小结结束，希望读者在完成项目任务之后，能够及时进行自我的过程性评价。

本项目技能目标：完成本项目后，读者应该能够把握组织、组织文化、员工薪酬与激励的丰富内涵，以组织与人事管理技能指导日常管理活动，同时为将来成为合格的管理者奠定良好的基础。

项目四

探究管理的领导、沟通与控制职能

◉ **知识目标**

通过完成本项目，你应该能够：

1. 认识组织的内涵与职能；
2. 了解组织设计的原则与内容；
3. 掌握主要的组织结构形式和人力资源规划的程序；
4. 熟悉人员配备的原则、人员选聘的标准及薪酬管理等。

◉ **技能目标**

1. 设计组织结构；
2. 合理配备人员以及薪酬的设计。

◆ 项目任务
   任务九　培养领导技巧
   任务十　学会有效沟通
   任务十一　实施有效控制
◆ 项目解析
◆ 故事导入
◆ 案情介绍
◆ 案例导读
◆ 课堂讨论
◆ 案例分析
◆ 模拟实训
◆ 游戏活动
◆ 项目小结

▶▶ **项目解析**

　　尊敬的读者：我们每天都生活在领导、沟通与控制中，见过不少的领导者、沟通方式以及控制方法，我们也都不知不觉地在参与其中。那么，管理者呢，更是如此，他们离不开这些管理职能。好了，从现在开始，我们将引领你走进管理的领导、沟通和控制理论，一层一层地揭开它神秘的面纱！

　　为了更好地把握这些基本理论，为完成今后各项任务打下坚实基础，首先请尝试完成本项目：探究管理的领导、沟通和控制职能。

　　为了方便你掌握管理的领导、沟通与控制职能，我们又将本项目分为三个任务：

　　任务九　培养领导技巧

　　任务十　学会有效沟通

　　任务十一　实施有效控制

　　你可以对照知识目标以及技能目标，反复演练，有的放矢地依次完成各项任务，直至完成本项目，为早日成为现代管理者做好准备。

任务九　培养领导技巧

◥ **任务提示**

　　本任务将引领你明确领导的概念，以及领导的理论和方法！

◥ **任务先行**

　　什么是领导？它是怎样来到我们身边的？它是研究什么的？要了解这些问题，请往下看！

第一部分　故事与案例

⟳ **故事导入**

两 只 刺 猬

　　两只困倦的刺猬，由于寒冷而拥在一起。可因为各自身上都长着刺，于是它们离开了一段距离，但又冷得受不了，于是又凑到一起。几经折腾，两只刺猬终于找到一个合适的距离：既能互相获得对方的温暖而又不至于被扎。

　　从这则寓言故事中，我们可以领悟出企业管理中的道理："刺猬"法则就是人际交往中的"心理距离效应"。领导者要搞好工作，一方面应该与下属保持亲密关系，这样做可以获得下属的尊重。另一方面要与下属保持心理距离，避免在工作中丧失原则。

⊃ 案情介绍

动物园的骆驼

在动物园里的小骆驼问妈妈："妈妈，为什么我们的睫毛那么的长？"骆驼妈妈说："当风沙来的时候，长长的睫毛可以让我们在风暴中都看得到方向。"小骆驼又问："妈妈，为什么我们的背那么驼，丑死了！"骆驼妈妈说："这个叫驼峰，可以帮我们储存大量的水和养分，让我们能在沙漠里耐受十几天的无水无食条件。"小骆驼又问："妈妈，为什么我们的脚掌那么厚？"骆驼妈妈说："那可以让我们重重的身子不至于陷在软软的沙子里，便于长途跋涉啊。"小骆驼高兴坏了："哇，原来我们这么有用啊！！可是妈妈，为什么我们还在动物园里，不去沙漠远足呢？"

⊃ 案例解读

毋庸置疑，每个人的潜能都是无限的，问题的关键在于找到一个能充分发挥潜能的舞台。好的管理者就是能为每一个员工提供这个合适的舞台的人，管理者需要细心观察，找到每一个员工的特长，并尽可能地为他们提供适合他们发展的舞台。一个好领导不一定是业务能力最强的人，但他一定是个懂得惜才、用才的人。

第二部分 任务学习引导

重要知识

领导的定义

领导是指管理者依靠其影响力，通过激励、沟通、指挥等手段，带领被领导者或追随者，去实现组织目标的活动过程。

9.1 认知领导

9.1.1 领导的含义

领导的基本含义可以从以下几个方面理解。

（1）领导包含领导者和被领导者两个方面。

领导者是指能够影响他人并拥有管理的职位权力、承担领导职责、开展领导工作的人。领导者一定要有领导的对象，如果没有被领导者，领导者将变成"光杆司令"，领导工作就失去意义，领导职能也就不复存在。在领导过程中，下属都甘愿追随领导者并接受领导者的指导。

（2）领导是一种活动，是引导人们的行为过程，是领导者带领、引导和鼓舞下属去完成工作、实现目标的过程，是管理的一项重要职能。

（3）领导的基础是领导者的影响力。

领导者拥有影响被领导者的能力或力量，它既包括由组织赋予的职位权力，也包括领导者个人所具有的影响力。一个领导者如果一味地行使职权而忽视社会和情绪因素的影响力，就会使被领导者产生逃避或抵触行为。当一个领导者的权力不能使下属跟随他时，领导工作就是无效的。

（4）领导施加影响力的方式或手段主要有激励、沟通和指挥。

激励是指管理者通过作用于下属来激发其动机、推动其行为的过程。激励的具体形式包括能满足人的需要，特别是心理需要的种种手段。激励具有自觉自愿性、间接性和作用持久性等特点。激励是管理者调动下属积极性，增强群体凝聚力的基本手段。

沟通是指管理者为有效开展工作而交换信息、交流感情、协调关系的过程。具体形式包括：信息的传输、交换与反馈，人际交往与关系融通，说服与促进态度（行为）的改变等。这是管理者保证管理系统有效运转，提高整体效应的经常性手段。

指挥是管理者凭借权力，直接命令或指导下属行事的行为。指挥的形式有：部署、命令、指示、要求、指导、帮助等。指挥具有强制性、权威性、统一性等特点。指挥是管理者最经常使用的领导手段，其前提和条件是权力。

（5）领导的目的是为了实现组织的目标。不能为了领导而领导，不能为了体现领导的权威而领导。领导的根本目的在于影响下属为实现组织的目标而努力。

9.1.2 领导与管理的联系与区别

1. 联系

从行为方式看，两者都是一种在组织内部通过影响他人的协调活动，实现组织目标的过程。从权力的构成看，两者也都是组织层级的岗位设置的结果。

2. 区别

从本质上看，管理是建立在合法的、有报酬的和强制性权力基础上的对下属命令的行为。而领导则可以建立在合法的、有报酬的和强制性权力基础上的，也可以并且更多的是建立在个人影响权和专长权以及模范作用的基础上，且两者所担负的工作内容不同。管理和领导的具体区别如表9-1所示。

表 9-1 管理和领导的区别

比较项目	管 理	领 导
从职能上看	管理的范围大。	领导行为是属于管理的范围。
从岗位上看	管理者未必是领导者。	领导者必定是管理者。
制订计划	为达成目标，制订出详细的步骤和计划进度，进行资源分配。	展现未来的前景与目标，指明达到远景目标的战略。
组织和人员配备思路	组建所需组织结构及配备人员，规定权责关系，制定具体政策和规程，建立一系列的制度监督下属的工作状况。	重在指导人员；同协作者沟通，指明方向、路线；帮助人们更好地理解目标、战略及实现目标后的效益；引导人们根据需要组建工作组、建立合作伙伴关系。

比较项目	管 理	领 导
执行	在执行中强调采用控制的方式来解决问题；通过具体而详细的计划监督进程和结果。	一般采取鼓动和激励的方式。在思想上动员和鼓励人们克服工作中的障碍与困难，推动各项工作顺利开展。
效果	一般只能发挥组织成员的现有能力。	可充分挖掘组织成员的潜在能力。

9.1.3 领导的实质

领导实质上是一种对他人的影响力，即管理者对下属及组织行为的影响力，这种影响力能改变或推动下属及组织的心理与行动，为实现组织目标服务。这种影响力可以称为领导力量或者领导者影响力，管理者对下属及组织施加影响力的过程就是领导的过程。领导者对下属及组织的影响力来自两方面：一是权力（又称为制度权力）影响力，二是非权力（又称为个人权力）影响力。

1. 权力影响力

1）权力影响力概述

权力影响力包括法定的权力、强制的权力、奖励的权力。它由组织正式授予管理者并受组织规章的保护。这种权力与特定的个人没有必然的联系，它只同职务相联系。权力是管理者实施领导的基本条件。没有这种权力，管理者就难以有效地影响下属，实施真正的领导。

第一，法定的权力来自于上级的任命。组织正式授予领导者一定的职位，从而使领导者占据权势地位和支配地位，使其有权对下属发号施令。这种支配权是管理者的地位或在权力阶层中的角色所赋予的。

第二，强制的权力是和惩罚权相联系的迫使他人服从的力量。在某些情况下，领导者是依赖于强制的权力与权威施加影响的，对于一些心怀不满的下属来说，他们不会心悦诚服地服从领导者的指示，这时领导者就运用惩罚权迫使其服从。这种权力的基础是下属的惧怕。这种权力对那些认识到不服从命令就会受到惩罚或承担不良后果的下属的影响力是最大的。

第三，奖励的权力是在下属完成一定的任务时给予相应的奖励，以鼓励下属的积极性。这种奖励包括物质奖励，如奖金等，也包括精神的奖励，如晋升等。按照交换原则，领导者通过提供心理上或经济上的奖酬来换取下属的遵从。

2）影响权力影响力的主要因素

构成权力影响力的影响因素主要有以下几个。

第一，传统观念。几千年的社会生活，使人们对领导者形成心理观念，由此产生了对领导者的服从感。由于这种传统观念从小就影响着每一个人的思想，从而增强了领导者言行的影响力。

第二，职位因素。由于领导者凭借所授予的指挥他人开展具体活动的权力，可以左右被领导者的行为、处境，甚至前途命运，从而使被领导者对领导者产生敬畏感。领导者的职位越高，权力越大，下属对他的敬畏感越强，领导者的影响力也越大。

第三，资历的影响。一个人的资历与经历是历史性的东西，它反映了一个人过去的情况。一般而言，人们对资历较深的领导者，心目中比较尊敬，因此其言行也容易在人们的心灵占据一定的位置。

权力是通过正式的渠道发挥作用的。当领导者担任管理职务时，由传统心理、职位、资历构成的权力影响力会随之产生，当领导者失去管理职务时，这种影响力将大大削弱甚至消失。

2. 非权力影响力

1）非权力影响力概述

非权力影响力包括专长影响力和品质影响力两种。

第一，专长影响力是指领导者具有各种专门知识和特殊技能或学识渊博而获得同事及下属的尊重和佩服，从而在各项工作中显示出的在学术上或专长上的举足轻重的影响力。这种影响力的影响基础通常是狭窄的，仅仅被限于专长范围之内。

第二，品质影响力是指由于领导者优良的作风、思想水平、品德修养，而在组织成员中树立的德高望重的影响力。这种影响力是建立在下属对领导者承认的基础之上的，它通常与具有超凡魅力或名声卓著的领导者相联系。

2）构成非权力影响力的主要因素

构成非权力影响力的影响因素有以下几个。

第一，品格。主要包括领导者的道德、品行、人格等，优秀的品格会给领导者带来巨大的影响力。因为品格是一个人的本质表现，好的品格能使人产生敬爱感，并能吸引人，使人模仿。下属常常希望自己能像领导者一样。

第二，才干。领导者的才干是决定其影响力大小的主要因素之一。才干通过实践来体现，主要反映在工作成果上。一个有才干的领导者，会给其事业带来成功，从而使人们对他产生敬佩感，吸引人们自觉地接受其影响。

第三，知识。一个人的才干是与知识紧密地联系在一起的。知识水平的高低主要表现在对自身和客观世界认识的程度上。知识本身就是一种力量。知识丰富的领导者，容易取得人们的信任，并由此产生信赖感和依赖感。

第四，感情。感情是人的一种心理现象，它是人们对客观事物好恶倾向的内在反映。人与人之间建立了良好的感情关系，便能产生亲切感；相互的吸引力越大，彼此的影响力也越大。因此，一个领导者平时待人和蔼可亲，关心体贴下属，与群众的关系融洽，他的影响力就往往较大。

由品格、才干、知识、感情因素构成的非权力影响力，是由领导者自身的素质与行为造就的。在领导者从事管理工作时，它能增强领导者的影响力。在不担任管理职务时，这些因素仍会对人们产生较大的影响。

领导工作有效性的核心内容就是领导者影响力的大小及其有效程度。管理者要实施有效的领导，最关键的就是要增强其对下属及组织影响力的强度与有效性。如何提高影响力的机制与途径，一般有最常见的三种手段，即激励、沟通、指挥，其相关内容在以后的各项任务中将具体谈到。

9.1.4 领导的作用

1. 带领组织成员共同实现组织目标

领导工作的一个重要作用就在于引导组织中的全体人员有效地理解和领会组织目标，协调组织成员的关系和活动，使组织成员充满信心、步调一致地朝着共同的目标前进。

2. 指挥作用

在组织活动中，需要有高瞻远瞩、运筹帷幄的领导者，帮助组织成员认清所处的环境和形势，指明组织活动的目标和达到目标的途径。领导者通过激励、沟通、指挥、指导活动，推动组织成员最大限度地实现组织的目标。在整个活动中，要求领导者作为带头人来引导组织成员前进，鼓舞人们去奋力实现组织的目标。只有这样，才能真正发挥指挥的作用。

3. 有利于调动组织成员的积极性

从事社会活动的人是具有不同的需求、欲望和态度的。人的身上蕴藏着任何一个组织所需要的生产力。领导就可以诱发这一力量，通过领导工作就能够调动组织中每个成员的积极性、主动性和创造性，使其以高昂的士气自觉、自动地为组织做出贡献。

4. 有利于个人目标与组织目标趋于统一

人们的个人目标有很多，并且也不统一，有的是为了获得高收入，有的为名望，有的是为工作的挑战性，有的是为得到上级领导的认可与肯定，有的是为了实现自我价值等，不一而足。一旦他们加入某个组织工作时，就会想方设法去努力实现自己的个人目标。然而，个人目标与组织目标就不见得一致，长此以往，将不利于组织目标的实现。通过领导工作，就可以去帮助他们认识个人对组织、对社会所承担的义务，让他们体察到个人与组织的密切关系，进而使他们主动地放弃一些不切实际的要求，自觉地服从于组织目标。所以，领导者也要创造一种环境，在实现组织目标的同时，在条件允许的范围内，满足个人的需求，使人们对组织产生自然的信赖和依赖的感情，从而为加速实现组织目标而做出努力。

知识拓展9-1

贝尔纳效应：组织的领导者应具有伯乐精神和绿叶精神

兴趣过于广泛、思维过于发散，对科学创造是非常不利的，后人就将这种现象称为贝尔纳效应。

9.2 选择领导方式

9.2.1 领导理论

1. 人性假设理论

从以上的各种领导方式可以看出：对人性的基本看法，从根本上影响着领导方式，所以，对人性问题的研究几乎是伴随着领导科学的产生和发展进行的。19世纪末以来，随着管理科学的长足发展，先后出现了人性假设理论：19世纪末到20世纪初，出现了以泰罗为代表人物的"经济人"的人性假设理论；20世纪30年代，出现了以梅奥为代表人物的"社会人"的人性假设理论。下面我们对管理学的人性假设理论作逐一介绍。

1）"工具人"假设

"工具人"的人性假设产生于管理学尚未正式形成的时期。"工具人"的人性假设，严格地讲，还未形成系统的人性理论，它只是在当时绝大多数管理者思想中普遍存在的一种观念。"工具人"的人性观认为，人在生产活动中所起的作用和机械的作用没有多大的区别，管理的任务就在于迫使工人像机械一样去工作。因而，被管理者成了被动的生产工具。在这种观点指导下的管理方式，就是"大棒式"的管理，这种"大棒式"的管理主要是应用各种各样的处罚手段进行强制性管理。在这样的管理下，工人生产的劳动积极性和效率是有限的。

2）"经济人"假设

（1）"经济人"假设又称"惟利人"假说。

"经济人"假设理论认为人的行为就是为了追求最大利益，工作的目的就是为了物质上的报酬。"经济人"假设认为：人生来就是懒惰的，不愿意负任何责任，宁愿让别人领导与指挥；参加工作都是为了自己的生理和安全需要，只有金钱和物质利益才能刺激他们工作。"经济人"假设理论的代表人物是泰罗。

（2）关于"经济人"假设理论的评价如下。

第一，优点在于提出了一切管理都不能单凭个人的经验、个人意见来决定，而应依据科学实验和科学分析。

第二，这种理论也存在一些致命的弱点：它忽视了人在生产过程中行为活动的心理动机，把工人当成机器的一部分；它忽视管理组织的作用，低估了统一指挥在整个管理过程中的作用。

与"经济人"假设这种人性相适应，管理者采用的是"胡萝卜加大棒"的管理方式，注重物质刺激，并实行严格的监督和控制。

3）"社会人"假设

（1）"社会人"假设又称"社交人"假设。

该假设认为人是社会人，调动人的工作积极性最重要的因素不是物质利益，而是工作人的社会心理需要的满足程度；组织成员的"士气"是提高生产率最重要的因素；重视人际关系的协调；重视非正式组织的影响，鼓励组织成员参与管理。

（2）关于"社会人"人性假设的评价如下。

"社会人"假设注意到了员工的心理方面的需要，这和"经济人"假设相比是一个重大的进步，使人得到了尊重。这种假设要求管理者在管理过程中要营造一种和谐的人际关系氛围，使组织成员在良好的社会关系中积极地工作。

4）"自我实现人"假设

（1）"自我实现人"是指每个人都需要发挥自己的潜力，表现自己的才能，只有自己的才能表现出来，自己才能得到最大的满足。

"自我实现人"假设认为，人生来就是勤劳的，不但愿意工作而且积极主动地工作；在工作中能进行自我监督和控制。

（2）"自我实现人"假设的评价如下。

"自我实现人"假设比"社会人"假设又前进了一步，它更关心员工的高层次需要和自我价值的体现，这是人本理论的进一步发展。这种假设下，管理人员要给下属提供施展才能的机会和舞台。

5）"复杂人"假设

（1）"复杂人"假设的思想如下。

"复杂人"假设认为：人的需要是复杂多样的，而且是随着人的发展和生活条件的变化而发生变化的，并且需要的层次也不断发生改变；人在组织中的生活条件和工作是不断变化的，因而会不断产生新的需要和动机。

（2）"复杂人"假设的评价如下。

由于人的需要多种多样，并且还不断发生改变，所以，在管理方式上，就不会有固定的、普遍适用的模式，而应该因时、因地、因环境而宜。

2. 领导理论

研究有关领导问题的理论可以归结为三大类：领导特性理论、领导行为理论和领导权变理论。

1）领导特性理论

特性理论是最古老的领导理论。管理学家长期地进行了对领导者特性的研究。他们关注领导者个人性格，并试图确定能够造就伟大管理者的共同特性，这实质上是对管理者素质进行的早期研究。

管理学家的研究主要集中在三个方面：① 身体特征，如领导者的身高、体重、体格健壮程度、容貌和仪表等；② 个性特征，如领导者的魅力、自信心和心理素质等；③ 才智特征，如领导者的判断力、语言表达才能和聪慧程度等。

尽管一些杰出的领导者的特性差异很大，很难确定几条完全统一的公认特性，但到20世纪90年代，特性理论研究者还是提出了一些反映有效领导者特性的个性特点，具体有以下几个。

第一，努力进取。成功的领导者必须具有对成功的强烈欲望，勇于进取，奋斗不息。

第二，领导动机。有强烈的权力欲望，在领导他人取得成功的过程中满足和自我激励。

第三，正直。领导者必须胸怀正义，言行一致，诚实可信。

第四，自信。面对挑战与困境，领导者都能充满自信，并能坚定其下属的信心。

第五，业务知识。高水平的领导必须有很高的业务素质。

第六，感知别人的需要与目标，并具备善于有针对性地调整自己领导方式的能力。

2）领导行为理论

领导行为理论认为，领导者最重要的方面不是领导者个人的性格特征，而是领导者实际在做什么。主要的理论有坦南鲍姆和施米特的领导行为连续统一体理论、利克特的四种管理模式、美国俄亥俄州立大学的研究人员的领导行为四分图理论、布莱克和穆顿的管理方格理论、PM 型领导行为理论（P、M 分别是 Performance-Directed 与 Maintenance-Directed 的首写字母，代表两种典型的领导方式）等。下面主要介绍领导行为连续统一体理论和管理方格理论。

（1）领导行为连续统一体理论是由坦南鲍姆和施米特提出来的。

这一理论认为，领导方式是一个连续变量，从"独裁式"的领导方式到极度民主化的"放任式"领导方式之间存在着多种领导方式，不能抽象地讲某一种领导方式好，而另一种不好。好与不好只是相对而言，具体要取决于各种客观的因素。这一理论从"独裁式"的领导方式到极度民主化的"放任式"领导方式之间列举出了七种有代表性的模式，分别是：

第一，经理作出决定并宣布；

第二，经理说服下级接受决定；

第三，经理提出计划，但征求意见；

第四，经理提出初步的决策方案，同下级交换意见；

第五，经理提出问题，征求意见，然后作出决定；

第六，经理规定界限，请小组作决定；

第七，经理允许下级在上级规定的界限内行使职权。

上述这些模式不能简单抽象地认准哪一种模式好或不好，而应根据具体情况来选用。

（2）管理方格理论是由布莱克和穆顿提出来的。

这一理论采用两种因素的不同组合来表示领导者的行为。这两种因素分别是对生产的关心程度和对人的关心程度。将这两种因素用二维坐标来表示，横坐标表示对生产的关心程度，纵坐标表示对人的关心程度，作图后就形成了管理方格图，如图 9-1 所示。这张方格图有 81 种领导方式，其中最具代表性的有五种。

第一，1.1 型，放任式领导。这种领导方式对生产和人的关心程度都很小，领导仅仅扮演一个"信使"的角色，即把上级的信息单纯地传达给下级。

第二，9.1 型，任务式领导。这种领导方式对生产和工作的完成情况很关心，但是很少重视下属的心理、情绪和发展状况。

第三，1.9 型，关系式领导。这种领导方式只注重去创造一种良好的人际关系环境，让组织中的每一个人都感到轻松、友好和快乐，很少去关心其工作和任务的完成情况及存在的问题。

第四，5.5 型，中庸式领导。这种领导方式对人和生产都有中等程度的关心，其目的是维持正常的生产效率和人际关系。

第五，9.9 型，集体式领导。这种领导方式无论对于人员还是生产都表现出最大可能的献身精神，通过协调、综合等活动来提高生产和组织士气。布莱克和穆顿认为，只有这种领导才是真正的"集体的管理者"，他们能够把企业的生产需要同个人的需要紧密地结合起来。

3）领导权变理论

权变理论又称情景理论，是在特性理论与行为理论的基础上发展起来的，反映了现代管理理论发展的重要趋势。权变理论认为，世界上不存在一种普遍适用、唯一正确的领导方式，只有结合具体环境，采取因时、因地、因事、因人制宜的领导方式，才是有效的领导方式。有影响力的权变领导理论主要有：菲德勒的随机制宜领导理论、罗伯特·豪斯的途径—目标理论、阿吉利斯的不成熟—成熟理论、科曼的领导生命周期理论、赫塞和布兰查德的情景领导理论。下面主要介绍菲德勒的随机制宜领导理论。

菲德勒的随机制宜领导理论认为各种领导方式都可能在一定环境内有效，这种环境是多种外部与内部因素的综合作用的结果。

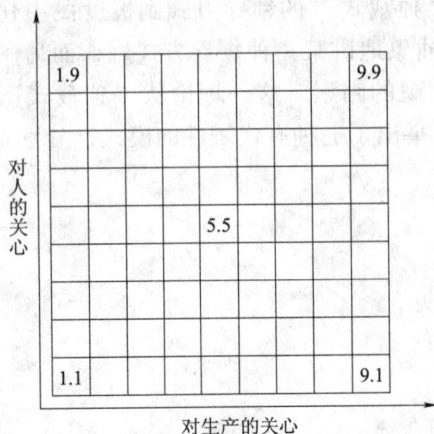

图9-1 管理方格图

菲德勒将权变理论具体化为三个方面，即职位权力、任务结构和上下级关系。所谓职位权力是指领导者所处的职位具有的权力的大小，或者说领导的法定权、强制权、奖励权的大小。权力越大，群体成员遵从指导的程度越高，领导的环境也就越好；反之，则越差。任务结构是指任务的明确程度和下属对这些任务的负责程度。如果这些任务越明确，而且下属责任心越强，则领导环境越好；反之，则越差。上下级关系是指下属乐于追随的程度。如果下级对上级越尊重，并且乐于追随，则上下级关系越好，领导环境也越好；反之，则越差。

菲德勒认为环境的好坏对领导的目标有重大影响。对低LPC（Least-Preferred Co-worker，最难共事者）型领导来说，比较重视工作任务的完成。如果环境很差，他将首先保证完成任务；当环境较好时，任务能够完成，这时他的目标将是搞好人际关系。对高LPC型领导来说，比较重视人际关系。如果环境较差，他将首先将人际关系放在首位；如果环境较好，人际关系也比较融洽，这时他将追求完成工作任务。

菲德勒模型认为，领导者的风格是不能改变的，一旦领导风格与情境发生冲突，可以采取的措施是：更换领导者或改变情境以适应领导者。

某一领导风格，不能简单地区分优劣，因为在不同条件下都可能取得好的领导绩效。换言之，在不同情况下，应采用不同的领导方式。

9.2.2 领导方式

领导方式是指领导者与被领导者之间发生影响和作用的方式。按照不同的标准可对领导类型进行不同的划分。

1. 按权力控制程度划分

按权力控制程度划分，可分为集权型领导、分权型领导和均权型领导。

集权型领导是工作任务、方针、政策及方法，都由领导者决定，然后布置给下属执行。

分权型领导是领导者只决定目标、政策、任务的方向，对下属在完成任务各个阶段上的日常活动不加干预。领导者只问效果，不问过程与细节。

均权型领导是领导者与工作人员的职责权限明确划分。工作人员在职权范围内有自主权。这种领导方式主张分工负责、分层负责，以提高工作效率，更好地达成目标。

2. 按领导重心所向划分

按领导重心所向划分，可以分为"以事为中心"的领导、"以人为中心"的领导、"人事并重式"的领导。

"以事为中心"的领导者认为，是以工作为中心，强调工作效率，以最经济的手段取得最大工作成果，以工作的数量与质量及达成目标的程度作为评价成绩的指标。

"以人为中心"的领导者认为，只有下属是愉快的、愿意工作的，才会产生最高的效率、最好的效果。因此，领导者尊重下属的人格，不滥施惩罚，注重积极的鼓励和奖赏，注意发挥下属的主动性和积极性，注意改善工作环境，注意给予下属合理的物质待遇，从而保持其身心健康和精神愉快。

"人事并重式"的领导者认为，既要重视人，也要重视工作，两者不可偏废。既要充分发挥主观能动性，也要改善工作的客观条件，使下属既有饱满的工作热情，又有主动负责的精神。领导者对工作要求严格，必须按时保质保量地完成工作计划，创造出最佳成果。

3. 按领导者的态度划分

按领导者的态度划分，可分为体谅型领导、严厉型领导。

体谅型领导是领导者对下属十分体谅，关心其生活水平，注意建立互相依赖、互相支持的友好关系，注意赞赏下属的工作成绩，提高其工作水平。

严厉型领导是领导者对下属要求十分严厉，重组织、轻个人，要求下属牺牲个人利益服从组织利益，明确每个人的责任，执行严格的纪律，重视监督和考核。

4. 按决策权力大小划分

按决策权力大小划分，可分为专断型领导、民主型领导、自由型领导。

专断型领导是领导者把决策权集于一人手中，这种领导方式可以说是权威式的以行政权威推行工作，下属无权参与，没有自主权，完全处于被动的地位；重视行政手段，严格规章制度，缺乏灵活弹性。由于决策错误或客观条件变化，贯彻执行发生困难时，不查明原因，多归罪于下级。对下级奖惩缺乏客观标准，只是按领导者的好恶决定。

民主型领导是一种权力集中在集体，重大决策和政策均由集体成员参与讨论决定，共同执行的领导方式。领导者同下属互相尊重，彼此信任。领导者通过交谈、会议等方式同下属交流思想，商讨决策，注意按职授权，注重使下属能自主发挥应有的才能。奖惩有客观标准，不以个人好恶行事。

自由型领导是一种自由放任、各行其是、各自为政的领导方式。采用这种领导方式的领导者对工作关心不多，任其自然，所以，又称放任型领导方式。领导者有意分散领导权，给下属以极大的自由度。

知识拓展9-2

权威效应：引导和改变下属的工作方式和行为

一个人要是地位高，有威信，受人敬重，那他所说的话及所做的事就容易引起别人重视，并让他们相信其正确性，即"人微言轻、人贵言重"。

🗐 课堂讨论！

完成本任务后，请进行自我测试：
你是否已明确领导的深刻内涵？

● 帝王之道论管理－9

唐太宗李世民：任用贤能

唐太宗李世民能任用贤能，从善如流，闻过即改，视民如子，不分华夷，开创了"贞观之治"，是中国人千年称颂的好皇帝。

首先，他不拘一格用人才，对人才的使用及领导达到了极高的境遇。

其次，他独具慧眼，看到了个人力量的不足，充分认识到君王如石、良臣如匠，方有美玉问世，对大臣的各项进步之言豁达地予以采纳。

再次，他不独断专行，初步确立了尚书省、中书省、门下省三个政府机构之间权力分立、互相监督的政治管理制度，规定法令甚至包括自己（影响国家政策的那一部分）旨意需门下省审查副署后方可生效发布，保证了政策的可行性，及时发现问题并加以纠正，在一定程度上杜绝了不良政策对国家及人民的危害与影响。

第四，他认识到人命至重、不可妄杀的法政政策，规定死刑需三复奏（外地五复奏）复审批准后方可行刑，这就不难让人们想起贞观四年（630年）全国判死刑的才29人、贞观六年（632年）全国死刑犯390人，太宗审查时令全部390人回家团年，待来年秋收后回来复刑，结果390人均准时到来，无一人逃亡。

第五，他倡导廉政、节俭、朴素，重视农田水利。李世民在廉政建设方面是做得相当成功的，他并没有像朱元璋那样严惩贪官污吏，而是建立一个廉洁奉公、遵纪守法的中央领导班子，重视地方长官选举。当时朝廷中不少卿相家境贫困，如温彦博、戴胄、于志宁、魏征、张玄素等等，再加上良好风气的宣传和行政监督，及时预防了官员犯错，因此当时的官员相当奉公守法、廉洁自律。太宗皇帝比较注意节俭，不滥用民力，注重与民休息，在当时社会形成了一种朴素求实的作风。此外，太宗皇帝也相当重视农业，京官外巡回京太宗先问及此事，因太子冠礼与农时违背而更改。

综上所述，唐太宗李世民是中国古代历史上的一位伟大政治家、书法家，卓越的领袖，影响中国乃至世界进程的杰出人物，为古代中国的发展做出了巨大贡献，因此受到人们的崇敬。筑东阳先生说："他是继孔子之后中国数一数二的伟人。"

● 任务小结

通过对本任务的学习，同学们可以了解有关领导的方法和理论等一些相关基础知识，理解领导的概念，掌握领导的方式和方法，并能运用领导知识认识身边的领导现象。

第三部分 任务实训

↪ 案例分析

领导者的烦恼

美国参议院的一次会议上，参议员劳森说："当今政府部门遇到的麻烦是，我们有许多领取高薪的行政管理者，但领导者太少了。领导者是天生的，不是任何管理开发培训项目能够造就出来的。我们应该做的事就是为政府挑选该素质的领导人才，这些人具有良好的个人特性，如智慧、活力、魄力、创造力、热情、忠诚、自信心、与人共处的能力、鼓舞下属信心的能力等。"

另一位参议员肯特接着发言："个人素质和特性对于政治领导人是至关重要的。然而，在政府部门中，我们需要的领导者是：既关心工作任务，又关心人。许多研究领导行为的学者已经把这些说清楚了。"

劳森申辩说："我不管这些学者说什么，他们对领导者有什么了解？我们的政府各部门长期苦于缺乏各级领导。我要求政府做一些事情，以保证各行政岗位上都有领导者。"

（资料来源：圣才学习网）

【思考题】

1. 你在何种程度上赞同劳森的观点？
2. 对于肯特的发言，你有什么看法？

⊃ 模拟实训

阅读伟人或企业家传记

1. 实训目标

熟悉各种领导方式的特点。

2. 实训内容

（1）把班级学生分成小组，每个小组 7～10 人，要求每组查找一个伟人或企业家的成功事例。

（2）每个小组结合自己的实际，谈谈自己与他们的差别。

（3）在课堂上组织一次小组之间的交流，每个公司推荐一名成员谈公司的文化建设方案。

3. 实训要求

要求每个学生至少阅读一位伟人或企业家的传记，总结其领导风格与特点，写出实训报告，在课内进行交流。

4. 实训考核

教师根据学生的实训报告和讨论课上的表现给予评价。

◉ 游戏活动

船长的决断

1. 目的

研究在紧急事态时，领导者的态度与能力；比较个人决断与集团决定的优劣。

2. 道具

学生统计用纸、教师统计用纸（见"附件1"）。

3. 时间

90分钟。

4. 程序

（1）说明本次活动的目的、时间、内容等。

（2）分组，选出小组长。

（3）每组发放一张学生统计用纸。

（4）讲解活动发生的背景。

假设每位同学都是船长，即船上的最高指挥官。

船从某地出发，行至某湾，天色在不知不觉中临近暮色了。一路风平浪静，船行驶得极为顺利。突然间，浓雾弥漫，视界不佳，当雷达发现对方船只时，已经造成了避之不及的危险状态，船只果然撞上了。

如果你是船长，就必须采取措施。在表格中列有15个项目（项目的解释见"附件2"），你认为最急切需要处理的写上1，依次列至15。

（5）询问同学是否有疑问。

（6）请在15分钟之内作出个人判断，并写在学生统计用纸上。

（7）小组讨论，时间是40分钟。

（8）小组代表发言。

（9）由教师解释船长的决定。

A—15；B—4；C—6；D—8；E—13；F—11；G—12；H—1；I—3；J—9；K—14；L—2；M—10；N—7；O—5。

（10）计算误差：个人差（|个人顺序－船长顺序|）、小组差（|小组顺序－船长顺序|）、小组个人差（小组个人差之和/小组人数）、全班个人差（全班个人差之和/全班人数）、全班小组差（全班小组差之和/小组数）。

5. 规则

（1）在排序15个项目时，要避免并列顺序出现。

（2）在程序4时，禁止与他人讨论或偷看他人的决策。

6. 教师任务

（1）仔细研读程序及规则，设计整个活动。

（2）在程序4时，防止小组成员之间交头接耳。

（3）回答学生的提问。

（4）组织学生发言，并填写教师统计用表。

（5）记录"误差"。

（6）要求学生思考活动的心得，下次课时选出小组代表发言。

7. 考核标准

小组差最小者获胜；若小组差一致，则小组个人差最小者获胜。

	组长1：		组长2：		组长3：		组长4：		组长5：		小组决定		船长决定
	自排	差	自排	差	自排	差	自排	差	自排	差	自排	差	
A—音乐													
B—救生艇													
C—发电机													
D—地形图													
E—钓具													
F—医药品													
G—绳索													
H—确认状况													
I—紧急事故通知													
J—手放信号													
K—神佛													
L—水闸													
M—援救对手													
N—无线电机													
O—求救信号													
差距合计													

附件1：统计用表

"船长的决断"组之统计表（学生用）

组长：_____   年　月　日

	组长1：		组长2：		组长3：		组长4：		组长5：		船长决定
	自排	差	自排	差	自排	差	自排	差	自排	差	
A—音乐											
B—救生艇											
C—发电机											
D—地形图											
E—钓具											
F—医药品											
G—绳索											
H—确认状况											
I—紧急事故通知											

续表

	组长1:		组长2:		组长3:		组长4:		组长5:		船长决定
	自排	差	自排	差	自排	差	自排	差	自排	差	
J—手放信号											
K—神佛											
L—水闸											
M—援救对手											
N—无线电机											
O—求救信号											
差距合计											—
小组个人平均差											—

附件2：15个项目的说明

A—音乐：为避免船上人员兴奋紧张，放点音乐。

B—救生艇：命令乘员放下救生艇。

C—发电机：命令检查发电机是否处于运转状态中。

D—地形图：检查附近海域图。

E—钓具：分配各救生艇准备钓具。

F—医药品：请船医准备医疗品。

G—绳索：同舟共济，准备捆绑身体的绳索。

H—确认状况：于相撞现场配置乘员，确认事故状况。

I—紧急事故通知：通知船上人员进入紧急事故戒备中。

J—手放信号：让各救生艇准备手放信号。

K—神佛：准备神佛护符。

L—水闸：封锁船体破损区的闸门。

M—援救对手：为救助对方的乘员，而放下救生艇。

N—无线电机：准备搬出携带式无线电机。

O—求救信号：向近航之船只，发出SOS之信号。

任务十　学会有效沟通

❧ **任务提示**

本任务将引领你明确沟通的概念、实施沟通的原则和程序！

❧ **任务先行**

什么是沟通？它是怎样来到我们身边的？它是研究什么的？要了解这些问题，请往下看！

第一部分　故事与案例

⊃ 故事导入

秀才买柴

有一个秀才去买柴，他对卖柴的人说："荷薪者过来！"卖柴的人听不懂"荷薪者"（担柴的人）三个字，但是听得懂"过来"两个字，于是把柴担到秀才前面。

秀才问他："其价如何？"卖柴的人听不太懂这句话，但是听得懂"价"这个字，于是就告诉秀才价钱。秀才接着说："外实而内虚，烟多而焰少，请损之。（你的木材外表是干的，里头却是湿的，燃烧起来，会浓烟多而火焰小，请减些价钱吧。）"卖柴的人因为听不懂秀才的话，于是担着柴就走了。

从这则寓言故事中，我们可以领悟出企业管理中的道理：管理者平时最好用简单的语言、易懂的言词来传达信息，而且对于说话的对象、时机要有所掌握，有时过分的修饰反而达不到想要完成的目的。

⊃ 案情介绍

沟　通

美国知名主持人"林克莱特"一天访问一名小朋友，问他："你长大后想要当什么呀？"小朋友天真地回答："我要当飞机的驾驶员！"林克莱特接着问："如果有一天，你的飞机飞到太平洋上空所有引擎都熄火了，你会怎么办？"小朋友想了想说："我会先告诉坐在飞机上的人绑好安全带，然后我挂上我的降落伞跳出去。"当在现场的观众笑得东倒西歪时，林克莱特继续注视这个孩子，想看他是不是自作聪明的家伙。没想到，这个孩子的两行热泪夺眶而出，这才使得林克莱特发觉这孩子的悲悯之情远非笔墨所能形容。于是林克莱特问他说："为什么要这么做？"小孩的答案透露出一个孩子真挚的想法："我要去拿燃料，我还要回来！！"

⊃ 案例解读

你真的听懂了手下的话了吗？你是不是也习惯性地用自己的权威打断手下的语言？我们经常犯这样的错误：在手下还没有来得及讲完自己的事情前，就按照我们的经验大加评论和指挥。反过来想一下，如果你不是领导，你还会这么做吗？打断手下的语言，一方面容易作出片面的决策，另一方面使员工缺乏被尊重的感觉。时间久了，手下将再也没有兴趣向上级反馈真实的信息。反馈信息系统被切断，领导就成了"孤家寡人"，在决策上就成了"睁眼瞎"。与手下保持畅通的信息交流，将会使你的管理如鱼得水，以便及时纠正管理中的错误，制订出更加切实可行的方案和制度。

第二部分　任务学习引导

沟通的定义

沟通是指为达到一定的目的，将信息、思想和情感在个人或群体间进行传递与交流的过程。

10.1　认知沟通

10.1.1　沟通的含义

要理解沟通的含义，必须从以下三点入手。

1. 沟通的四大要素

管理沟通模型如图 10－1 所示，由此可知，沟通具有以下四大要素。

1）沟通主体

沟通主体又称为信息沟通的发送者。在一个沟通的过程中，总有一方是信息的主动发送者。

2）沟通对象

沟通对象又称为信息的接受者，即在信息沟通过程中处于被动地接受信息的一方。不过，在沟通的不断循环过程中，信息的发送者和信息的发出者的身份会不断改变，特别是在双向沟通中，无论是哪一方，都既要充当信息发送者，又要充当信息的接受者。

3）沟通内容

在沟通的过程中，所传递的信息包含的内容是多种多样的，可分为：事实、情感、价值观、意见、观点等。

4）沟通渠道

渠道是由信息发送者选择的，借以传递信息的媒介物。不同的沟通渠道其沟通效果是不同的，不同的信息内容应当选用不同的沟通渠道。

2. 沟通是一个过程

信息沟通过程是指一个信息发送者通过选定的渠道把信息传递给接受者，这个过程由以下几个步骤组成。

（1）明确要沟通的内容。信息发送者发出信息是因为某种原因希望接受者了解某种事情，因此首先要明确信息内容。

（2）编码。编码是指把信息译成一种双方都能理解的符号，如语言、文字、手势等。要发送的信息只有经过编码，才会有准确的信息沟通。

（3）选择信息传递手段。信息的传递有多种手段可供选择，如口头交谈、书面文件、

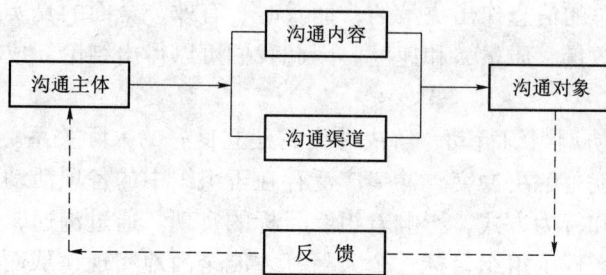

图 10 – 1 管理沟通模型

电话、网络等。

（4）译码。接受者对收到的信息需要进行译码，即研究和理解所收到的信息的内容和含义。这个译码过程关系到接受者是否能正确理解信息，处理不好信息就会被误解。

（5）反馈。接受者把所收到的或理解的信息反馈到发送者那里，供发送者核查。信息的沟通过程中经常受到"噪音"的干扰。所谓噪音就是妨碍信息沟通的任何因素，它可能来自发送者、接受者或传递中各方面。为了检验信息沟通的效果如何，反馈是必不可少的。因为在没有信息反馈证实之前，无法肯定信息是否已经得到有效的编码、传递、译码和理解。

（6）再传递。发送者根据所接收到的反馈信息而再次发出信息，肯定原有的信息传递，或指出已发生的某些偏差并加以纠正。

（7）再反馈。接受者根据所接收到的信息采取行动，或作出自己的反应。信息传递的目的是发送者要看到接受者采取发送者所希望的正确行动。

3. 管理沟通主要发生在人与人之间

人与人之间沟通有许多独特之处。例如，人与人之间的沟通主要是通过语言或文字形式进行的；在沟通中，信息交流的同时包含着情感、思想、态度的交流，沟通双方的心理、态度、知识及价值观都对沟通的结果有重要影响；由于受沟通双方心理、态度、知识等的影响，在沟通中经常出现一些特殊的沟通障碍。

10.1.2 沟通的目的与作用

1. 沟通的目的

组织中沟通的目的是信息分享，使组织的所有行为在既定目标上保持一致。随着组织内外部环境的变化，使得组织必须迅速、准确、及时地掌握组织内外部的各种信息，在充分分析的基础上，重新思考和确定组织的使命和战略目标等，并且在组织内进行激励和部署，使得每名员工都能够分享，并转化和落实到日常工作中，保证组织内部的所有行动与活动与组织的使命和目标保持一致。此外，还要对组织中的各种活动结果等信息进行测量、监控，为采取纠正措施和改进等决策提供依据。显然，组织成员对组织目标了解得越是清楚，越能够采取正确的行动，如果没有组织内外畅通的沟通和信息分享是难以实现的。

2. 沟通的作用

（1）沟通是管理者正确决策的前提和基础。

159

管理者是根据汇总的信息作出决策的，而及时、有效、全面的真实的信息能够极大的改进管理者获取信息的数量、质量、和速度。因此我们可以得出结论，成功的信息可以提高管理者的决策能力。

（2）沟通有助于协调组织行动，解决冲突，建立良好的人际关系。

沟通的目的之一就是解决冲突。冲突广泛存在于组织中的各项活动中，影响并制约着组织及个体的行为倾向和行为方式，影响着组织目标的实现。通过沟通，使个体了解组织，了解形势，认识到只有实现了组织目标，个人目标才能全面地实现，从而引导个体努力使自己的行为与组织目标相一致。

（3）有效沟通可以提高组织效率，促进组织的变革、创新。

领导者的决策要得到及时的贯彻、执行，必须通过沟通将决策的意图完整地传达到执行者那里。信息传递不及时，执行者不能正确理解决策意图，就会影响决策执行的效果，人与人之间，部门与部门之间的有效沟通同样可以促进效率的提高。

此外，组织变革方案需要通过沟通传递给基层群众，取得群众的支持并促进变革的成功；同样，基层的一些好的想法和建议，也需要通过沟通传达给有关领导，取得领导认可并得以实现。

知识拓展10-1

霍桑效应：让员工将自己心中的不满发泄出来

霍桑工厂是美国西部电器公司的一家分厂。为了提高工作效率，这个厂请来包括心理学家在内的各种专家，在大约两年的时间内找工人谈话两万余人次，耐心听取工人对管理层的意见和抱怨，让他们尽情地宣泄出来。结果，霍桑工厂的工作效率大大提高。

10.2 选择沟通方式

在组织内部，沟通的方式和类型多种多样，按照不同的标准可以划分出不同的类型。

10.2.1 按沟通的组织系统划分

按沟通的组织系统划分，可以分为正式沟通和非正式沟通。

1. 正式沟通

正式沟通是以正式组织系统为沟通渠道的信息沟通。例如，组织中各层次之间的联系，横向协作关系进行的沟通。正式沟通是组织内部信息传递的主要方式。大量的信息都是通过正式沟通渠道传递的。正式沟通的优点是：沟通严肃、可靠、约束力强、易于保密、沟通信息量大并且具有权威性。缺点是：沟通速度一般较慢。

正式沟通依赖正式沟通网络来进行。正式沟通网络是根据组织结构、规章制度来设计的，用以交流和传递与组织活动直接相关的信息的沟通途径。正式沟通有五种基本的信息沟通网络形式，分别是链式沟通、轮式沟通、圆周式沟通、全通道式沟通和Y

式沟通。

（1）链式沟通。这种模式发生在一种直线型的层级结构中，沟通只能向上或向下进行，且每一个上级只有一个下级向他报告，而每一个下级也只能接受一个上级的指示。在这种模式下，信息层层传递，路线长，速度慢，且容易发生信息的篡改和失真。

（2）轮式沟通。在这种模式下，多个下级都向同一个上级报告，但下属之间不能沟通。这种模式由于结构层次少，因此信息传递速度快且不容易发生信息失真；组织集中程度高，但下级可以沟通的渠道只有一个，成员满意度较低，组织士气低落。

（3）圆周式沟通。此种模式中，组织成员只能与相邻的成员沟通，而不能与其他人交流，即沟通只能发生在同一部门成员之间或直接上下级之间，不能跨部门沟通，也不能越级沟通。在这种模式下，组织成员往往可以达到比较一致的满意度，组织士气高昂；但由于信息也是层层传递，因此速度较慢并且容易出现信息失真。

（4）全通道式沟通。这是一种开放型的模式。在这种模式下，每一个组织成员可以自由地与其他成员沟通，因此沟通速度快；但由于沟通渠道太多，易造成混乱并降低信息的准确度。这种模式下组织集中化程度低，成员士气旺盛，合作精神强，适合人才聚集的高新技术企业。

（5）Y式沟通。这也是一种只能纵向沟通的模式，表示信息层层传递。在这种模式下，信息传递速度慢且信息容易失真。这种模式下组织的权力集中度高，解决问题快，但成员士气一般。

2. 非正式沟通

非正式沟通是指以组织中的非正式组织体系或以个人为渠道的信息沟通。非正式沟通的优点是：传递信息的速度快，形式不拘一格，并能提供一些正式沟通所不能传递的内幕消息。缺点是：传递的信息容易失真，容易在组织内部引起矛盾，并且较难控制。

10.2.2 按沟通中信息流动的方向划分

按沟通中信息流动的方向可分为上行沟通、下行沟通、平行沟通和斜向沟通。

1. 上行沟通

上行沟通是指下级向上级进行的信息传递。例如，下级向上级请示汇报工作、反映意见等。上行沟通是领导了解实际情况的重要途径。

2. 下行沟通

下行沟通是指上级向下级进行的信息传递。例如，一个组织的上级管理者将工作计划、任务、规章制度向下级传达。下行沟通是组织中最重要的正式沟通方式，通过下行沟通才可以使下级明确组织的计划、任务、工作方针和步骤。

3. 平行沟通

平行沟通是指正式组织中同级部门之间的信息传递。平行沟通是在分工基础上产生的，是协作的前提。做好平行沟通工作，在规模较大、层次较多的组织中尤为重要，它有利于及时协调各部门之间的工作，减少矛盾。

4. 斜向沟通

斜向沟通指的是发生在组织内部既不属于同一隶属关系的，又不属于同一层级之间的信息沟通。这样做可以加快信息的交流，谋求相互之间必要的通报、合作和支持，这种沟通往往带有协商性和主动性。

10.2.3 按沟通所使用语言的方式划分

按沟通所使用语言的方式可分为口头沟通、书面沟通、书面口头混合沟通。

1. 口头沟通

口头沟通是指采用口头语言进行的信息沟通。口头沟通是最常用的沟通方式。其优点是：沟通过程中，信息发送者与信息接受者当面接触，有亲切感，并且可以运用一定的体语、手势、表情和语气等增强沟通的效果，使信息接受者能更好地理解、接受所沟通的信息。其不足之处在于：沟通范围有限；沟通过程受时间和空间的限制；沟通完成后缺乏反复性；对信息传递者的口头表达能力要求比较高。

2. 书面沟通

书面沟通是指采用书面文字形式进行的沟通，如各种文件、报告等。其优点是：严肃、准确、具有权威性、不易被歪曲；信息接受者可以反复阅读以增强理解，信息传递者对要传递的信息所采用的语言可以认真推敲，以便用最好的方式表达出来。不足之处是：应变性较差，只能适应单向沟通。

3. 书面口头混合沟通

书面口头混合沟通是指在沟通过程中，既有书面表达的信息，同时又以口头沟通的方式加以阐述、强调，以使信息接受者加强理解。例如，在一些重要会议中，报告人的报告既以书面形式印发给与会者，报告人又亲自做口头报告，同时还召开有报告人参加的座谈会，以加强信息沟通。书面口头沟通方式兼顾了口头沟通与书面沟通的优点。其不足之处是沟通费用较高，只有一些特别重要的信息，才采用这种沟通方式。

10.2.4 按信息发送者和接受者的地位是否改变划分

按沟通过程中信息发送者与信息接受者的地位是否改变可分为单向沟通和双向沟通。

1. 单向沟通

单向沟通是指信息的发送者与接受者的地位不改变的沟通。在这种沟通中，不存在信息反馈。其优点是：沟通比较有秩序，速度较快。不足之处是：接受者不能进行信息反馈，容易降低沟通效果。

2. 双向沟通

双向沟通是指在沟通过程中信息的发送者与接受者经常换位的沟通。在这种沟通中，存在着信息反馈。其优点是：发送者可以及时知道信息接受者对所传递的信息的态度及理解程度，有助于加强协商和讨论，提高沟通效果。其不足之处是：双向沟通一般费用较高，速度慢，易于受干扰。

知识拓展10-2

杰亨利法则：运用坦率真诚的沟通方式

在企业里，人际的沟通是无可避免的，沟通问题也同样无可避免，开放、真诚、坦率是人际关系中的重要元素，是促进沟通渠道畅通的有效保证。

10.3 实施沟通

10.3.1 沟通障碍与原则

1. 管理中的沟通障碍

阻碍管理沟通的因素是十分复杂的，但大致可以分为以下几个方面。

1）环境方面的沟通障碍

这是指自然环境方面的某些要素可能会减弱或阻断信息的发送或接受。例如，信息传递的空间距离较远、传递中的噪声与干扰、所用沟通工具的运行故障等。

2）制度方面的沟通障碍

这是指在管理沟通观念、领导方式、沟通体制与制度、与沟通相关的权限、职责设置等方面影响沟通的因素。例如，一位专制型、独裁的管理者是很难与下级进行很好的沟通的。

3）心理方面的沟通障碍

沟通主体与沟通对象在个性、心理等方面的因素也会影响管理沟通的顺利进行。例如，一位对管理者心存排斥和偏见的下级是很难接受管理者的正常沟通信息的。

4）语言方面的沟通障碍

语言是管理沟通中最基本的工具。信息发送者如果口齿不清，词不达意或者字体模糊，就难以把信息完整、准确地表达出来；如果使用方言、土语，会使接受者无法理解。在不同国籍之间的交流中这种障碍更明显。受主观理解的影响，接受者在接受信息时，会根据自己的知识经验去理解，按照自己的需要对信息进行选择，从而可能会使许多信息内容被丢失，造成信息的不完整甚至失真。

2. 有效沟通的原则

1）信息传递要贯彻多快好省的原则

所谓"多"是就数量而言，即在单位时间内传递的信息数量要多；"快"是就速度而言，即信息传递要迅速、及时，一条很有价值的信息，如果传递速度过慢，就可能变得毫无价值；"好"是就质量而言，即要消除信息传递中的种种干扰，保持信息的真实性；"省"是就效益而言，要求在较短的时间内，花较少的费用，达到良好的沟通效果。在信息传递中，这几方面互相联系，互相制约，要加以协调。

2）传递信息要区分不同的对象

这一方面是指在传递信息时的目的性，另一方面又指信息传递的保密性。信息是有价值的，但是价值的大小却因人而异，同一信息对不同的人价值不同。因此，要研究不同对象的不同需要，要注意信息传递的目标，确保信息的效用。此外，在提高信息传递的针对性时，也要注意信息的适用范围，考虑到信息的保密度，防止信息大面积扩散、泛滥，给员工造成不必要的心理负担，影响组织成员士气。

3）要适当控制信息传递的数量

在管理中，由于各级主管部门的角色不同，每个组织成员所考虑的问题不同，因此，在信息传递时，要适当注意量的控制。这就是说，应该让下级知道的信息必须尽快传递，适用范围有限的信息则力求保密。在这方面，要注意两种倾向：一种是信息过分保密的倾向。同行各企业、各部门或同班组的员工之间相互保密，妨碍了彼此了解和相互协调。有些本应共有的信息材料，没有向下级部门及时传达，从而使信息阻塞，出现了无端猜疑，影响了个人社会需求的满足。另一种是随意扩散信息的倾向。在传递信息时，不考虑信息的保密程度，不选择信息传递的对象，将所收集的信息随意扩散，导致信息混乱。对于管理者来说，也要注意信息的审查与清理，不能将所有信息全部捅到会议上，增加会议负担，引起心理疲劳。总之，这两种倾向都会导致谣言和小道消息，不利于组织的团结，影响团队士气和工作效率。

4）要控制使用越级传递

所谓越级传递是指撇开管理信息系统的层级关系，使沟通双方直接交流。在管理中，不能过多采用这种方式，但在某些特殊情况下可以控制使用。比如：上级想了解下属的情况；为了迅速处理管理中的重大问题；由于上级主管部门官僚主义严重，会妨碍时效；时效性特别强的信息需要立即向决策者汇报；涉及个人隐私，需要保密的材料，等等。有些企业设立总经理接待日、总经理信箱就是为了了解下属的情况，减轻沟通者的心理压力，以便对信息传递进行控制。

5）合理利用非正式沟通

非正式沟通对于组织活动有有利的一面，也有不利的一面，在某些情况下，非正式沟通往往能够达到正式沟通难以达到的效果，但是它也可能成为散布谣言和小道消息的渠道，产生副作用。对于非正式沟通，管理者应合理利用，实施有效的控制。例如，组织的重要决策要使用正式渠道传递，不能用非正式渠道传递，否则会造成混乱；而宣传理念、相互了解等则可以充分利用非正式渠道。

6）在信息加工处理过程中也需要信息反馈

这是确保信息准确性的一条可靠途径。这种反馈要求是双向的，即下级主管部门经常给上级领导提供信息，同时接受上级领导的信息查询；上级领导也要经常向下级提供信息，同时对下级提供的信息进行反馈，从而形成一种信息循环流。一般来说，无论什么信息，在加工处理后，都需作出反馈，只是方式可以不同。有实际价值的信息可以进行决策，采取行动；没有实际价值或暂时用不上的信息必须及时答复，加以反馈。一条简单有效的控制办法是要把信息加工处理的情况定期反馈给信息提供者。这样做一方面可以提高针对性，减少信息提供部门的盲目性；另一方面可以加强信息发送者和接受者之间的心理沟通，提高团队士气，调动员工参与管理的积极性。

10.3.2　有效沟通的技巧

1. 选择合适的沟通方式

根据沟通的内容和特点，选择不同的沟通方式。如果所要沟通的内容是上级的命令、决策或者是规章制度，则适宜选择正式沟通和书面沟通。若沟通内容属于规章制度以外的问题，或属于组织成员的琐碎小事，则选择非正式沟通或口头沟通效果可能更好。有些人看重制度和程序，与这些人进行沟通，最好选择正式的和书面的沟通方式。而有的人比较注重目的和结果，如能达到目的，可以不顾制度和程序的约束，与这些人进行沟通时，倾向于采取非正式和口头的沟通方式。

2. 有效沟通的行为准则

在长期的管理实践中，成功的管理者为我们提供有效沟通的行为法则，主要有以下几个。

（1）自信的态度。成功的领导者，他们不随波逐流或唯唯诺诺，有自己的想法与作风，但却很少对别人吼叫、谩骂，甚至连争辩都极为罕见。他们对自己了解相当清楚，并且肯定自己，他们的共同点是自信，日子过得很开心，有自信的人常常是最会沟通的人。

（2）体谅他人的行为。这其中包含"体谅对方"与"表达自我"两方面。所谓体谅是指设身处地为别人着想，并且体会对方的感受与需要。在与人交流过程中，当我们想对他人表示体谅与关心，唯有我们自己设身处地为对方着想。由于我们的了解与尊重，对方也相对体谅你的立场与好意，因而作出积极而合适的回应。

（3）适当地提示对方。产生矛盾与误会的原因，如果是由于对方的健忘，我们的提示正可以使对方信守承诺；反之若是对方有意食言，提示就代表我们并未忘记事情，并且希望对方信守诺言。

（4）有效地直接告诉对方。一位知名的谈判专家分享他成功的谈判经验时说道："我在各个国际商谈场合中，时常会以'我觉得'（说出自己的感受）、'我希望'（说出自己的要求或期望）为开端，结果常会令人极为满意。"其实，这种行为就是直言不讳地告诉对方我们的要求与感受，若能有效地直接告诉你所想要表达的对象，将会有效地帮助我们建立良好的人际网络。但要切记"三不谈"：时间不恰当不谈；气氛不恰当不谈；对象不恰当不谈；

3. 学会积极倾听

积极主动的倾听可以帮助人们在沟通过程中获取重要的信息；可以掩盖自身的弱点；可以使你获得友谊和信任。所以在倾听时，要注意以下几点。

1）鼓励对方先开口

（1）倾听别人说话本来就是一种礼貌，倾听表示我们愿意客观地考虑别人的看法，这会让说话的人觉得我们很尊重他的意见，有助于建立融洽的关系，彼此接纳。

（2）鼓励对方先开口可以降低谈话中的竞争意味。我们的倾听可以培养开放的气氛，有助于彼此交换意见。说话的人由于不必担心竞争的压力，也可以专心掌握重点，不必忙着为自己的矛盾之处寻找遁词。

（3）对方先提出他的看法，你就有机会在表达自己的意见之前，掌握双方意见一致之处。倾听可以使对方更加愿意接纳你的意见，让你再次说话的时候，更容易说服对方。

2）使用并观察肢体语言

当我们在和人谈话的时候，即使我们还没开口，我们内心的感觉，就已经通过肢体语言清清楚楚地表达出来了。听话者如果态度封闭或冷淡，说话者很自然地就会特别在意自己的一举一动，比较不愿意敞开心胸。从另一方面来说，如果听话的人态度开放，很感兴趣，那就表示他愿意接纳对方，很想了解对方的想法，说话的人就会受到鼓舞。这些肢体语言包括：自然的微笑，不要交叉双臂，手不要放在脸上，身体稍微前倾，经常看对方的眼睛，并时时点头示意。

3）非必要时，避免打断他人的谈话

善于听别人说话的人不会因为自己想强调一些细枝末节，想修正对方话中一些无关紧要的部分，想突然转变话题，或者想说完一句刚刚没说完的话，就随便打断对方的话。经常打断别人说话就表示我们不愿意听人说话，个性激进，礼貌不周，很难和人沟通。虽然说打断别人的话是一种不礼貌的行为，但是如果是"乒乓效应"则是例外。所谓的"乒乓效应"

是指听人说话的一方要适时地提出许多切中要点的问题或发表一些意见和感想，来响应对方的说法。一旦听漏了一些地方，或者是不懂的时候，要在对方的话暂时告一段落时，迅速地提出疑问之处。

4）反应式倾听

反应式倾听指的是重述刚刚所听到的话，这是一种很重要的沟通技巧。我们的反应可以让对方知道我们一直在听他说话，而且也听懂了他所说的话。但是反应式倾听不是像鹦鹉一样，对方说什么你就说什么，而是应该用自己的话，简要地述说对方的重点。比如，可以说："你说你住的房子在海边？我想那里的夕阳一定很美。"反应式倾听的好处主要是让对方觉得自己很重要，能够掌握对方的重点，让对话不至于中断。

5）弄清楚各种暗示

很多人都不敢直接说出自己真正的想法和感觉，他们往往会运用一些叙述或疑问，百般暗示，来表达自己内心的看法和感受。但是这种暗示性的说法有碍沟通，有时他们话中的用意和内容往往被人所误解，最后就可能会导致双方的失言或引发言语上的冲突。所以一旦遇到暗示性强烈的话，就应该鼓励说话的人再把话说得清楚一点。

6）暗中回顾

整理出重点，并提出自己的结论。当我们和人谈话的时候，我们通常都会有几秒钟的时间，可以在心里回顾一下对方的话，整理出其中的重点所在。我们必须删去无关紧要的细节，把注意力集中在对方想说的重点和对方主要的想法上，并且在心中熟记这些重点和想法。

7）接受说话者的观点

如果我们无法接受说话者的观点，那我们可能会错过很多机会，而且无法和对方建立融洽的关系。尊重说话者的观点，可以让对方了解我们一直在听，而且我们也听懂了他所说的话，我们还是很尊重他的想法。即使说话的人对事情的看法与感受，甚至所得到的结论都和我们不同，他们还是坚持自己的看法、结论和感受，我们也应该理解他们。若是我们一直无法接受对方的观点，我们就很难和对方彼此接纳，或共同建立融洽的关系。除此之外，接受说话者的观点也能够帮助说话者建立自信，使他们更能够接受别人不同的意见。

知识拓展10-3

威尔德定理：有效的沟通始于倾听

说的功夫有一半在听上。一问一答之间就可以受益无穷。在企业内部，倾听是管理者与员工沟通的基础，但在现实中很多人并没有真正掌握"听"的艺术。

📖 **课堂讨论！**

完成本任务后，请进行自我测试：
你是否已明确有效沟通的深刻内涵？

● 帝王之道论管理 –10

明成祖朱棣：为治之道在宽猛适中

永乐十九年（1421年），明成祖迁都北京，以南京为留都。他极力肃整内政，巩固边防，政绩颇著。在文化事业上，加强儒家文化思想的统治，大力扩充国家藏书。

明成祖即位后五次北征蒙古，追击蒙古残部，缓解其对明朝的威胁；疏通大运河；迁都并营建北京，作为历史上第一个定都北京的汉人皇帝，奠定了北京此后500余年的首都地位；组织学者编撰多达3.7亿字的百科全书《永乐大典》；设立奴儿干都司，以招抚为主要手段管辖东北少数民族。更令他闻名世界的是郑和下西洋，前后七次（前六次在永乐年间进行，第七次下西洋在宣德年间进行），最远到达非洲东海岸，促进了中国同东南亚和印度河沿岸国家的沟通。明成祖可谓功绩累累的一代雄主。

朱棣即位之初，对洪武、建文两朝政策进行了某些调整，提出"为治之道在宽猛适中"的原则。他利用科举制及编修书籍等笼络地主知识分子，宣扬儒家思想以改变明初嗜佛之风，选择官吏力求因才而用，为当时政治、经济、军事、文化等方面的发展奠定了思想和组织基础。

● 任务小结

通过对本任务的学习，同学们可以了解有效沟通的一些相关基础知识，理解沟通过程、沟通在管理中的作用及意义，并能运用沟通知识认识身边的沟通状况。

第三部分 任务实训

➲ 案例分析

张经理的沟通经验

某公司张经理在实践中深深体会到，只有运用各种现代科学的管理手段，充分与员工沟通，才能调动员工的积极性，才能使企业充满活力，在竞争中立于不败之地。

首先，张经理直接与员工沟通，避免中间环节。他告诉员工自己的电子信箱，要求员工尤其是外地员工大胆反映实际问题，积极参与企业管理，多提建议和意见。经理本人则每天上班时先认真阅读来信，并进行处理。

其次，为了建立与员工的沟通体制，公司又建立了经理公开见面会制度，定期召开，也可因重大事情临时召开，参加会议的是员工代表、特邀代表和自愿参加的员工代表。每次会议前，员工代表都广泛征求群众意见，提交经理公开见面会上解答。2011年12月，调资晋级和分房两项工作刚开始时，员工议论较多。公司及时召开了会议，经理就调资和分房的原则、方法和步骤等做了解答，使部分员工的疑虑得以澄清和消除，保证了这两项工作的顺利进行。

【思考题】

1. 根据张经理与员工在沟通方式上所做的选择，分析这些沟通方式有何特点。

2. 沟通的主要内容是什么？从这个沟通案例中，分析管理者在沟通中所起的作用。

⟳ **模拟实训**

迷失在海上

1. 实训目标

（1）了解沟通的重要性。

（2）掌握沟通的技巧。

2. 实训内容

你搭乘私人游艇，漂泊在南太平洋上，由于一场无名火，使得游艇的大部分物质和一些设备已被烧毁。现在游艇正慢慢地下沉。由于重要的航海设备已经被烧毁了，你的位置并不明确，而且你和全体游客正在狂乱地想把这场火熄灭。依据你的判断，你正在最接近的陆地的西南方大约500千米的地方。

下面所列的八项物品在这场大火后并没有被损坏，除了这些物品外，还有一个人工橡胶救生筏和几只船桨，足以负载你和全体游客。其他所有生存者的口袋里，还有一包香烟、几盒火柴和五张一元的纸币。

为了你的生存，请你将所列的八项物品，依其重要性加以排列。将最重要的项目写上"1"，次要的写上"2"，以此类推，将最不重要的写上"8"。

这八类物品是：六分仪、五加仑桶装的水、蚊帐、太平洋地图、小型电晶体收音机、驱鲨器、一夸脱的波多黎各 Rican 酒和钓鱼用箱包。

3. 实训要求

（1）课后每位同学对上面各项目加以排列之后，把排列结果先交给老师保留。

（2）按5～7人分成若干组，各组先在课下进行讨论，取得一致意见。这意味着在团队决策之前，这八项物品的每一项排列，必须经过每位团体成员的同意。要求达成一致性是相当困难的。因此，并不是每一项物品的排列，都要每位成员完全同意。然而，作为一个团队，至少要做到大致上同意。应避免采用"降低冲突"的技巧，如多数决、平均决或交换条件。

（3）在课堂上各小组之间进行讨论，然后由老师组织进行全班"公投"，看哪些小组与个人的结果更接近大家的意见。

4. 实训考核

此次实训的主要目标是不论个人还是小组，同学们都能准确、迅速地完成选择决策，对完成效果好的小组和个人进行表扬。考核的主要标准如下：

（1）个人排序迅速准确，上交教师及时；

（2）小组中有适当争论（但需要时，能够提出并坚持自己的观点，不随波逐流），又迅速达成一致（而非不负责任的苟同）；

（3）有较强的说服他人接受自己观点的能力；

（4）排序结果接近大家最终的意见。

● **游戏活动**

画 图

1. 目的

理解不同沟通方式的差异性。

2. 道具

黑板、粉笔、两条丝巾。

3. 时间

30 分钟。

4. 程序

（1）请三位男生和三位女生上台。

（2）两位男生和两位女生各面对黑板左右两侧；另一位女生和另一位男生分别站在这两位男生和两位女生的后面。

（3）请学生用丝巾蒙上看图的男生和女生的眼睛，然后背对着黑板。

（4）蒙上眼睛的同学陈述所看到的图片。

（5）面对黑板的同学根据后面同学所说的画出图形。

（6）陈述的同学摘下丝巾，背对画图者，对画图者的提问，可以用语言回答。

（7）陈述的同学面对黑板，回答画图者的提问。

5. 规则

（1）在程序的第（4）和第（5）步中，画图的同学可以提问，但陈述的同学只能用"点头"或"摇头"作答。

（2）在程序的第（6）步中，禁止陈述的同学回头看黑板。

（3）在程序的第（7）步中，禁止陈述的同学到黑板前指着图形讲解应如何修改。

6. 教师任务

（1）准备两条丝巾。

（2）把三位男生和三位女生编成 2 男 1 女和 2 女 1 男两组。

（3）给 1 女生和 1 男生看一幅图。

（4）在程序的第（4）和第（5）步中，监控陈述的同学是否用"点头"或"摇头"作答。

（5）在程序的第（6）步中，监控陈述的同学是否背对黑板回答问题。

（6）在程序的第（7）步中，监控陈述的同学是否到黑板前指点画图。

（7）请六位同学回到座位上，给同学们展示要画的图片。

（8）组织同学讨论，请部分同学谈谈感想。

（9）总结活动：沟通的障碍是什么？如何进行有效的沟通？

7. 考核标准

与所示图片相同者获胜（没有获胜者的几率很高）。

任务十一　实施有效控制

➥ 任务提示

本任务将引领你掌握控制的内涵、特点、意义、工作程序和方法！

➥ 任务先行

什么是管理控制？它是怎样来到我们身边的？它是研究什么的？要了解这些问题，请往下看！

第一部分　故事与案例

➲ 故事导入

扁鹊的医术

魏文王问名医扁鹊："你们家兄弟三人，都精于医术，到底哪一位最好呢？"

扁鹊答："长兄最好，中兄次之，我最差。"

文王再问："那么为什么你最出名呢？"

扁鹊答："长兄治病，是治病于病情发作之前，由于一般人不知道他事先能铲除病因，所以他的名气无法传出去；中兄治病，是治病于病情初起时，一般人以为他只能治轻微的小病，所以他的名气只及本乡里。而我是治病于病情严重之时，一般人都看到我在经脉上穿针管放血、在皮肤上敷药等大手术，所以以为我的医术高明，名气因此响遍全国。"

从这则寓言故事中，我们可以领悟出企业管理中的道理：事后控制不如事中控制，事中控制不如事前控制，可惜大多数的事业经营者均未能体会到这一点，等到错误的决策造成了重大的损失才寻求弥补。而往往是即使请来了名气很大的"空降兵"，结果也于事无补。

➲ 案情介绍

曲 突 徙 薪

有位客人到某人家里做客，看见主人家的灶上烟囱是直的，旁边又有很多木材。客人告诉主人说，烟囱要改曲，木材须移去，否则将来可能会有火灾，主人听了没有作任何表示。

不久，主人家里果然失火，四周的邻居赶紧跑来救火，最后火被扑灭了，于是主人烹羊宰牛，宴请四邻，以酬谢他们救火的功劳，但并没有请当初建议他将木材移走、烟囱改曲的人。

有人对主人说："如果当初听了那位先生的话，今天也不用准备筵席，而且也没有火灾的损失，现在论功行赏，原先给你建议的人没有被感恩，而救火的人却是座上客，真是很奇怪的事呢！"主人顿时省悟，赶紧去邀请当初给予建议的那个客人来吃酒。

◎ 案例解读

一般人认为，足以摆平或解决企业经营过程中的各种棘手问题的人，就是优秀的管理者，其实这是有待商榷的。俗话说："预防重于治疗"，能防患于未然之前，更胜于治乱于已成之后，由此观之，企业问题的预防者其实是优于企业问题的解决者。

第二部分　任务学习引导

重要知识

控制的定义

控制就是管理者监督各项活动，以保证这些活动按计划进行，并纠正各种重要偏差的过程。

11.1　认知控制

11.1.1　控制的含义

1. 控制的含义

管理控制是管理者监视组织的各项活动，保证组织计划与实际运行状况动态适应的管理职能。作为一种管理职能，管理控制就是指为了实现组织目标，以计划为标准，由管理者对组织活动过程进行监测，将监测结果与计划目标相比较，找出偏差，分析其产生原因，并予以纠正的一系列活动过程。

控制的概念可以从以下三个方面理解：其一，控制有很强的目的性，即控制是为了保证组织中的各项活动按计划进行；其二，控制是通过"监督"和"纠偏"来实现的；其三，控制是一个过程。

由此可见，控制既是一次管理循环的终点，是保证计划得以实现和组织按既定的路线发展的管理职能，又是新一轮管理循环的起点，要保证组织的活动按照计划进行，控制是必不可少的。

2. 管理控制的目的

（1）维持组织活动正常运行。主要解决经常发生变化的迅速而又直接影响组织活动的"急性问题"，控制应随时将计划的执行结果与标准进行比较，若发现有超过计划允许范围的偏差时，则及时采取必要的纠正措施，使组织内部系统活动趋于相对稳定，实现组织的既定目标。

（2）在维持组织活动正常运行的基础上打破现状，实现管理创新。解决长期存在着的影响组织素质的"慢性问题"。控制要根据内外部环境的变化对组织新的要求和组织不断发展的需求，打破执行现状，重新修订计划，确定新的现实和管理控制标准，使之更先进、更合理。

11.1.2 控制职能的特征及原则

1. 特征

1）管理控制具有目的性

在进行管理控制的时候，必须先明确控制的目的性，这样才能进行有针对性的控制，及时地发现问题。

2）管理控制具有整体性

这包括两层含义：一是管理控制是组织全体成员的职责。完成计划是组织全体成员共同的责任，参与控制是全体成员的共同任务；二是控制的对象是组织的各方面。为了确保各部门和各单位在工作上能协调一致，所以就需要了解各部门和各单位的工作情况并予以控制。

3）管理控制具有动态性

管理工作中的控制过程不同于其他商品生产的控制过程，其他商品（如电器类）的控制过程是高度程序化的，具有稳定性，而组织不是这样的，它很容易受到内部条件和外部环境的影响，因为内部条件和外部环境具有不稳定性，随时都有可能发生变化，从而决定了控制标准和方法不可能永远不变。管理控制应具有动态性，才能提高管理活动的适应性和有效性。

4）管理控制是作为人的控制并由人来控制

管理控制是保证组织工作按计划进行并实现既定目标的管理活动。而组织中的各项工作都是由人来完成的，各项控制活动也是要靠人来执行的。

5）管理控制是提高职工能力的重要手段

控制不仅是监督，更重要的是指导和帮助。管理者可以通过控制发现员工在工作中的偏差，并帮助员工分析偏差产生的原因，端正员工态度，指导他们。这样，既达到了控制的目的，又提高了员工的工作能力和自我控制能力。

2. 有效控制的原则

控制是一项重要的管理职能，也是常常出现问题的职能。在许多情况下，人们制订了良好的计划，也有了适当的组织，但由于没有把握住控制这一环节，最后还是达不到预期的目的。所以，我们必须认真思考和研究如何有效地进行控制工作。有效的控制必须具备一定的条件并遵循科学的控制原则，下面介绍几种主要的控制原则。

1）未来导向原则

所谓未来导向原则，是指控制工作应当着眼未来，而不是只有当出现了偏差时才进行控制。由于在整个控制系统中存在着时滞，所以管理人员能够有效地预防偏差或及时地采取措施纠正偏差。也就是说，控制应该是面向未来的。实际上这条原则往往被忽视，主要原因是现有的管理工作水平不太容易预测未来的不肯定因素，管理人员一般仍依赖历史数据。但是我们如果投入更大的精力来从事面向未来的控制工作，则对于增强工作的主动性具有重要的意义。

2）关键点原则

所谓关键点原则，是指控制工作要突出重点，不能只从某个局部利益出发，要针对重要的、关键的因素实施重点控制。事实上，组织中的活动往往错综复杂，管理者根本无法对每一个方面实施完全的控制，应该将注意力集中于计划执行中的一些关键影响因素上。因此，找出或确定这些关键因素，并建议重点控制，是一种有效的控制方法。控制住了关键点，也就基本上控制了全局。

选择关键控制点的能力是管理工作的一种艺术，有效控制在很大程度上取决于这种能力。目前，已经存在一些有效的方法，能帮助管理人员在某些控制工作中选择关键点。例如，计划评审技术就是一种在有多种平行作业的复杂管理活动网络中寻找关键活动和关键路线的方法，这是一种强有力的系统工程方法。

3）例外原则

所谓例外原则，是指控制工作应着重于计划实施中的例外偏差（超出一般情况的特别好或特别坏的情况）。这可使管理者把精力集中在重要问题上。但是，只注意例外情况是不够的，对例外情况的重视程度不应仅仅依据偏差的大小而定，同时需要考虑客观实际情况。在偏离标准的各种情况中，有一些是无关紧要的，而另一些则不然，某些微小的偏差可能比某些较大的偏差影响更大。因为在一个特定的组织中，不同工作的重要程度各不相同。例如，在某一企业中，对"合理化建议"的奖励超出 20% 可能无关紧要，而产品的合格率下降 1% 却可能使所有产品滞销。

因此，在实际工作中，控制的例外原则必须与关键点原则相结合，把注意力集中在对关键点的例外情况的控制上。关键点原则强调选择控制点，而例外原则强调观察在这些控制点上所发生的异常偏差。

4）及时性原则

控制的及时性是指在控制工作中及时发现偏差，并能及时采取措施加以纠正。一个有效的控制系统必须能够提供及时的信息。信息是控制的基础，为提高控制的及时性，信息的收集和传递必须及时。如果信息的收集和传递不及时，信息处理的时间又过长，则偏差就不能及时得到纠正。当采取纠正措施时，如果实际情况已经发生了变化，这时采取的措施如果不变，不仅不能产生积极作用，反而会带来消极影响。

控制信息滞后往往会造成不可弥补的损失。时滞现象是反馈控制系统一个难以克服的困难。较好的解决办法是采用前馈控制，使管理者尽早发现乃至预测到偏差的产生，采取预防性措施，使工作的开展在最初阶段就能够沿着目标方向进行，即使有了偏差，也能及时纠正，把损失降到最低程度。控制要做到及时性，必须依靠现代化的信息管理系统，随时传递信息，随时掌握工作进度，如此才能尽早发现偏差，进而及时采取措施进行控制。

5）客观性原则

控制的客观性是指在控制工作中，管理者不能凭个人的主观经验或直觉判断，而应采用科学的方法，尊重客观事实。

控制工作的客观性要求控制系统应尽可能提供和使用无偏见的、详细的、可以被证实和理解的信息。同时，还要求必须具有客观的、准确的和适当的控制标准。管理难免有许多主观的因素在内，但是对于下属工作的评价，不应仅凭主观意愿来决定。在整个控制过程中，主观判断不仅可能使绩效的衡量得不出明确的结论，而且还会使纠正偏差的力度难于把握，从而使现实工作更加混乱。

为了保证控制的客观性，就要求尽可能将衡量标准加以量化。量化程度越高，控制越规范。但是，在诸多衡量标准中总有一些是定性的和难以量化的。总之，客观标准可以是定量的，也可以是定性的，但要做到客观，关键问题是使标准在任何情况下都是可测定和可考核的。

6）准确性原则

一个控制系统要想行之有效，必须具备准确性。一个提供不准确信息的控制系统将会导致管理者在应该行动的时候没有行动，没有出现问题反而采取了行动。基于不准确信息的种种决策，往往是错误的决策，会使整个组织蒙受损失。

现实中由于各种因素的影响，常常将不准确性带入控制系统之中。有时可能是因为衡量绩效的工具精确度不够，使衡量结果的误差过大；有时则可能是工作人员出于个人利益的考虑，人为地虚报数据。因此，管理者需要选择适用的、精确的绩效衡量方法和工具来避免产生误差，同时还要采取预防措施，运用先进的管理技能避免出现弄虚作假行为。

7）经济性原则

控制活动需要经费。是否进行控制，控制到什么程度，都要考虑费用问题，应将控制所需的费用同控制所产生的结果进行比较。当通过控制所获得的价值大于它所需费用时，才有必要实施控制。所以，从经济性的角度考虑，控制系统并不是越复杂越好，控制力度也不是越大越好。控制系统越复杂，控制工作力度越大，意味着控制的投入也越大。而且在许多情况下，这种投入的增加并不一定会导致计划能更顺利地实现。管理者应尝试使用能产生期望结果的最少量的控制。如果控制能够以最小的费用或其他代价来实现预期的控制目的，那么这种控制系统就是最有成效的。

11.1.3 控制的内容

美国管理学家斯蒂芬·罗宾斯（Stephen P. Robbins）认为，控制的内容包括对人员、财务、作业、信息和组织绩效等五个方面的控制。

1. 对人员的控制

组织的目标任务是由人来完成的，为了使员工按照管理者所制订的计划去实现组织的目标任务，就必须对人员进行有效的控制。对人员进行控制最常用的方法之一就是直接巡视，及时发现问题及时解决；另一种方法是对员工工作表现进行评估。通过评估，针对员工的工作表现，进行奖励或惩罚，并对员工存在的问题进行指导、帮助和解决。

2. 对财务的控制

利润是许多组织尤其是企业追求的主要目标之一，为了实现企业的利润目标，必须对财务进行控制。这主要包括审核自身的财务报表，以保证有一定的资金支付各种费用。当然，我们也应对费用进行控制，以保证成本不会提高和各项资产都得到充分有效的利用。

3. 对作业的控制

作业控制就是对企业从生产要素投入到最终产品和服务产出的转换过程的控制。典型的作业控制包括监督生产活动以保证其按计划进行；评价购买能力，以尽可能低的价格提供所需要的一定质量和数量的原材料；监督企业的产品或服务的质量，以保证满足预定的标准；保证所有的设备得到良好的维护。

4. 对信息的控制

知识和信息在现代的知识经济时代中是重要的资源。准确、及时、适量、经济的信息，会大大提高企业的效率。因此，在企业中对信息的控制显得尤为重要。

5. 对组织绩效的控制

在企业内部，绩效是高层管理者的控制对象，企业目标是否实现都从这里反映出来。在企业外部，证券分析人员、潜在的投资者、贷款银行、供应商、消费者以及政府部门也十分关注企业的绩效。要有效实施对绩效的控制，关键在于科学地衡量和评价企业绩效。

知识拓展11-1

防微杜渐：体现了预防为主

在坏思想、坏事或错误刚冒头时，就加以防止、杜绝，不让其发展下去。在企业里，隐患要及时清除，以免酿生更大祸端，带来更大的危害。

11.2 获取控制的方式及方法

11.2.1 控制类型

1. 前馈控制、同步控制和反馈控制

控制可以发生在活动开始前、活动进行过程中，或活动完成之后。按控制点的位置不同可分为前馈控制、同步控制、反馈控制，如图 11-1 所示。

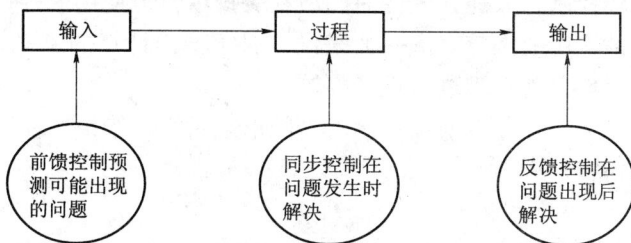

图 11-1 前馈控制、同步控制和反馈控制

1）前馈控制

在活动开展之前就认真分析研究，进行预测并采取防范措施，使可能出现的偏差在事先就可以筹划和解决的控制方法，叫做前馈控制（Feedforward Control），又称预先控制或事前控制，它是最理想的控制类型。

（1）前馈控制的优点有以下几个。

首先，防患于未然。前馈控制是在工作开始之前进行的，可以防患于未然，以避免事后控制对已铸成的差错无能为力的弊端。

其次，适用于一切领域所有工作。

最后，前馈控制针对条件的控制，不对人，易于被接受并实施，不易与员工发生冲突。前馈控制是在工作开始之前针对某项计划行动所依赖的条件进行控制，不针对具体人员，因而不易造成面对面的冲突，易于被员工接受并付诸实施。

（2）前馈控制的缺点如下。

由于未来有许多不确定因素很难预测，所以，及时、准确的信息难以保障。前馈控制需要及时和准确的信息，并要求管理人员充分了解前馈控制因素与计划工作的影响关系。管理者获取大量准确信息，对控制过程充分了解，并及时掌握新情况和新问题，从现实来看，是很难做到的。因此，组织也必须依靠其他方式的控制。

2）同步控制

同步控制（Concurrent Control）又称现场控制或现时控制，是指计划实施过程中，于现场及时发现存在的偏差或潜在的偏差，即时提供改进措施以纠正偏差的一种方式，它主要是基层主管人员采取的一种控制工作方法。通过深入现场亲自监督、检查、指导来控制下属人员的活动，其内容有：向下级指示恰当的工作方法和工作过程；监督下级的工作以保证计划目标的实现。

同步控制主要发挥两大作用：一是监督作用，即按照预定的标准检查正在进行的工作，以保证目标的实现；二是指导作用，即管理者针对工作中出现的问题，根据自己的经验指导下属改进工作，或与下属共同商讨纠正偏差的措施以便使工作人员能正确地完成所规定的任务。

（1）同步控制的优点是：同步控制具有工作监督和技术指导的职能，可以防微杜渐，有助于提高员工的工作能力和自我控制能力。

（2）同步控制的缺点如下。

首先，运用同步控制受管理者的时间、精力和业务水平的限制。管理者不可能每时每刻对所有项目都进行现场控制，只能在关键时间或在关键项目上使用这种控制方式。

其次，同步控制的应用范围较窄。一般来说，对于便于计量的工作一般运用现场控制，而对一些难以计量的工作，就很难进行现场控制。

最后，同步控制容易在控制者与被控制者之间形成对立情绪，在控制管理的过程中使控制者或被控制者受到伤害。

3）反馈控制

反馈控制（Feedback Control）是在工作结束或行为发生之后进行的控制，故常称作事后控制。这种控制把注意力主要集中于工作或行为的结果上，通过对已形成的结果进行测量、比较和分析，发现偏差情况，依此采取措施，对今后的活动进行纠正。比如，企业发现不合格产品后追究当事人的责任且制定防范再次出现质量事故的新规章，发现产品销路不畅而相应作出减产、转产或加强促销的决定，以及学校对违纪学生进行处罚等，都属于反馈控制。

（1）反馈控制的优点有以下几个。

首先，在周期性重复活动中，反馈控制可避免下一次活动发生类似的问题。

其次，反馈控制可以消除偏差对后续活动过程的影响，如产品在出厂前进行最终的质量检验，剔除不合格产品，可避免这些产品流入市场后对品牌信誉和顾客适用所造成的不利影响；人们可以总结经验教训，了解工作失误的原因，为下一轮工作的正确开展提供依据。

最后，反馈控制可以通过信息反馈及纠偏行动来保证组织系统的稳定性，为组织员工的奖惩提供依据。

反馈控制可以总结规律，为进一步实施创造条件，实现良性循环，提高效率。因此，在实际工作中，反馈控制得到了相当广泛的应用。

（2）反馈控制的缺点是：当管理者获得有关信息时，损失已经造成了，这就好比"亡羊补牢"一样，只能在以后的工作中加以改进，所以反馈控制是控制工作中被动选择的一种控制方式。

2. 直接控制和间接控制

根据控制手段进行分类可分为间接控制和直接控制。

1）间接控制

间接控制是指根据计划和标准考核工作的实际结果，分析出现偏差的原因，并追究责任者的个人责任以使其改进未来工作的一种控制方法，多见于上级管理者对下级人员工作过程的控制，运用这种控制方式需要明确五个前提条件：① 工作成效可以相互比较，并且也可以计量；② 员工对工作任务负有明确的、可以分割的责任，这种责任和员工之间的尽责程度可以相互比较；③ 分析偏差和追究责任所需的时间、费用等是有充分保证的；④ 出现的偏差可以预料并能及时发现；⑤ 有关责任单位和责任人对出现的偏差会采取纠正措施。

事实上，由于管理活动具有复杂性，很多管理部门或职位的绩效是很难计量和相互比较的；很多活动的责任是多个部门共同承担的，而且工作绩效也可能与个人责任无关；有时上级主管人员可能不愿意花时间和费用去分析引起偏差的事实真相；另外，推卸责任是很普遍的现象。因此，间接控制并非普遍有效的控制方法，它尚存在着许多不完善的地方。

2）直接控制

直接控制是相对于间接控制而言的。它是指通过提高管理人员素质，使他们改善管理工作，从而防止出现因管理不善而造成的不良后果的一种控制方式。这种控制方式的特点是通过培训等形式，着力提高管理人员的素质和责任感，并在控制过程中实施自我控制。其核心思想着眼于培养更好的管理人员，使管理人员能熟练地应用管理的概念、原理和技术，能以系统的观点来进行管理。因此，主管人员及其下属的素质越高，就越不需要进行间接控制。

直接控制的优点有：① 管理人员的质量可以得到提升，避免用人不当，从而使出现偏差的机会得到控制；② 可加速采取纠正偏差的措施并使其更加有效；③ 由于提高了管理人员的素质，减少了偏差的发生，也就有利于减轻间接控制的负担，节约经费开支；④ 直接控制的心理效果也给人以深刻的印象，管理人员的质量提高了，他们的威信也就得到了提高，下级人员对他们的信任和支持也会增加，这样就有利于整个组织目标的顺利实现。

3. 预防性控制和更正性控制

根据控制活动的性质划分控制的种类，可以把控制划分为预防性控制和更正性控制。采取预防性控制措施是为了防止人、财、物等资源的损耗。使用这种控制措施要求对整个运行活动的关键点有比较深刻的理解，要能预见问题。采用更正性控制往往是由于管理者没有预见问题，或者管理者认为某些事情出现错误之后，更正性控制要比预见问题的预防性控制更容易些。

1）预防性控制

使用预防性控制是为了避免产生错误又尽量减少今后的更正活动。例如，国家加强法制工作，制定较详细的法律条文并大力宣传，这就是预防性控制措施。人人执法，人人懂法，就可以最大限度地减少那些由于不执法、不懂法而导致的违法行为。一般说来，规章制度工作程序、人员训练和培养计划都起着预防控制的作用。在设计预防性控制措施时，人们所遵循的原则都是为了更有效地达成组织目标。然而，要是这些预防性的规章制度等能够真正被执行，必须有良好的监控机构作为保证。

2）更正性控制

在实际管理工作中更正性控制使用的更普遍一些，其目的是：当出现偏差时，是行为或实施进程返回到预先确定的或所希望的水平。例如，国家发现某些地区走私现象严重，为了改变这种现象，在交通要道和关口设立了一些检查站，以希望减少走私活动。再如，审计制度增加了管理部门采取迅速更正措施的能力，因为定期对企业进行检查，有助于及时发现问题并及时采取措施解决问题。

4. 正式组织控制、群体控制和自我控制

根据控制来源可以把控制划分为三种类型，即正式组织控制、群体控制和自我控制。

1）正式组织控制（他控）

正式组织控制是对管理人员设计和建立起来的一些正式机构或规定来进行控制。例如，规划、预算和审计等部门是正式组织控制的典型例子。组织可以通过规划指导组织成员的活动，通过预算来控制消费，通过审计来检查各部门或个人是否按照规定进行活动，并提出更正措施。例如，按照规定对在禁止吸烟的地方抽烟的职工进行罚款，以及对违反操作规程者给予纪律处分等，都属于正式组织控制的范围。

2）群体控制（互控）

群体控制基于群体成员们的价值观念和行为准则，它是由非正式组织发展和维持的。非正式组织有自己的一套行为规范。尽管这些规范并没有明文规定，但非正式组织中的成员都十分清楚这些规范的内容，都知道如果自己遵循这些规范，就会得到奖励。这种奖励可能是其他成员的认可，也可能是强化了自己在非正式组织的地位。如果违反这些行为规范就可能遭到惩罚，这种惩罚可能是遭受排挤、讽刺，甚至是被驱逐出该组织。例如，建议一个新来的职工自动把产量限制在一个群体可接受的水平，就是群体控制的一个例子。群体控制在某种程度上左右着职工的行为，处理得好，有利于达成组织目标；如果处理不好，将会给组织带来很大危害。

3）自我控制

自我控制是个人有意识地去按某一行为规范进行的控制活动。例如，一个职工不愿意把公家的东西据为己有，可能是由于他具有诚实、廉洁的品质，而不单单是怕被抓住遭惩罚。这是有意识的个人自我控制。

自我控制能力取决于个人本身的素质。具有良好修养的人一般自我控制能力较强，顾全大局的人比仅看重自己局部利益的人有较强的自我控制能力；具有较高层次需求的人比具有较低层次需求的人有较强的自我控制能力。

以上三种控制（正式组织控制、群体控制和自我控制）有时是互相一致的，有时又是互相抵触的。这取决于组织对其成员的教育和吸引力，或者取决于组织文化。有效的管理控制系统应该综合利用这三种控制类型并使他们尽可能和谐，防止他们互相冲突。

5. 集中控制、分散控制和分级控制

按控制组织结构的不同，控制可分为三大类：集中控制、分散控制和分级控制。

1）集中控制

集中控制是指全系统的控制活动由一个集中的控制机构来完成。这种形式的特点是：所有信息（包括内部、外部）都流入控制中心，由控制中心集中加工处理，并且所有的控制指令也全部由控制中心统一下达。集中控制是一种较低的控制，只适合于结构简单的系统，如小型企业、家庭作坊。

集中控制的优点是：信息完整、集中；控制目标易协调、统一。它的缺点是：信息传速效率低；控制滞后性强；系统适应性差。

2）分散控制

分散控制是指系统中的控制部分表现为若干个分散的、有一定相对独立性的子控制机构，这些机构在各自的职责范围内各司其职，各负其责，互不干涉，各自完成自己的目标。当然，这些目标是整个目标体系中的分目标。

分散控制的特点与集中控制相反，不同的信息流入不同的控制中心，不同的控制指令由不同的控制中心发出。分散控制适应于结构较松散的组织系统，如城市各交叉路口的交通管理，企业集团公司对其下属企业的管理等。

分散控制的优点是：针对性强，信息传递效率高，控制效率高；操作简单，系统适应性强。它的缺点是：信息不完整，整体协调性较差。

3）分级控制

分级控制又称等级控制，是指系统的控制中心分解成多层次、分等级的控制体系，一般呈宝塔形，同系统的管理层次相呼应。分级控制的特点是：综合了集中控制和分散控制的优点，其控制指令由上往下传，越往下越详细，反馈信息由下往上传，越往上越精练，各层次的监控机构有隶属关系，分级控制的职责分明，分工明确；分级控制中心传递的信息有详有略，使各级部门能快速了解情况，迅速作出反应；整体目标易协调；系统组织适应性强。

11.2.2 控制的方法

管理控制的方法一般可分为预算控制和非预算控制。

1. 预算控制

1）预算控制的含义和作用

（1）预算控制的含义：预算是一种预测，它是对未来一段时期内将组织的决策目标及其资源配置规划加以定量化并使之得以实现的内部管理活动或过程。

简单地说，预算是某一个时期具体的、数字化的计划。确定预算数字的方法可以采用统计方法、经验方法或工程方法。因此，它或是按财务项目（例如，收入、费用及资金等），或是按非财务项目（例如，直接工时、材料、实物销售量和生产量等）来表明组织的预期成果。

（2）预算是各种领域的管理者最基本的一种控制工具。无论是企业还是政府机关、文化组织等等，都需要运用预算来进行控制，预算的作用主要有以下几个。

首先，预算是一种计划的工具，编制预算能使确定目标和拟定标准的计划工作得到改进。预算是主要控制手段之一。编制预算实际上就是控制过程的第一步——建立标准。由于预算是以数字化的方式来表明管理工作的标准，从而本身就有可考核性，因而有利于根据标准来评定工作的成效，衡量业绩（控制过程的第二步），并采取纠正措施，纠正偏差（控制过程第三步）。

其次，预算也是一种控制手段，有利于改进组织的协调和控制工作。当为组织的各个职能部门都编制了预算时，就为协调组织的活动提供了基础。同时，由于对预期结果的偏离将更容易被查明和评定，预算也为控制工作中的纠正措施奠定了基础。

2）预算的种类

预算的种类很多，对企业而言，主要有以下几种。

（1）收支预算。收支预算是最基本的预算形式，是使用金额表示的，如销售及相应费用预算。

（2）现金预算。现金预算主要反映计划期间预计的现金收支的详细情况，在完成了初步的现金预算后，就可以知道企业在计划期间需要多少资金，财务主管人员就可以预先安排和筹措，以满足资金的需求，如现金流量表。

（3）投资预算。投资预算是对企业的固定资产的购置、扩建、改造更新等，在可行性研究的基础上编制的预算，它具体反映在何时进行投资、投资多少、资金从何处取得、何时可获得收益、需要多少时间回收全部投资等，如基本建设预算；资金平衡预算是控制企业经济活动的一种重要手段，主要对企业的资产、负债、所有者权益及其相互关系进行预测，如企业的资产负债表。除此之外，还有一些反映物资设备、人事规划、市场开发等方面支出的各种专项预算。

（4）弹性预算。所谓弹性预算就是按不同的生产量编制不同的预算。企业按照预算期内不同经营活动水平，考虑了固定成本、变动成本与经营活动水平的关系而编制的一种预算，这种预算方法比较符合实际，能有效地控制费用支出。以生产企业为例介绍一下：制造费用等间接费用包含有固定成分，也有变动成分，它会随产量而变，但又不与产量成正比。所以编制制造费用预算，确定制造费用标准时就应该考虑到这个因素，通常采用弹性预算来处理这个问题。选择适当的生产量计量单位来衡量制造费用是很重要的。否则，费用的变动性不易掌握，预算费用就不可靠。一般而言，产品单一的车间可用生产量；多品种车间因产品加工不同，可选用劳动定额工时；动力车间供应能源，可使用电度量或煤炭量、蒸汽量等；修理车间提供劳务，可用修理工时；服务部门可用企业共同的工作量计量单位。

（5）零基预算。零基预算是指以零点为基础而制定的预算。也就是说，排除过去和现实中存在而又可以避免的种种消极因素的影响，把各项生产经营业务视为从头开始的新工作加以安排，客观考虑其获取收益、发生开支和实现利润的可能性，并据以制定预算。

2. 非预算控制

非预算控制是采用非预算方式进行的控制方法，主要有：人员行为控制、经济分析、报告与视察、审计法、时间网络分析、市场控制、目标管理和价值工程等方法。这里主要介绍以下几种。

1）人员行为控制

管理控制中最主要的方面就是对人员的行为进行控制，这是因为任何组织当中最关键的资源都是人，任何高效的组织都配备着有能力高效地完成指派任务的优秀人才，这可以从周围许多组织的情况得到证明。怎样选择人员、怎样使职工的行为更有效地趋向组织目标，这就涉及人员行为的控制问题。常用的绩效评定方法有：鉴定式评价方法、强选择列等方法、成队列等比较法以及偶然事件评价法。

（1）鉴定式评价法：这种方法是最简单最常用的绩效评价办法。

具体做法是，评价人写一篇针对被评价者长处和短处的鉴定，管理者根据这种鉴定给予被评价者一个初步的估计。这种方法的基本假设是评价人确切地知道被评价者的优缺点，对他有很好的了解，并且能够客观地撰写鉴定。然而，在实际工作当中，上述基本假设有时并不完全满足。况且，由于鉴定的内容不同，标准也不一致，所以用此种方法只能给人一种初步的估计，完全依赖这种方法往往会造成评价的失误。这种方法适用于调换或任免等人事方面的决策工作。

（2）强选择列等方法：这种方法是为了克服偏见和主观意念，建立比较客观的评价标准。

做法是管理者列出一系列有关被评价者的可能情况，然后让评价者在其中选择最适合被评价者的条目，并打上标记。管理者据此加权评分，得分高者就是好的，得分低者就是差的。这种方法比较准确，但它只限于应用在性质类似或标准的工作，超出这个范围其准确性将大为降低。

（3）成队列等比较法：这种方法的基点是把要评价的人员两两进行比较，即每个人都同所有的人比较一次，然后按照某种评价标准进行选择。

比如，被评价的人员一年来对企业的贡献，或在工作中的开拓和进取精神等。在两两比较时，选择较好的一个打上标记。当全部比较完毕，标记最多者就是根据所定标准最出色的一人，而无标记者则是最差的一人。但是，这种方法有一个缺陷，就是比较标准只是单一项。如果要有多种标准进行综合衡量，只能对每种标准都进行一次比较，给出每个标准一个权数，然后再进行加权比较来确定次序。这样就使工作量进一步加大，特别是在要被评价的人数较多时更是如此。此外这种方法由于是依据主观的判断进行，有时能产生较大误差，这时最好有几个人同时单独进行评价工作，最好取平均值以减少这种误差。这种方法同强选择列等方法都适用于评定工资、奖金等方面。

（4）偶然事件评价法：采用此种方法时，管理人员要持有一份记录表，随时记录职工积极或消极的偶然事件，根据这种记录以便定期对职工的工作绩效进行评价。

根据这种偶然事件进行评价比较客观，但关键是能否把职工的所有偶发事项全部记录下来。另外，对职工来说都有各种责任制，如果责任制所规定的工作标准得到职工的赞同，这种方法就能有效地调动职工的积极性，否则职工还会有不公平感。这种方法和目标管理配合起来使用，可以有效地监控职工的工作。

上述方法的基本原则都是要尽量客观、准确地对人员绩效进行评价，以满足组织各方面工作对人的要求。然而，由于人的行为是由人的思想、性格、经验、社会背景等多种因素综合作用的结果。而这些因素本身又很难用精确的方法加以描述，这就使对人员的行为控制成了管理控制中相当复杂和困难的一部分，在这部分控制过程中，对人的行为和绩效进行评价最为困难。

对人员的行为和绩效进行评价之所以如此困难，主要因为对许多人员来说很难既客观又简明地建立起绩效判断的标准。对于生产物质产品的人，如装配工人、机械加工工人可以按照他们所生产的产品数量和质量来衡量他们的绩效。但对于生产精神产品的人，如企业的管理人员、大学教师、政府工作人员等有时候就无法对他们的工作规定得十分清楚，因而，相当大的一部分评定过程几乎完全根据评定者的主观判断，这种判断极易产生评定偏差，最后导致人员行为的失控。

对绩效评定的另一个困难，是多数工作都需要有两个或两个以上的标准来衡量。比如，一个工人生产的产品数量可能超过了标准，但有些产品质量不合格；大学教师要做三方面的工作：教学、科研和育人；某人在某些方面可能相当出色，而在其他方面又逊色较多，而且他的成绩随时间变化，这一段时间好些，那一段时间又可能差些。因此，对人员的控制，应考虑许多方面的因素，综合运用多种方法。

2）经济分析

利用经济学方法对组织活动进行经济分析，是管理控制的重要手段。盈亏平衡分析、贴现收益分析和财务报表分析是常用的经济分析方法。

（1）盈亏平衡分析既是一种决策方法，又是一种控制方法。

盈亏平衡分析能用来控制在不同的生产和销售水平下将会实现的利润额，也可应用于测定各种产品的成本和产销量的关系，为控制各种产品的成本和赢利能力提供标准。

任何产品的成本都是由两部分组成的，一部分为固定成本，一部分为变动成本。固定成本包括生产这种产品所需要的管理费用、工人基本工资、设备的折旧费用，这些费用基本上是不变的，不随着产量的变化而变化。变动成本包括原材料费用、能源费用等，这些费用随着产量变化而变化。而在完全竞争的市场上，产品的价格不能由一个企业自己控制，只能根据市场的价格来销售产品。由此就产生一个问题，即当产量很少时，该企业单个产品的成本就很高。这是因为固定成本不随产量变化，产量少，固定成本占总体成本的比重就大。这时的成本可能高于市场价格，企业发生亏损。只有当产量达到一定水平时，才能收支相抵，超过这个水平企业方可获利。总成本与总收入相等的点被称为盈亏平衡点，此时对应的产量被称为临界产量。

盈亏平衡分析在管理中有许多用途，比如：确定临界产量，以便管理者决策是发展还是收缩产品的生产；确定不同的产量水平时其盈亏情况如何？要达到何种产量和销售量才能达到预定的利润；帮助制定价格政策；帮助选择不同行动方案，如销售方法、开发新产品决策和设备更新等方案的选择。

（2）贴现收益分析。贴现是企业向银行取得贷款的一种形式。企业或者个人为了早日取得现金，持未到期的票据向银行请求贴现，银行按市场利息率照票面金额扣除自贴现日起至票据到期日止的利息后，将现金付给请求贴现的企业或个人。具体贴现值计算如下：

$$贴现值 = \frac{票据到期金额}{(1 + 利润率)n}$$

其中，n——单位时间（一般以年为单位）。

按贴现值计算收益率方法是把上式中的利润率改成收益率，然后经过变换，使式子左边为收益率，即变成下式：

$$收益率 = [（票据到期金额 \div 贴现值）\times 100\%] / n - 1$$

利用上式可以对投资进行控制。例如，目前有现金 10 万元，如果对某项目投资，预计一年后能收回 20 万元，利用上式计算出的收益率为 100%。然后把这个收益率同正常情况下的收益率进行比较，如果这个收益率高于正常情况下投资的收益率，这项投资就是有利的，否则就不应该投资。这种控制投资的方法是比较科学的，它包括了资金使用的时间价值。

（3）财务报表分析。财务报表分析，又称经营分析，就是以财务报表为依据来判断企业经营好坏，并分析企业经营的长处和短处。

　　财务报表是用于反映企业经营的期末财务状况和计划期内的经营成果的数字表。它主要包括三种分析：① 利润率分析，指分析企业收益状况好坏；② 流动性分析，指分析企业负债与支付能力是否相适应，资金的周转状况和收支状况是否良好等；③ 生产率分析，指分析企业在计划期间内生产出多少新的价值，又是如何进行分配将其变为人工成本、应付利息和净利润的。财务报表分析的控制方法主要有实际数字法和比率法两种，前者是用财务报表中的实际数字来分析，后者是求出实际数字的各种比率再进行分析。由于后者更加容易辨识，所以较常采用。

　　在比率法中，还可以分为构成比率法、趋势比率法以及相关比率法等，现分述如下。

　　第一，构成比率法。它的具体做法是，把经济项目中的各个单项占总项目的比率求出来，然后进行分析。比如，资产负债率就是求出流动资产和固定资产占总资产的比率，流动资金和固定资金占企业资金总额的比率等。

　　第二，趋势比率法。这种方法需要把某一年度作为基础期，并把该年度的各项目金额作为基数，根据这种标准求出以后年度各项目金额的百分比。这种方法可以从前后联系中来分析企业的经营状况。

　　第三，相关比率法。这种方法是先从资产负债表或损益表中挑选出相关的特定项目，然后计算出相关比率进行分析。这是最常见的分析方法。比如，选出净利润和总资金这两个相关项目，然后就可求出总资金利润率。

$$总资金利润率 = （净利润/资金总额）×100\%$$

　　对于各种资本项目都可以按照此法计算出相关比率。比如，在流动性分析中，可以计算流动资产对负债的比率；现金、应收款项及流动资金和流动负债的比率。此外，还可以把总资产、应收款项、库存资产、固定资产作为分母，求出这几种周转比率，以掌握资金活动状况。

　　3）报告与视察

　　（1）报告是指管理者搜集阅读关于组织系统运行信息的各种分析报告，了解情况，以控制系统正常运行的一种控制手段。主要目的是提供一种必要的、可用于纠正措施依据的信息。实践中人们常采用专题报告来揭示非例行工作的情况。

　　完善的控制报告应体现有效控制的所有特性。这种报告应当是客观的、公正的、适时的、经济的，必须包括需要的资料，如实反映组织当前的情况和发展趋势，突出有重要价值的关键问题，遵循组织的宗旨、目标和方针，提出改善和纠正的措施。

　　（2）视察是管理者亲自到工作现场，对组织活动进行直接的巡视、查看，了解组织系统运行状况，衡量工作业绩，发现偏差，立即给予纠正。

　　这种方法适用于从组织中一些关键领域获取控制信息，它是管理人员进行控制、判断和调整措施的一种手段。亲自视察作为获得信息的手段是耗费时间的，而且从个人接触中所获得的第一手信息的价值，还要受到观察者的感知技能和理解能力的限制。尽管如此，亲自视察有利于拉近管理者与被管理者之间的距离，仍然是证实从其他来源所获得的信息的唯一方法，因此，它是其他控制方法所不能替代的。

　　4）审计法

　　审计是常用的一种控制方法，它包括财务审计与管理审计两大类。

　　（1）财务审计是以财务活动为中心内容，以检查并核实账目、凭证、财物、债务以及结算关系等客观事物为手段，以判断财务报表中所列出的综合的会计事项是否正确无误，报表本身是否可以信赖为目的的控制方法。通过这种审计还可以判明财务活动是否合法，即是否符合财经政策和法令。

（2）管理审计是检查一个单位或部门管理工作的好坏，评价人力、物力和财力的组织及利用的有效性。其目的在于通过改进管理工作来提高经济效益。此外，审计还有外部审计和内部审计之分，外部审计是指由组织外部的人员对组织的活动进行审计，内部审计是组织自身专门设有审计部门，以便审计本组织的各项活动。

查明事实真相是管理审计工作中最基本的任务，它一般包括以下几个方面：① 熟悉被查单位或部门的组织、人事、业务性质、管理制度、业务操作程序以及领导关系等。② 确定需要取得的资料。③ 查明各种业务记录，如单据、合同、函电、账册、会议记录、总结报告等。④ 向各级管理人员和职工调查，完成书面记录。⑤ 核实所得材料并进行分析，形成清楚的调查记录。接着就要考虑如何确定客观的评价标准。制定标准要符合审计对象的实际情况，不能太低，也不能太高，最好是处于中上水平，这样被审计对象才有提高管理水平的动力。在具体评价被查对象的管理水平时，可采用比较法，即以查明的实际情况和标准进行比较，利用评分方法表述评价结果，最后综合评价结果提出审计结论。审计结论应在成本效益分析的基础上提出解决管理问题、提高管理水平的具体建议。

知识拓展11-2

囚徒效应：防止他们串供

同犯罪的三个人被捕入监所，如果将他们分别隔离开来，防止他们串供，那么，这三个人就会出现囚徒效应：猜想另二人是坦白还是抗拒，从中权衡自己的利益。

11.3 设计控制程序

11.3.1 进行控制的前提条件

任何形式的控制都需要一定的前提条件。这些条件影响控制过程的顺利进行，控制的基本前提条件有以下几方面。

1. 要有一个科学的、切实可行的计划

控制就是保证目标和计划的实现，如果没有计划，就无法进行控制。因此，有效控制是以科学的计划为前提的。

2. 要有专门从事控制职能的组织机构

控制工作主要是根据各种信息，纠正计划执行中出现的偏差。要做到这一点，就要有专门控制工作的组织机构，建立健全与控制工作有关的规章制度，明确由何部门、何人来负责何种控制工作。如果没有控制机构，而由各部门自行控制，就难以防止执行部门由于自己的切身利益而出现的掩盖真相、报喜不报忧等情况，或由于忙于贯彻指令，无暇顾及调查研究，使得分析评价难以反映真实情况。因此，有了控制机构的健全和相应的规章制度，控制工作就能收到预期的效果。

3. 控制要有反馈渠道

控制工作中的一个重要步骤就是将计划执行后的信息反馈给管理者，以便使管理者对预期目标与已达到的目标水平进行比较分析。这种信息反馈的速度、准确性如何，直接影响到控制指令的正确性和纠偏措施的有效性。因此，订好了计划，明确了各部门和个人在控制中的职责以后，还必须设计和维护畅通的信息反馈渠道。有了畅通的信息反馈渠道，控制工作才能卓有成效地进行下去。信息反馈渠道的设计要注意两个问题：一要注意与控制工作有关的人员在信息传递中的任务与变化；二要事先规定好信息的传递程度、收集方法和时间要求等事项。

11.3.2　控制的步骤

各种不同组织的控制系统都有自己的运行程序，控制的基本程序一般包括确定控制标准、衡量实际业绩和采取纠偏行动三个步骤。

1. 确定控制标准

控制主要是对组织活动加以监督和约束，以求实现所期望的目标，为此必须首先确定一些标准，作为共同遵守的衡量尺度，作为比较的基础。没有科学合理的控制标准，就无法对管理活动进行控制。控制标准的制定要以计划和组织目标为依据，综合考虑控制对象的特点等多种因素，找到关键的控制环节，同时，也离不开制定标准的科学方法。

1）选择控制目标

管理者在管理过程中一般都会对影响组织实现成果的因素进行全面的控制，但这种全面控制往往是不现实的，也是不经济的。所以，管理者应确定控制的目标，选择那些对实现组织成果有重大影响的因素作为重点控制的对象。

2）制定控制标准

能在控制过程中发挥应有作用的控制标准需要满足如下基本要求。

（1）关键点控制。

（2）前瞻性。

（3）简明性，即对标准的量值、单位、可允许的偏差范围要有明确说明，对标准的表述，要通俗易懂，便于理解和把握。

（4）适用性，即建立的标准要有利于组织目标的实现，要对每一项工作的衡量都明确规定有具体的时间幅度和具体的衡量内容与要求，以便能准确地反映组织活动的状态。

（5）一致性，即管理控制工作覆盖组织活动的各个方面，制定出来的各项控制标准应该彼此协调，不可相互冲突，所以建立的标准应尽可能地协调一致、公平合理。

（6）可行性，即因为建立标准的目的是用它来衡量实际工作，并希望工作达到标准要求，所以，控制标准的建立必须考虑到工作人员的实际情况，包括他们的能力、使用的工具等。如果标准过高，人们将因根本无法实现而放弃努力；如果标准过低，人们的潜力又会得不到充分发挥。

（7）可操作性，即标准要便于对实际工作绩效的衡量、比较、考核和评价，要使控制便于对各部门的工作进行衡量，当出现偏差时，能找到相应的责任单位。

（8）控制标准应该具有足够的灵活性，以适应各种不利的变化，或把握各种新的机会。

3）制定控制标准的过程

控制标准的制定是一个科学决策过程。这一过程的展开，首先要明确控制对象，然后选择好控制点，再确定具体的控制标准。

（1）确立控制对象。进行控制首先遇到的问题是"控制什么"，这是在决定控制标准之前首先需要解决的问题。组织活动的成果应该优先作为管理控制工作必须考虑的重点对象。对此，管理者需要明确分析组织活动想要实现什么样的目标，提出详细规定组织中各层次、各部门人员应取得什么样的工作成果。按照该目标体系的要求，管理者就可以对有关成果指标的完成情况进行考核和控制。

（2）选择关键控制点。关键控制点一般有以下特征：① 会影响整个工作运行过程的重要操作与事项；② 能在重大损失出现之前显示出差异的事项；③ 能反映组织主要绩效水平的时间与空间分布。

（3）制定控制标准。由于控制的对象不同，控制标准的类型很多。因此，以计划过程中形成的可考核的目标直接作为控制标准；通过一些科学的方法将某一计划目标分解为一系列具体可操作的控制标准。

4）制定标准的方法

（1）统计方法。该方法是根据组织的历史资料和其他单位的资料来确定控制标准。根据历史资料确定标准，需要有比较系统、准确的统计资料，并充分考虑到各种因素变化的情况。所采用的统计资料越全面、系统，准确度越高，各种变动因素考虑得越周到，制定出来的标准就越合理。历史的统计资料作为某项工作确定标准的依据，具有简便易行的好处，但是据此制定的工作标准可能低于同行业的先进水平。

（2）工程技术方法。该方法是在客观分析工作状况的基础上，利用准确的技术参数和实测数据来制定工作标准。这种方法比较科学，测定的标准也较为可靠，但需要的工作量较大，也比较复杂。

（3）经验估计法。它是根据经验和判断来估计预期结果，建立标准的方法。这种方法比较简单，它主要是根据管理者的经验和主观判断来确定标准，因而又称为主观标准。越是复杂的任务，采用主观标准就越多。因此，要注意利用各方面的管理人员的知识和经验，综合大家的判断，列出一个相对先进合理的标准。

2. 衡量实际业绩

为了确定实际业绩，管理者必须得到有关的信息。所以控制的第二步就是衡量。衡量的结果一般来说有两种，一种是事情正在按计划进行，另一种是事情的进程与计划存在着差距。假如事情正在按计划进行，保持继续进行就可以了。假如事情没有按计划进行，就意味着实际的进程与计划之间存在着偏差，就要分析偏差产生的原因，然后进行第三步工作。

衡量实际业绩，就是要采集实际工作的数据，了解和掌握工作的实际情况。在衡量的过程中，管理者应注意以下三个问题：一是通过衡量业绩，检验标准的客观性和有效性，是要分析通过对标准执行情况的测量能否符合控制需要的信息；二是确定适宜的衡量频度，控制过多或不足都会影响控制的有效性。一般情况下，需要控制的对象可能发生重大变化的时间间隔是确定适宜的衡量频度所需考虑的主要因素；三是建立信息反馈系统。应该建立有效的信息反馈网络，使反映实际工作情况的信息适时地传递给适当的管理人员，使之能与预定标准相比较，及时发现问题。

1）确定衡量方式

（1）衡量的项目。衡量什么是衡量工作的起点和前提，管理者应该针对决定实际工作成效好坏的重要特征项目进行衡量。但实际中容易出现一种趋向，即侧重于衡量那些易衡量的项目，而忽视那些不易衡量、较不明显但实际相当重要的项目。实绩衡量应该围绕好绩效的主要特征项目来进行，而不能够偏向那些易衡量的项目。

（2）衡量的方法。要获得实际工作绩效方面的资料和信息，管理者可通过如下几种方法：观察、报表与报告、抽样调查、召开会议、推断等。以上几种方法各有利弊，在运用时应该多种方法结合使用，以保证所获信息的准确性。

（3）衡量的频度。也即衡量实绩的次数或频率，通俗地说就是间隔多长时间衡量一次。当然，对不同的衡量对象，应该有不同的衡量频率。适宜的衡量频率是有效控制的体现，衡量频率过高，不但会增加成本，而且还可能影响有关人员的积极性；但衡量频率过低，则可能无法及时发现重大偏差，从而影响组织目标的实现。

（4）衡量的主体。衡量实际工作成效的人可以是工作者本人，还可以是同一层级的其他人员、上级主管人员或职能部门的人员等。衡量的主体不同，会对控制方式和效果产生不同影响。有效的控制应该采取三者结合并以自我控制为主的方法。

（5）建立信息反馈系统。斯蒂芬·罗宾斯认为在衡量实际业绩时有四种最常用的信息来源：亲自观察、统计报告、口头报告和书面报告。上述的四种信息来源最好能把它们进行综合使用。这样，既能增加输入信息来源的数量，又能提高获得可靠信息的可能性。管理控制工作的有效性对信息有如下要求：① 信息的及时性。一是对那些事过境迁后不能追忆和不能再现的重要信息要及时记录；二是信息的加工、检索和传递要快。② 信息的可靠性。它除了与信息的精确程度有关外，还与信息的完整性呈正比关系。通常要求在信息的可靠性与及时性之间作出折中选择。③ 信息的适用性。应提供尽量精练而又能满足控制要求的有用信息。

2）通过衡量成绩，检验标准的客观性和有效性

衡量工作成效是以预定的标准为依据来进行的。如果偏差是在标准执行中出现的问题，那么需要纠正执行行为本身；如果是标准本身存在的问题，则要修正和更新预定的标准。这样利用预定标准去检查各部门、各阶段和每个人工作的过程就同时也是对标准的客观性和有效性进行检验的过程。

3. 采取纠偏行动

对实际工作成效加以衡量后，下一步就应该将衡量的结果与标准进行对比。如果有较大的偏差，则要分析造成偏差的原因并采取纠正措施；如果没有偏差，则宜首先分析控制标准是否有足够的先进性，在认定标准水平合适的情况下，将之作为成功经验予以分析总结，以用于今后的或其他方面的工作。这一步骤是控制过程的关键。

我们还可把纠偏行动分为立即纠偏行动和根本性纠偏行动。立即纠偏行动（Immediate Correstive Action）又称补救性纠偏行动，是指立即纠正出现的问题，使业绩回到设定的轨道上来。根本性纠偏行动（Basic Corrective Action）是指找出偏差是如何出现的、为何出现等问题的答案，然后采取行动纠正偏差的根源。

采取纠偏行动这一步骤反映了控制的强制性。为了保证纠偏措施的针对性和有效性，必

须在制定和实施纠偏措施的过程中注意下述问题。

1）找出偏差产生的主要原因

实际上并非所有的偏差都会影响企业的最终成果，有些偏差可能是由于计划本身和执行过程中的问题造成的，而另一些偏差则可能是由于某些偶然、暂时、局部性的因素引起的，从而不一定会对组织活动的最终结果产生重要影响。因此，在采取纠偏措施之前，必须首先对反映偏差的信息进行评估和分析。首先，要判断偏差的严重程度，是否构成对组织活动效率的威胁，从而值得去分析原因，采取纠正措施；其次，要探寻导致偏差产生的主要原因。纠正措施的制定是以偏差原因的分析为依据的。

2）确定纠偏措施的实施对象

在管理控制过程中，需要予以纠偏的可能不仅是企业的实际活动，也包括指导这些活动的计划或事先确定的衡量这些活动的标准。纠偏措施的实施对象可能是组织所进行的活动，也可能是衡量的标准，甚至是指导活动的计划。预定计划或标准的调整是由两种原因决定的：一是原先的计划或标准制定得不科学，在执行中发现了问题；二是由于内外部环境发生了变化，原来正确的计划和标准，不再适应新形势的需要。

知识拓展11-3

横山法则：强调主动性

最有效并持续不断的控制不是强制，而是触发个人内在的自发控制。有自觉性才有积极性，无自决权便无主动权。

课堂讨论！

完成本任务后，请进行自我测试：
你是否已明确管理控制的深刻内涵？

● 帝王之道论管理 −7

成吉思汗：本人的性格与能力

成吉思汗经常是与成功联系在一起，他成功的原因有以下几个。

1. 客观原因：首先，成吉思汗所处的时代形势有助于他成就霸业。对于一位游牧民族的征服者来说，当时的世界形式为其取得非凡成就提供了人类历史上绝无仅有的黄金机遇。其次，蒙古军队自身的特点也是成吉思汗取得成功的重要因素。蒙古军队的纪律以及士兵的个人和整体作战能力，在当时是鹤立鸡群的。

2. 自身因素：第一，作为一位战争指挥者和善于在敌人中制造敌对和误解的军事家、政治家，成吉思汗的永远高瞻远瞩的战略思想，比他一生中的任何方面都更能说明他的才智。第二，成吉思汗具有超人的政治天才和组织能力，他的思想超越了他所处的时代。第三，成吉思汗具有坚定的个性和独特的人格。在识人这方面，成吉思汗的确具有超过其他伟人之处。成吉思汗也是纳谏的明君，并且非常敬重直言劝谏的臣下。成吉思汗用人以才为本，唯忠能用，绝不因出身种族而有偏见。第四，成吉思汗有成功的个人情感，无论是来自母亲和兄弟甚至是男女之间的情感，他的至亲都没有出现背叛，这样的坚实基础，让他有一往无前的信念。第五，成吉思汗重视友情，即便是出现了一些背离自己的行为，但由于自己的宽大胸怀，赢得了更多的友谊。第六，成吉思汗好学，这让他自己拥有强于常人的智慧。他不断地学习和吸收来自外部的知识，让他能对于征服未知世界作出准确的判断。

◉ 任务小结

通过对本任务的学习，同学们可以了解有效控制的一些相关基础知识，理解控制的概念，掌握控制的工作程序和办法，并能运用控制知识认识身边的控制现象。

第三部分　任务实训

➡ 案例分析

马格纳国际公司

马格纳国际公司（Magna Co International）是北美十大配件厂之一。这家加拿大公司生产有4 000种零配件，从飞轮到挡泥板一应俱全。它为几乎所有在美国设有工厂的大汽车制造商提供配件。比如，它是克莱斯勒汽车公司的最大配件供应商。马格纳国际公司的高层管理当局长期以来力求使公司保持一种松散的结构，并给予各单位管理者充分的自主权。在20世纪80年代中期，该公司拥有10 000多名员工，年销售额近10亿加元。员工们被组织到120个独立的企业中，每个企业都以自己的名义开展活动，但只设有一个工厂。马格纳国际公司的宗旨是，使各单位保持较小规模（不超过200人）以鼓励创新精神，并将责任完全落实到工厂经理身上。当某个工厂争取到了超过其生产能力的业务时，马格纳国际公司不是扩大该工厂的规模，而是重新配置同样的生产设施，开办一个新的工厂。

这种结构在20世纪80年代运作得相当好，10年内总销售额增长了13倍。工厂经理们以接近完全自治的方式，大胆地扩展他们的业务。他们不仅获得自己工厂的赢利，而且可以分享从他们的业务中分离出去的新建工厂的赢利。这样，不用公司出面干预，工厂经理们就会主动设立新厂，向外举债，并与汽车制造商签订供货合同。

但1990年经济泡沫破灭。那时，汽车的销售量大幅度下降。受扩张动机驱使的马格纳管理者给公司带来了十亿美元的新债务。1990年，马格纳国际公司的销售额为16亿美元，而亏损达到1.91亿美元。公司陷入了严重的经营危机。

【思考题】

1. 马格纳国际公司陷入困境的原因是什么？
2. 你认为马格纳国际公司应采取何种措施来走出困境？

➡ 模拟实训

会议控制措施

1. 实训内容

针对一则会议控制案例进行分析。

2. 实训目的

培养学生的管理控制能力。

3. 实训形式与组织

针对上述案例，教师在课内组织学生讨论后提出有效的控制措施。学生要写出案例分析报告并上交。

4. 实训考核

教师根据学生上交的案例分析报告给予评价。

5. 实训材料

周五下午是某研究所例行办公会议时间。每次会议从下午 2 点开始，讨论和处理近期需要做的工作，对一些需要作出决策的问题形成决议。每次会议的议题数量平均在 5～7 个之间。开始，会议要开到很晚，到 7 点多钟才会结束。后来，所长要求会议秘书会前向每一位与会人员征集会议议题，由所长确定议题数量并排序，结果会议还是开到很晚。再后来，所长规定例会必须在 6 点前结束，结果排在前面的议题讨论占用了很多时间，后面的议题没有时间处理，赶上议题紧迫，便无奈又得延长时间。再后来，一些与会者故意把给研究生上的课程挪到周五晚上，到点回家吃饭，晚上上课，会议可以按时结束了，但许多事情被迫推迟到下周或增加会议次数。

◉ 游戏活动

踏　数　字

1. 目的

感受前馈控制和现场控制的重要性。

2. 道具

彩色粉笔若干支、秒表。

3. 时间

30 分钟。

4. 程序

（1）分组，6～8 人一组。

（2）小组商讨如何快速且按规则踏数字。

（3）去活动场地，画正方形、起始线及写数字。

（4）比赛：秒表计时，每组所用时间从起始线起跑开始到踏完 33 个数字又回到起始线为止。

5. 规则

（1）按 1～33 的顺序踏数字。

（2）在任意时点，正方形内只能出现一只脚。

（3）每位同学至少要踏四个数字。

6. 教师任务

（1）活动之前，选择空地，谁负责画正方形，谁在地面写数字。

（2）在黑板上演示活动：画正方形，在正方形内任意散落数字 1，2，3，…，33。

（3）派三人画正方形和起始线，指定若干人写数字，尽量使每位同学都有任务。

（4）教师计时。

（5）发动其他组同学与教师一起控制整个活动过程。若有违反规则的行为，则被淘汰出局。

7. 考核标准

不违反规则且速度最快的小组获胜。

项 目 小 结

本项目围绕管理者的领导、沟通与控制职能设计了相关基本知识，设置了重要知识、课堂讨论等栏目，体现了对一些重要理论知识的重组。

本项目进程以任务先行开始，以项目任务小结结束，希望读者在完成项目任务之后，能够及时进行自我的过程性评价。

本项目技能目标：完成本项目后，读者应该能够把握领导、沟通与控制的丰富内涵，以这些管理技能指导日常管理活动。完成本项目为将来成为一个合格管理者奠定良好的基础。

模块三　管理创新及管理新思潮

项目五
探究管理创新及管理新思潮

● **知识目标**

通过完成本项目，你应该能够：

1. 了解创新的本质、内容及管理创新的趋势；
2. 掌握管理创新的基本过程及比较管理的意义；
3. 熟悉企业资源计划及供应链等管理理论。

● **技能目标**

1. 掌握创新的机会和过程；
2. 运用管理新方式分析实际问题。

▶▶ **项目解析**

　　尊敬的读者：我们每天都生活在创新中，见过不少的创新，我们也都不知不觉地在参与

195

其中。那么，管理者呢，更是如此，他们离不开创新。好了，从现在开始，我们将引领你走近管理创新和管理新思潮理论，一层一层地揭开它神秘的面纱！

为了更好地把握管理创新和管理新思潮基本理论，为完成今后各项任务打下坚实基础，首先请尝试完成本项目：探究管理创新及管理新思潮。

为了方便你掌握管理创新和管理新思潮有关概念和更好地掌握它们的技巧，我们又将本项目分为两个任务：

任务十二　认知管理创新

任务十三　展望管理新思潮

你可以对照知识目标以及技能目标，反复演练，有的放矢地依次完成各项任务，直至完成本项目，为早日成为现代管理者做好准备。

任务十二　认知管理创新

➥ 任务提示

本任务将引领你掌握创新的内涵、内容、本质、机会和过程！

➥ 任务先行

什么是创新？它是怎样来到我们身边的？它是研究什么的？要了解这些问题，请往下看！

第一部分　故事与案例

➲ 故事导入

习惯与自然

一根小小的柱子，一截细细的链子，拴得住一头千斤重的大象，这不荒谬吗？可这荒谬的场景在印度和泰国随处可见。那些驯象人，在大象还是小象的时候，就用一条铁链将它绑在水泥柱或钢柱上，无论小象怎么挣扎都无法挣脱。小象渐渐地习惯了不挣扎，直到长成了大象，可以轻而易举地挣脱链子时，也不挣扎。

驯虎人本来也像驯象人一样成功，他让小虎从小吃素，直到小虎长大。老虎不知肉味，自然不会伤人。驯虎人的致命错误在于他摔了跤之后让老虎舔净他流在地上的血，老虎一舔就一发不可收拾，终于将驯虎人吃了。

从这则寓言故事中，我们可以领悟出企业管理中的道理：小象是被链子绑住，而大象则是被习惯绑住。虎曾经被习惯绑住，而驯虎人则死于习惯（他已经习惯于他的老虎不吃人）。习惯几乎可以绑住一切，只是不能绑住偶然，比如那只偶然尝了鲜血的老虎。又如，动物园里有一头大象。大象还很小的时候，就被管理员用一根绳子拴住了，小象向往着森林里无拘无束的生活，它拼命地挣扎，脖子鲜血淋漓也没能够挣断绳子，于是小象就放弃了。小象在动物园里慢慢长大了。后来，动物园里发生了一场大火，大象也被活活烧死在拴它的柱子上。大象被过去的失败经验限制住了，放弃了逃跑的努力。

◉ **案情介绍**

爱若的成功

爱若和布若差不多同时受雇于一家超级市场,开始时大家都一样,从最底层干起。可不久爱若就受到总经理的青睐,一再被提升,从领班直到部门经理。布若却像被人遗忘了一般,还在最底层混。终于有一天布若忍无可忍,向总经理提出辞呈,并痛斥总经理用人不公平。总经理耐心地听着,他了解这个小伙子,工作肯吃苦,但似乎缺少了点什么,缺什么呢⋯⋯

他忽然有了个主意。总经理说:"布若先生,请您马上到集市上去,看看今天有什么卖的。"布若很快从集市回来说,刚才集市上只有一个农民拉了一车土豆卖。"一车大约有多少袋,多少斤?"总经理问。布若又跑去,回来说有10袋。"价格多少?"布若再次跑到集上。总经理望着跑得气喘吁吁的他说:"请休息一会儿吧,你可以看看爱若是怎么做的。"

说完,总经理又叫来爱若,对他说:"爱若先生,请你马上到集市上去,看看今天有什么卖的。"爱若很快从集市回来了,汇报说到现在为止只有一个农民在卖土豆,有10袋,价格适中,质量很好,他带回几个让经理看。这个农民过一会儿还将弄几筐西红柿上市,据他看价格还公道,可以进一些货。这种价格的西红柿总经理可能会要,所以他不仅带回了几个西红柿作样品,而且还把那个农民也带来了,他现在正在外面等回话呢。

总经理看了一眼布若,说:"请他进来。"爱若由于比布若多想了几步,于是在工作上取得了成功。

◉ **案例解读**

人与人的差距,更多的是体现在思想方法上,虽然初始时就那么一点点,但日积月累就越拉越大,所以发现差距及时总结,方能迎头赶上。

人要善于观察、学习、思考和总结,仅仅靠一味地苦干奋斗,埋头拉车而不抬头看路,结果常常是原地踏步,明天仍旧重复昨天和今天的故事。

成功的规则未必那么明显,需要很高的悟性与洞察力,面对差距和挑战,及时调整心态,增强自己的独立思考、多谋善断、随机应变的能力。

第二部分 任务学习引导

重要知识

创新的定义

创新就是利用已存在的自然资源或社会要素创造新的矛盾共同体的人类行为,或者可以认为是对旧有的一切所进行的替代、覆盖。

12.1 初识创新

12.1.1 创新的概念

1. 创新的含义

创新是以新思维、新发明和新描述为特征的一种概念化过程。起源于拉丁语，它原意有三层含义：① 更新；② 创造新的东西；③ 改变。创新是人类特有的认识能力和实践能力，是人类主观能动性的高级表现形式，是推动民族进步和社会发展的不竭动力。一个民族要想走在时代前列，就一刻也不能没有理论思维，一刻也不能停止理论创新。创新包括以下几种：

（1）引入一种新产品或者新的特性，即产品创新；

（2）采用一种新的生产方法，即工艺创新或生产技术创新；

（3）开辟一个新市场，即市场创新；

（4）获得原料或半成品的新供给来源，以及开发新的资源创新，不管这种资源是已经存在，还是首次创造出来；

（5）建立新的企业组织形式，即企业组织管理创新。

2. 创新的特性

（1）目的性。任何创新活动都有一定的目的，这个特性贯彻于创新过程的始终。

（2）变革性。创新是对已有事物的改革和革新，是一种深刻的变革。

（3）新颖性。创新是对现有的不合理事物的扬弃，革除过时的内容，确立新事物。

（4）超前性。创新以求新为灵魂，具有超前性。这种超前是从实际出发、实事求是的超前。

（5）价值性。创新有明显、具体的价值，对经济社会具有一定的效益。

12.1.2 创新的条件及内容

1. 实现企业管理创新的条件

1）实现企业管理创新的主观条件

提出创新概念的经济学家熊彼特，特别强调企业家在经济活动中的主导地位。他把企业家定义为具有创新才能的人，企业家是创新活动的人格化，没有企业家，创新也就无从谈起。企业家的任务是破旧立新，进行新的创造。勇于创新是企业家精神的首要内容。

创新者的素质和能力，是创新得以实现的主观条件。它是在先天的基础上，经过后天的学习和锻炼而获得的主体因素。素质和能力分不开，素质具有隐性，能力具有显性。没有创新的素质和能力，不可能进行管理创新。

与一般人的素质要求不同，对创新者素质的要求包括：① 具有为人类社会、为国家、为企业、为科学事业献身的崇高目标；② 具有勇于开拓的胆识和积极进取的探索精神；③ 具有求实精神和科学严谨的作风；④ 具有广博深邃的知识和虚怀若谷善于学习的态度；⑤ 具有勤奋努力和顽强的毅力与恒心。

与一般能力不同，作为管理者的创新能力是其所有能力中最高层次的能力。一般能力创造出正常利润，而创新能力则创造出超额利润。创新能力的主要要求是：① 敏锐的观察发现力。发现问题是创新的前提或首要步骤、提高这一能力要求管理者掌握创新的思维方式、方法和技巧。② 丰富的想象力。知识有限，想象无边。异想天开，标新立异，才能推陈出新。③ 良好的记忆力。善于运用已有的知识、经验和信息进行组合。④ 卓越的分析和综合能力。"拼图"、"积木"玩具正是体现了这种创新能力。比如，企业家要养成学习和思考的习惯，从繁杂的日常事务中跳出来，善于学习研究国内外管理的新思维和趋势，冷静思考企业战略发展问题。

创新是人类社会发展的一种智力资源。对某一国家和企业来说，创新又总是一种稀有资源和短缺资源。因此，必须加快创新资源开发。而开发创新资源的主要途径有两个：一是培训。即进行全员性培训，学习创新的思维方式和技法；二是激励。即激励创新人员，属于创新的人才给予重用。建立和健全创新激励机制，是实现创新的重要条件。当务之急，是要坚持"以人为本"，实施"人才强企"，抓好三支队伍的建设。当前，农民工正成为产业工人的主体，对产业升级和企业管理水平提高带来了新的挑战，我们要把以人为本的理念落实到工人队伍新成员——农民工身上，做好培训工作。

2）实现企业管理创新的客体条件

与任何事物的发展变化一样，实现创新也必须具备内因和外因条件。企业创新需要有一个良好的宏观环境。企业创新的主要动力是获取超额利润，而政府的主要经济职能就是稳定经济形势，减少经济波动。建立完善的社会保障制度是企业进行创新的后盾，否则，创新的风险将使一些企业难以承受。国家还应从财政、信贷、公共投资等方面保证创新的资金供应。在国际化经营的条件下，企业固然要学习运用贸易规则规范自己、保护自己，但当企业处于反倾销诉讼时，政府就要承担进行反倾销的调查工作，以维护企业正当权益。

创新者的精神、创新者的素质和能力与微观环境因素密切相关。创新者的性格、思想方法、知识面和专业分工以及创新者所在单位的人际关系、工作条件、协作配合等方面都有可能影响创新思维能力。有利的环境有助于创新能力的形成和发挥，如举办创新性开发训练，为创新者扩大知识，交流信息，改善人际关系，配合试验手段等创造条件。

2. 管理创新的内容

1）结构变革

一个组织的结构是由其复杂性、正规化和集权化程度决定的。变革者一方面可以对组织设计中的一个或多个关键要素加以变革。此外，为提高组织的正规化程度，可以制定更多的规章和制度。而通过提高分权化程度，则可以加快决策制定的过程。另一方面可以对实际的结构设计做出重大的改革。

2）技术变革

变革者可以用投入转换为产出的技术进行变革发展。大多数有关管理的早期研究（泰罗和弗兰克·吉尔布雷斯的研究）就是侧重于技术发展方面的努力。

3）物理环境变革

办公场所或工作空间布局不应是随意的。一般来说，当变革者要对空间结构、内部设计、设备布局及其他事项作出决策时，总会认真考虑到工作需要、正常交往需要和社会需要等因素。

4）人员变革

人员变革是指为了努力帮助组织中的个人和群体更加有效地在一起工作而进行的变革。

通常，这类变革主要通过沟通、决策和问题过程来改变组织成员的态度和行为。

5）组织文化变革

随着时间的推移，某种特定的文化已变得对组织不适宜，它就成了管理当局的绊脚石。这时，管理当局要改革它。组织文化的变革也常常需要经历多年的时间，而不是几周或几个月就能看出其变化。

6）计划和目标变革

组织目标和组织计划等方面的变革，对组织管理影响很大，也很关键。它们直接关系到组织的生存和发展方向。

知识拓展12-1

威克效应

一次偶然的成功经验，并不能尊奉为一生一世的成功法则，每一个新的开始都需要付出新的努力。

12.2　设计管理创新的过程和组织创新活动

12.2.1　设计管理创新的过程

成功的创新要经历以下几个阶段的努力。

1. 培养创新意识

创新意识是指创新的愿望和动机，是人们根据社会和个人生活发展的需要，引起创新前所未有的事物或观念的动机，并在创新活动中表现出的意识、愿望和设想。

2. 发现和寻找机会

创新之所以要打破原有的秩序，是因为其内部存在的或出现了某种不协调的现象。创新活动正是从发现和利用旧秩序内部的这些不协调现象开始的。

3. 提出设想和方案

敏锐地观察到了旧秩序中的不协调现象之后，还要透过现象找到原因，并据此分析和预测不协调现象的未来变化趋势，估计它们可能给组织带来的积极或消极后果，并提出消除不协调和使系统在更高层次实现平衡的创新构想。

4. 迅速行动

组织内部环境变化迅速，解决不协调的构想提出后马上要付诸实践。由于外部环境的不确定性以及决策时掌握的信息有限，人们决策时提出的构思可能还不完善，甚至很不完善，但这种构思毕竟是在考虑到变化了的内外部环境的基础上提出来的，有可能解决组织内部面临的新问题、新情况，必须迅速实施，否则，可能错失良机。

5. 坚持不懈

创新的过程是一个不断尝试、不断失败、不断提高的过程。因此，创新者在开始行动以后，为取得最终的成功，必须坚定不移地继续坚持下去。要在创新中坚持下去，创新者必须有足够的自信心，有较强的忍耐力。

管理系统还需要建立起合理的评价和奖惩制度。创新的原始动机也许是个人的成就感、自我实现的需要，但是如果创新的努力不能得到组织和社会的承认，不能得到公正的评价和合理的报酬，则继续创新的动力就会渐渐失去。所以物质的和精神的激励，也是维持组织不断出现创新成就的保证。

12.2.2 组织创新活动

组织的管理者不仅要根据创新的规律和自身的工作进行创新，还要组织下属成员创新。组织的创新在某些时候要计划和安排某个成员在某个时间去从事某种创新活动，但更为重要的是为创新提供必要的条件、环境，从而有效地组织创新活动。

1. 创建并促进新的组织气氛

现代社会的主旋律是创新、发展，要大张旗鼓地宣传创新、激发员工创新的热情，树立"无功便是过"的新型观念，使每个员工都奋发向上努力进取、大胆尝试，造成一种人人谈创新，处处都创新的组织氛围。

2. 正确理解和扮演"管理者"的角色

组织的管理人员要带头从事创新活动，并努力为组织成员提供和创造一个有利于大家创新的环境，积极鼓励、引导和支持组织成员进行创新。

3. 制订弹性计划

创新意味着打破旧的有效规则，意味着占用计划外的时间和资源。创新需要思考，思考需要时间。因此，为了使员工有时间去探索、有条件去尝试，组织制订的计划必须具有弹性。

4. 正确地对待失败

失败并不可怕，可怕的是嘲笑失败者。其实，创新的过程是一个充满失败的过程。创新者应该认识到这一点，而组织管理者更应该认识到。只有认识到失败是正常的，有时是必需的，管理者才有可能认可失败。

5. 建立合理的奖酬制度

创新的原始动机也许是个人的自豪感、成就感，但是如果创新的努力得不到组织的认可，不能得到公正的和合理的奖酬，新的创新活动就会渐渐失去。因此，必须建立合理的奖酬制度。促进创新的奖酬制度至少要符合下列条件。

1）物质奖励和精神奖励相结合

以精神奖励为主，物质奖励为辅。这是一个重要的原则，因为奖励不一定是金钱上的，精神上的奖励比物质上的奖励更能满足人们创新的心理要求。

2）创新成功者和努力者同样对待

奖励既要针对有特殊贡献的创新者，而且还应当包括那些以前成功，甚至还没有获得成功的创新努力。

3）内部竞争与内部合作相配合

竞争是推动事物发展的一个重要手段，也是市场经济的主要特征。内部的竞争与合作对创新来讲都是十分必要的。

4）个人努力与团队精神相一致

个人的力量毕竟是有限的，当创新者找到创新机会时，大家一起来公关，就会使创新的成果尽早出现，尽早形成社会生产力。

知识拓展12-2

裂变效应

裂变是一种核物理现象。裂变最明显的效应是释放出巨大能量。企业每一次创新，就是一次理念到模式的飞跃；每一次创新管理，就会带来一次裂变效应。

12.3 构建创新型思维

12.3.1 创新性思维的含义及特征

1. 创新性思维的含义

创新性思维是一种具有开创意义的思维活动，即开拓人类认识新领域，开创人类认识新成果的思维活动，它往往表现为发明新技术，形成新观念，提出新方案和决策，创建新理论，对领导活动而言，其表现为社会发展处于十字路口，职业经理作出重大选择等。这是狭义上的理解。从广义上讲，创新性思维不仅表现为作出了完整的新发现和新发明的思维过程，而且还表现为在思考的方法和技巧上，在某些局部的结论和见解上具有新奇独到之处的思维活动。创新性思维广泛存在于政治、军事决策中和生产、教育、艺术及科学研究活动中。

2. 创新性思维的特征

从"创新性思维的含义"中可以看出，它具有以下几个特征。

1）独创性或新颖性

创新性思维贵在创新，它或者在思路的选择上，或者在思考的技巧上，或者在思维的结论上，具有"前无古人"的独到之处，具有一定范围内的首创性、开拓性。一位希望事业有成或生活出意义来或做一个称职的领导的人，就要在前人、常人没有涉足，不敢前往的领域"开垦"出自己的一片天地，就要站在前人、常人的肩上再前进一步，而不要在前人、常人已有的成就面前踏步或仿效，不要被司空见惯的事物所迷惑。

2）极大的灵活性

创新性思维并无现成的思维方法和程序可循，所以它的方式、方法、程序、途径等都没有固定的框架。进行创新性思维活动的人在考虑问题时可以迅速地从一个思路转向另一个思路，从一种意境进入另一种意境，多方位地试探解决问题的办法，这样，创新性思维活动就表现出不同的结果或不同的方法、技巧。

3）艺术性和非拟化

创新性思维活动是一种开放的、灵活多变的思维活动，它的发生伴随有"想象"、"直觉"、"灵感"之类的非逻辑。创新性思维活动的上述特点同艺术活动有相似之处，艺术活动就是每个人充分发挥自己才能，包括利用直觉、灵感、想象等非理性的活动，艺术活动的表面现象和过程可以模仿，如凡·高的名画《向日葵》，人们都可以去画"向日葵"，且大小、颜色都可以模仿，甚至临摹。创新性的思维能力无法像一件物品，如茶杯，摆在我们面前，任我们临摹、仿造。因此，创新性思维被称为一种高超的艺术。

4）对象的潜在性

创新性思维活动从现实的活动和客体出发，但它的指向不是现存的客体，而是一个潜在的、尚未被认识和实践的对象。所以，创新性思维的对象或者是刚刚进入人类的实践范围，尚未被人类所认识的客体，人们只能猜测它的存在状况，或者是人们虽然有了一定的认识，但认识尚不完全，还可以从深度和广度上加以进一步认识的客体，这两类客体无疑带有潜在性。

5）风险性

由于创新性思维活动是一种探索未知的活动，因此要受到多种因素的限制和影响，如事物发展及其本质暴露的程度、实践的条件与水平、认识的水平与能力等，这就决定了创新性思维并不能每次都能取得成功，甚至有可能毫无成效或者作出错误的结论。

12.3.2　创新性思维的表现形式

创新性思维的关键在于怎样具体地去进行创新性的思维。创新性思维的重要诀窍在于多角度、多侧面、多方向地看待和处理事物、问题和过程，具体地表现在以下几个方面。

1. 理论思维

理论一般可理解为原理的体系，是系统化的理性认识。理论思维是指使理性认识系统化的思维形式。这种思维形式在实践中应用很多，是一种基本的思维形式。因此，为了把握创新规律，就要认真研究理论思维活动的规律，特别是创新性理论思维的规律。

2. 多向思维

多向思维也叫发散思维、辐射思维或扩散思维，是指对某一问题或事物的思考过程中，不拘泥于一点或一条线索，而是从仅有的信息中尽可能向多方向扩展，而不受已经确定的方式、方法、规则和范围等的约束，并且从这种扩散的思考中求得常规的和非常规的多种设想的思维。

3. 侧向思维

"他山之石，可以攻玉"。当我们在一定的条件下解决不了问题或虽能解决但只是用习以为常的方案时，可以用侧向思维来产生创新性的突破。侧向思维的具体运用方式有以下三种。

1）侧向移入

这是指跳出本专业、本行业的范围，摆脱习惯性思维，侧视其他方向，将注意力引向更广阔的领域或者将其他领域已成熟的、较好的技术方法、原理等直接移植过来加以利用；或者从其他领域事物的特征、属性、机理中得到启发，导致对原来思考问题的创新设想。

2）侧向转换

这是指不按最初设想或常规直接解决问题，而是将问题转换成为它的侧面的其他问题，或将解决问题的手段转为侧面的其他手段等等。这种思维方式在创新发明中常常被使用。例如，在"网络热潮"中，兴起了一批网络企业，但真正最终赢利的是设备提供商，如思科等企业。

3）侧向移出

与侧向移入相反，侧向移出是指将现有的设想、已取得的发明、已有的感兴趣的技术和本厂产品，从现有的使用领域、使用对象中摆脱出来，将其外推到其他意想不到的领域或对象上。这也是一种立足于跳出本领域，克服线性思维的思考方式，如将工程中的定位理论用在营销中。总之，不论是利用侧向移入、侧向转换还是侧向移出，关键的窍门是要善于观察，特别是留心那些表面上似乎与思考问题无关的事物与现象。这就需要在注意研究对象的同时，间接注意其他一些偶然看到的或事先预料不到的现象。也许这种偶然并非是偶然，可能是侧向移入、侧向移出或侧向转换的重要对象或线索。

4. 逆向思维

哲学研究表明，任命事物都包含着对立的两个方面，这两个方面又相互依存于一个统一体中。人们在认识事物的过程中，实际上是同时与其正反两个方面打交道，只不过由于日常生活中人们往往养成一种习惯性思维方式，即只看其中的一方面，而忽视另一方面。如果逆转一下正常的思路，从反面想问题，便能得出一些创新性的设想。例如，管理中的"鲶鱼效应"、需改变传统的"对固定路径的依赖"。

5. 联想思维

联想思维是指由某一事物联想到另一种事物而产生认识的心理过程，即由所感知或所思的事物、概念或现象的刺激而想到其他的与之有关的事物、概念或现象的思维过程。

6. 形象思维

形象思维就是依据生活中的各种现象加以选择、分析、综合，然后加以艺术塑造的思维方式。它也可以被归纳为与传统形式逻辑有别的非逻辑思维。严格地说，联想只完成了从一类表象过渡到另一类表象，它本身并不包含对表象进行加工制作的处理过程，而只有当联想导致创新性的形象活动时，才会产生创新性的成果。实际上，联想与形象的界限是不好划分的，有人认为可以把形象看成是一种更积极、更活跃、更主动的联想。

知识拓展12-3

达维多夫定律

没有创新精神的人永远也只能是一个执行者。只有敢为人先的人，才最有资格成为真正的先驱者。

📖 **课堂讨论!**

完成本任务后，请进行自我测试：
你是否已明确管理创新的深刻内涵？

● **帝王之道论管理 – 12**

孝文帝：改革创新促发展

孝文帝的改革是北魏政治、经济发展以及鲜卑族进一步封建化的必然结果。但从另一方面来讲，孝文帝的改革也促进了北魏政治、经济的发展，体现了民族融合的巨大作用。鲜卑族用武力征服了汉族及其他少数民族，但却不得不被汉族较高的文化所征服，并从中吸收了汉族文化精华，更加促进了自身的发展，巩固了封建统治。同时汉民族也从中吸收了鲜卑族文化中优秀的部分，使自己的发展更为完善。

　　孝文帝的改革体现了民族融合的巨大推动作用。整个中华民族的文明就是各个民族不断交流、融合所产生的，中华民族是一个大家庭，我们应该具有高度的民族凝聚力与民族情感，懂得民族间的尊重与友爱。然而孝文帝的改革也遇到了鲜卑旧贵族的强烈反对，在孝文帝的坚决镇压下才保证了汉化政策的推行，巩固了改革的成果，由此也可见孝文帝改革的勇气与决心以及高瞻远瞩的改革眼光。

◉ 任务小结

　　通过对本任务的学习，同学们可以了解创新的一些相关基础知识，理解创新的概念，掌握创新的内涵、内容、本质、机会和过程，并能运用创新知识认识身边的创新状况。

第三部分　任务实训

⇒ 案例分析

《英雄》：一部糟糕电影的辉煌纪录

　　有史以来中国电影市场最成功的票房，有着糟糕动作片的一切特征——弱智的故事情节、失真的动作设计、装腔作势的台词，但《英雄》这部糟糕的电影，上市 20 天就创下了超过 2 亿元的票房，而同年度风靡全球的《哈利·波特》，在中国创下的票房仅为 6 300 万元。

　　让《英雄》成功的，不是由于电影的精彩，而是由于营销策划、市场推广的创新。《英雄》组成了阵容强大的明星剧组，早在 2001 年初，新画面公司就开始借助团队的明星效应，持续制造新闻。在媒体的支持下，这些"新闻广告"高强度持续进行了两年时间，终于让大量中国人按捺不住，走进影院观看这个中国有史以来营销最成功的电影，也许还是最糟糕的动作片之一。这些人中间，包括几乎从来不看电影的笔者。

　　《英雄》以令人赞叹的耐心、丝丝相扣的营销策划和长达两年的新闻公关，列年度十大营销创新案例之首。《英雄》必将以营销的创新写入中国电影史，但未来的电影观众必把它忘得一干二净。

　　《英雄》入选，是为了表彰发行商新画面公司对电影营销的突破性贡献。

（案例来源：百度文库）

【思考题】

1. 管理的创新职能在这个案例中体现在什么地方？
2. 《英雄》的成功表现在何处？

⇒ 模拟实训

胜利大逃亡

1. 实训目的

（1）增强对创新的认识，加强团队的创新能力培养。

（2）检查团队综合使用各种方法的有效性。

2. 实训内容

（1）把班级学生分成小组，每个小组5～7人。

（2）分发"胜利大逃亡练习"的指导说明，并进行简单论述。

（3）20分钟完成胜利大逃亡。

（4）要求每组描述他们设计的逃亡，寻找机会祝贺富有创意和幽默的团队。

（5）利用20～25分钟的时间进行评估过程。

（6）要求每组至少分享一份行动方案。

3. 实训方法与要求

（1）阅读资料中的内容。

资料：胜利大逃亡指导

参加者的笔记——小组

你正在竞争一份合约为数百万元的动作电影写手迹，这部电影由动作明星成龙领衔主演。约定20分钟内完成下列场景的记录：

故事发生在一栋地中海别墅中的图书馆。房间在一楼，只有一个入口，一扇重的橡树门。两扇窗户，没有玻璃，但用布装饰的铸铁条封死。

英雄杀坏人。但是坏人死之前，设法锁住了他们的房门，透过铁条窗户把钥匙扔出去，笑着死去。英雄很快意识到为什么。他看见一个定时炸弹，定时器显示4分钟后炸弹将会爆炸。

他透过窗户看见离地1.5米的钥匙。

场景中有下列道具，你可以使用这些道具设计英雄的逃亡方案。

家具：书桌、旋转高背椅、沙发、台灯桌子和台灯。

其他的项目：笔记本、钢笔和铅笔，书，墨水，薄的纱制品，吸墨纸，纸修剪，剪刀，橡皮，乐器，苏格兰人的磁带，膝盖高的计算机，苏格兰酒，两个水晶瓶子，小的针织毯子，报纸，杂志，分离的电话，拆信刀，信封，掉落的橡胶瓶，几束花，伞架子上有一把伞和一根手杖。

（2）分组进行并最终形成一份正式稿件。

4. 实训考核

由学生和老师共同打分，分为A、B、C、D四个等级。

◉ 游戏活动

比 比 谁 高

1. 目的

考察学生的创新素质。

2. 道具

每组两副扑克牌，一盒回形针。

3. 时间

25分钟。

4. 程序

（1）把同学们分为 6 人一组，给每组发放两副扑克牌和一盒回形针。

（2）讲解活动内容：每组利用手中道具做一个物体，使物体做得尽量又高又稳固。

（3）教师测量物体的高度。

5. 规则

（1）每组只能用所给予的道具做一个物体。

（2）教师在测量前，要先用力拍一下桌子。

6. 教师任务

（1）教师准备道具，扑克牌可让各小组协助准备。

（2）控制整个活动过程。

7. 考核标准

不违反规则，做得最高、最稳、最快的小组获胜。

任务十三　展望管理新思潮

↘ 任务提示

本任务将引领你明确企业管理创新的趋势和管理创新的新模式！

↘ 任务先行

什么是学习型组织和知识管理？它们是怎样来到我们身边的？它们是研究什么的？要了解这些问题，请往下看！

第一部分　故事与案例

⊃ 故事导入

蚂蚁的知识管理

世界上最杰出的建筑实际上都出自于动物，比如，蜜蜂的蜂巢和蚂蚁的蚁窝。蚂蚁天生就是建筑大师，它们能建造出让人类称奇的居所，那圆形的门拱就像计算机里的三维图形。但这里的蚂蚁指的是一个数量级的群体，而不包括个体，甚至是一小群蚂蚁。

生物科学家曾做过这样一个实验：将一小群工蚁放到一个适合筑窝的地方，出于本能，这些小蚂蚁会立刻动手建筑蚁穴。但当蚂蚁的数量小于一定级别的时候，这些忙忙碌碌的蚂蚁只会建造半个门拱，它们会反复建筑许多半个门拱，就是建不起一个完整的门。如果不断地增加蚂蚁的数量，在达到一定数量级别的时候，那些乱哄哄的蚂蚁突然好像得到了完整的建筑图纸，一下子变得有序起来，不一会儿，一个完整的蚁门就会完成。

从这则寓言故事中，我们可以领悟出企业管理中的道理：蚂蚁的世界也有类似知识管理的机制存在着，推而广之，其实不论是有意还是无意，知识管理都普遍存在于世界的各个角落。组织知识一直是群体存在的基础，而组织的发展、变革也首先体现在知识的发展、变革之中。

⊃ **案情介绍**

重视人本？

最初我们把富士康事件放入管理红黑榜时，首先想到的是新一代蓝领工人的管理，就像在事件最热炒的时候《中外管理》所做的报道一样——1985—1990 年出生的新生代成为职场主流，他们是一群什么样的人？他们在想什么？他们到底是更坚强还是更脆弱？

但现在看来，这其实仍然循环在一个"头痛医头，脚痛医脚"的逻辑里。

在讨论新一代员工与上一代员工的区别时，我们很容易发现一些客观的原因。比如：两代人的生存环境的区别，"独生"一代的脆弱等等，这是企业管理者们非常乐于接受的——你看，是他们变了。在这个前提下作出的管理改善，本质上仍然是"对付"这些新特点。事实上，富士康此前在这些应对功夫上做得已足够多，比如：健身房、游泳池、发泄室，还有心理热线。

对于员工，不论是新一辈还是老一辈，不论是制造业、服务业抑或蓝领、白领，其实管理者要思考一个最原始的问题——何为"人"？人最基本的需求是什么？

⊃ **案例解读**

与那些更容易管理的上一代相比，如今这些新兴产业工人最根本的差异，也许并不是心理承受力，区别更在于他们的个人意识觉醒，"跳楼"也可以看作是这种意识觉醒的一种表达方式。如果企业仍然把管理当成一种手段，用来"对付"员工不断改变的特点，而非"尊重"他们，那么富士康现象只会花样翻新地不断上演。

丰富的劳动力市场不能再成为恶劣管理的底气，中国劳动力素质问题再不能当成阴暗管理心理的借口。翻看这个世界上最优秀公司的历史，那些基业长青的公司，无论各自有什么法宝，但在一点上却出奇的相似，就是对员工给予充分的尊重和信任。

第二部分　任务学习引导

13.1　认识企业管理创新的趋势

在商业环境的稳定性、确定性、可预测性已经被变革性、不确定性、不可预测性所代替的同时，国内外企业在管理理念的指导下，顺应时代变化进行了许多管理变革，呈现出了以下八大趋势。

（1）由追求利润最大化向追求企业可持续成长观转变。

研究表明，把利润最大化作为管理的唯一主题，是造成企业过早夭折的重要根源之一。在产品、技术、知识等创新速度日益加快的今天，成长的可持续性已经成为现代企业所面临的一个比管理效率更重要的课题。

坚持可持续成长管理观，在管理中就会注重整体优化，讲求系统管理，实行企业系统整体功能优化，注重依靠核心竞争力，不断提高市场竞争优势，注重夯实基础管理，讲求管理精细化、科学化、程序化、规范化和制度化，注重以人为本，不断提高员工素质，充分调动员工积极性，发挥其能动作用等等。

企业是一个人造系统，其内部系统是可以改造的，这是企业能够实现可持续成长的客观条件。与可以枯竭的物质资源不同，企业文化、企业家精神等是支撑企业可持续成长的支柱。

（2）企业竞争由传统的要素竞争转向企业运营能力的竞争。

企业从大量市场产品和服务标准化、寿命期长、信息含量少、简单的一次性交易的竞争环境，向产品和服务个性化、寿命期短、信息含量大，并与顾客保持沟通关系的全球竞争环境转变。提升企业的运营能力，就要使企业的生产、营销、组织、管理等方面都"敏捷"起来，使企业成为一个全新的"敏捷性"经营实体，实现向"敏捷管理"方式的转变。一个企业要适应超倍速的竞争，必须在以下各层面具备敏捷性的特点：在生产方面，敏捷管理意味着具有依照顾客订单，任意批量制造产品和提高服务的能力；在营销方面，它具有以顾客价值为中心、丰富顾客价值、生产个性化产品和服务组合的特点；在组织方面，敏捷管理要求能够整合企业内部和外部与生产经营过程相关的资源，通过与供应商和顾客的互动合作，创造和发挥资源杠杆的竞争优势；在管理方面，它一改强调指挥和控制的管理思想，转换到领导、激励、支持和信任上来。

（3）企业间的合作由一般合作模式转向供应链协作、网络组织、虚拟企业、国际战略联盟等形式。

现代企业不能只提供各种产品和服务，还必须懂得如何把自身的核心能力与技术专长恰当地同其他各种有利的竞争资源结合起来，弥补自身的不足和局限性。在现代企业的生存原则中，"排他"已被"合作"所取代包容。

许多成功企业形成了不少互利合作的竞争方式：① 供应链型，主要是企业与供应商之间的合作。企业的增值链中，供应过程所占成本很多，所以供应链的动态互联至关重要；② 战略网络型，主要是指企业通过建立与供应商、经销商以及最终用户的价值链形成一种战略网络，竞争已不是单一的公司之间的竞争，而是战略网络间的竞争；③ 协作联营型，表现为企业通过有选择地与竞争对手，以及与供应商或其他经营组织分享和交换控制权、成本、资本、进入市场机会、信息和技术等，形成联营组织，从而在市场竞争中创造更多的价值；④ 虚拟组织型，是利用信息技术把各种资源、能力和思想动态地连接起来，成为一种有机的企业网络组织，以最低的成本、最快的速度创造价值。

（4）员工的知识和技能成为企业保持竞争优势的重要资源。

企业将主要通过管理员工的知识和技能，而不是金融资本或自然资源来获取竞争优势。企业的知识被认为是和人力、资金等并列的资源，并将逐渐成为企业最重要的资源。

出现在资产负债表上的资产，如厂房、设备等，虽然很容易估价和进行管理，但它们已经越来越难以决定企业的价值。相反，企业的价值更取决于无形资产，如品牌、专利、特许经营、软件、研究项目、创意及专长等。国外机构的研究表明，在企业的市场价值中，已有6/7 都取决于这些"知识"资产。管理这些资产中的任何一种都是很难的，但最难的还是怎样对待员工的思想和知识。企业需要更多地通过组织学习、知识管理和加强协作能力来应对知识经济的挑战，将现有组织、知识、人员和流程与知识管理和协作紧密结合起来。

（5）从传统的单一绩效考核转向全面的绩效管理。

传统的绩效考核是通过对员工工作结果的评估来确定奖惩，以期实现对员工的激励，其致命的问题在于：从目标到绩效结果的形成过程缺乏控制；不是封闭的，没有绩效改善的组织手段作为保证，在推行绩效考核时会遇到员工的反对。

把绩效管理与公司战略联系起来，变静态考核为动态管理，是近年来绩效管理的显著特点。信息技术的发展使更为精细的绩效管理成为可能，绩效管理的工具也由单一向多维发展。主要包括目标管理、关键绩效指标（KPI）、360度打分、平衡计分卡和 EVA 价值管理等。

（6）信息技术改变企业的运作方式。

信息技术的发展和应用，几乎无限制地扩大了企业的业务信息空间，使业务活动和业务信息得以分离。在订单的驱动下，原本无法调和的集中与分散的矛盾得以解决，并提供了手段。通过整合能够实现企业内部资源的集中、统一和有效配置；借助信息技术手段，如"协同设计"、"协同制造"和"客户关系管理"等，企业能够跨越内部资源界限，实现对整个供应链资源的有效组织和管理。

为了应对挑战，出现了许多如 PDM、ERP、CRM、SCM 等企业信息化产品，在不同层次、不同方面为企业管理与技术水平的提升提供了解决方案。

（7）顾客导向观念受到重视并被超越。

由于顾客往往缺乏主见，因此顾客导向难以使企业具有前瞻性。而近十几年来，以微软、英特尔为首的部分高科技企业放弃了"顾客导向"，采用以产品为中心的经营战略，并取得了巨大成功，由此产生了超越"顾客导向"的竞争新思维。这种现象的出现，主要是因为随着知识经济时代的到来，企业面对的已不仅仅是现有的份额，更重要的是未来的市场和挑战。要提高企业的预见性，抢占产业先机，仅着眼于顾客导向已经不够，它会随着竞争条件的变化而逐渐失效。

（8）由片面追求企业自身利益转变为注重履行社会责任，实现经济、环境、社会协调发展。

一方面，越来越多的消费者关注跨国公司在推行市场全球化过程中的社会责任表现，另一方面，更多的公司认识到，良好的企业社会责任策略和实践可以获取商业利益，社会责任表现良好的企业不仅可以获得社会利益，还可以改善风险管理，提高企业的声誉。

近十几年来，管理体系方面最重要的发展应该是 SA8000 社会责任国际标准。在目前的商业环境下，已经不是"是否应该"实施社会责任政策的问题，而是如何有效实施，大多数商业发展计划都要进行道德评估和环境影响分析。在 ISO 9000 和 ISO 14000 之后，SA 8000 标准是一个最新的管理体系标准。大多数公司意识到，消费者在选择商家时越来越多地考虑公司的道德表现，商业行为符合道德标准已经变成一件头等大事。

知识拓展13-1

舍 恩 定 理

新思想只有落到真正相信它，对它着迷的人手里才能开花结果。只有信之不疑，才能持之以恒。

13.2 运用企业管理创新模式

13.2.1 企业流程再造

1. 企业流程再造的概念

美国麻省理工学院教授迈克·哈默（M. Hammer）与詹姆斯·钱皮（J. Champy）的定义，是指"为了飞越性地改善成本、质量、服务、速度等重大的现代企业的运营基准，对工作流程（Business Process）进行根本性重新思考并彻底改革"，也就是说，"从头改变，重新设计"。为了能够适应新的世界竞争环境，企业必须摒弃已成惯例的运营模式和工作方法，以工作流程为中心，重新设计企业的经营、管理及运营方式。

企业再造包括企业战略再造、企业文化再造、市场营销再造、企业组织再造、企业生产流程再造和质量控制系统再造。

2. 企业流程再造理论产生的背景

企业流程再造理论（BPR）的产生有深刻的时代背景。20 世纪六七十年代以来，信息技术革命使企业的经营环境和运作方式发生了很大的变化，而西方国家经济的长期低增长又使得市场竞争日益激烈，企业面临着严峻挑战。有些管理专家用 3C 理论阐述了这种全新的挑战。

1）顾客（Customer）

买卖双方关系中的主导权转到了顾客一方。竞争使顾客对商品有了更大的选择余地；随着生活水平的不断提高，顾客对各种产品和服务也有了更高的要求。

2）竞争（Competition）

技术进步使竞争的方式和手段不断发展，发生了根本性的变化。越来越多的跨国公司越出国界，在逐渐走向一体化的全球市场上展开各种形式的竞争，美国企业面临日本、欧洲企业的竞争威胁。

3）变化（Change）

市场需求日趋多变，产品寿命周期的单位已由"年"趋向于"月"，技术进步使企业的生产、服务系统经常变化，这种变化已经成为持续不断的事情。因此，在大量生产、大量消费的环境下发展起来的企业经营管理模式已无法适应快速变化的市场。

面对这些挑战，企业只有在更高水平上进行一场根本性的改革与创新，才能在低速增长时代增强自身的竞争力。

在这种背景下，结合美国企业为挑战来自日本、欧洲的威胁而展开的实际探索，1993年，哈默和钱皮出版了《再造企业》（Reengineering the Corporation）一书，书中认为："20年来，没有一个管理思潮能将美国的竞争力倒转过来，如目标管理、多样化、Z 理论、零基预算、价值分析、分权、质量圈、追求卓越、结构重整、文件管理、走动式管理、矩阵管理、内部创新及一分钟决策等。"1995 年，钱皮又出版了《再造管理》。哈默与钱皮提出应在新的企业运行空间条件下，改造原来的工作流程，以使企业更适应未来的生存发展空间。

3. 企业流程再造的主要程序

企业流程再造就是重新设计和安排企业的整个生产、服务和经营过程，使之合理化。通过对企业原来的生产经营过程的各个方面、各个环节进行全面的调查研究和细致分析，对其中不合理、不必要的环节进行彻底的变革。在具体实施过程中，可以按以下程序进行。

（1）对原有流程进行全面的功能和效率分析，发现其存在的问题。根据企业现行的作业程序，绘制细致、明了的作业流程图。一般地说，原来的作业程序是与过去的市场需求、技术条件相适应的，并以一定的组织结构、作业规范作为其保证的。当市场需求、技术条件发生的变化使现有作业程序难以适应时，作业效率或组织结构的效能就会降低。

（2）设计新的流程改进方案，并进行评估。为了设计更加科学、合理的作业流程，必须群策群力、集思广益、鼓励创新。对于提出的多个流程改进方案，还要从成本、效益、技术条件和风险程度等方面进行评估，选取可行性强的方案。

（3）制定与流程改进方案相配套的组织结构、人力资源配置和业务规范等方面的改进规划，形成系统的企业再造方案。企业业务流程的实施，是以相应组织结构、人力资源配置方式、业务规范、沟通渠道甚至企业文化作为保证的，所以，只有以流程改进为核心形成系统的企业再造方案，才能达到预期的目的。

（4）组织实施与持续改善。实施企业再造方案，必然会触及原有的利益格局。因此，必须精心组织，谨慎推进。既要态度坚定，克服阻力，又要积极宣传，形成共识，以保证企业再造的顺利进行。

企业再造方案的实施并不意味着企业再造的终结。在社会发展日益加快的时代，企业总是不断面临新的挑战，这就需要对企业再造方案不断地进行改进，以适应新形势的需要。

13.2.2 学习型组织

1. 学习型组织的概念

学习型组织是一个能熟练地创造、获取和传递知识的组织，同时也要善于修正自身的行为，以适应新的知识和见解。当今世界上所有的企业，不论遵循什么理论进行管理，主要有两种类型，一类是等级权力控制型，另一类是非等级权力控制型，即学习型企业。

2. 学习型组织的内涵

知识经济迅速崛起，对企业提出了严峻挑战，现代人工作价值取向的转变，终身教育、可持续发展战略等当代社会主流理念对组织群体的积极渗透，为组织学习提供了理论上的支持。结合研究现状，我们提出学习型组织的内涵，具体如下。

（1）学习型组织的基础是团结、协调及和谐。组织学习普遍存在"学习智障"，个体自我保护心理必然造成团体成员间相互猜忌，这种所谓的"办公室政治"导致高智商个体的出现，组织群体反而效率低下。从这个意义上说，班子的团结，组织上下协调，以及群体环境的民主、和谐是建构学习型组织的基础。

（2）学习型组织的核心是在组织内部建立完善的"自学习机制"。组织成员在工作中学习，在学习中工作，学习成为工作的一种新的形式。

（3）学习型组织的精神是学习、思考和创新。此处学习是团体学习、全员学习，思考是系统、非线性的思考，创新是观念、制度、方法及管理等多方面的更新。

（4）学习型组织的关键特征是系统思考。只有站在系统的角度认识系统，认识系统的环境，才能避免陷入系统动力的旋涡里去。

（5）组织学习的基础是团队学习。团队是现代组织中学习的基本单位。许多组织不乏就是组织现状、前景的热烈辩论，但团队学习依靠的是深度汇谈，而不是辩论。深度汇谈是一个团队的所有成员，摊出心中的假设，而进入真正一起思考的能力。深度汇谈的目的是一起思考，得出比个人思考更正确、更好的结论；而辩论是每个人都试图用自己的观点说服别人同意的过程。

3. 学习型组织的五项要素

（1）建立共同愿景。愿景可以凝聚公司上下的意志力，通过组织共识，大家与学习型组织的方向一致，个人也乐于奉献，为组织目标奋斗。

（2）团队学习。团队智慧应大于个人智慧的平均值，以作出正确的组织决策，通过集体思考和分析，找出个人弱点，强化团队向心力。

（3）改变心智模式。组织的障碍，多来自于个人的旧思维，如固执己见、本位主义，唯有通过团队学习及标杆学习，才能改变心智模式，有所创新。

（4）自我超越。个人有意愿投入工作，专精工作技巧的专业，个人与愿景之间有种"创造性的张力"，正是自我超越的来源。

（5）系统思考。应通过资讯搜集，掌握事件的全貌，以避免见树不见林，培养综观全局的思考能力，看清楚问题的本质，有助于清楚了解因果关系。学习是心灵的正向转换，企业如果能够顺利导入学习型组织，不只能够达致更高的组织绩效，更能够带动组织的生命力。

13.2.3 知识管理

21 世纪，企业的成功越来越依赖于企业所拥有知识的质量，利用企业所拥有的知识为企业创造竞争优势和持续竞争优势对企业来说始终是一个挑战。

1. 知识管理的定义

知识管理是指在组织中建构一个量化与质化的知识系统，让组织中的资讯与知识，通过获得、创造、分享、整合、记录、存取、更新、创新等过程，不断地回馈到知识系统内，形成永不间断的累积个人与组织的知识成为组织智慧的循环，在企业组织中成为管理与应用的智慧资本，有助于企业作出正确的决策，以因应市场的变迁。

知识管理包括四个方面工作：① 建立知识库；② 促进员工的知识交流；③ 建立尊重知识的内部环境；④ 把知识作为资产来管理。

2. 知识管理的内容

知识管理可分为人力资源管理和信息管理两个方面。

人力资源管理是知识管理的核心内容，人力资源管理就是一种以"人"为中心，将人看作是最重要资源的现代管理思想。

信息管理可分为三个层面：最底层的是通信网络，用来支持信息的传播；第二层是高性能计算机服务器，这是存取信息、数据的关键环节之一；第三层是信息库、数据库系统层，它是信息管理系统的关键层。对于组织来说，知识管理的实施在于建立激励员工参与知识共享的机制，培养组织创新和集体创造力。良好的信息管理是实现有效的知识管理的基础。

3. 实施知识管理的步骤

1）认知

它是企业实施知识管理的第一步，主要任务是统一企业对知识管理的认知，梳理知识管理对企业管理的意义，评估企业的知识管理现状，帮助企业认识是否需要知识管理，并确定知识管理实施的正确方向。主要工作包括：全面完整地认识知识管理，对企业中高层进行知识管理认知培训，特别是让企业高层认识知识管理；利用知识管理成熟度模型等评价工具多方位评估企业知识管理现状及通过调研分析企业管理存在的主要问题；评估知识管理为企业带来的长、短期效果，从而为是否推进知识管理实践提供决策支持；制定知识管理战略和推进方向等。

2）规划

知识管理的推进是一套系统工程，在充分认知企业需求的基础上，详细规划也是确保知识管理实施效果的重要环节。这个环节主要是通过对知识管理现状、知识类型的详细分析，并结合业务流程等多角度，进行知识管理规划。在规划中，切记知识管理只是过程，而不能为了知识管理而进行知识管理，把知识管理充分融入企业管理之中，才能充分发挥知识管理的实施效果。主要工作包括：从战略、业务流程及岗位来进行知识管理规划；企业管理现状与知识管理发展的真实性分析；制定知识管理相关战略目标和实施策略，并对流程进行合理化改造；知识管理落地的需求分析及规划；在企业全面建立知识管理的理论基础。

3）试点

此阶段是第二阶段的延续和实践，按照规划选取适当的部门和流程，依照规划基础进行知识管理实践，并从短期效果来评估知识管理规划，同时结合试点中出现的问题进行修正。主要工作内容：每个企业都有不同的业务体系，包括生产、研发、销售等，各不同业务体系的任务特性均不相同，其完成任务所需要的知识亦有所不同，因此需要根据不同业务体系的任务特性和知识应用特点，拟定最合适、成本最低的知识管理方法，这称为知识管理模式分析（KMPA）。另外，考虑到一种业务体系下有多方面的知识，如何识别关键知识，并判断关键知识的现状，进而在知识管理模式的指导下采取有针对性的提升行为，这可以称为知识管理策略规划（KSP）。所以，此阶段的重点是结合企业业务模式进行知识体系梳理，并对知识梳理结果进行分析，以确定知识管理具体策略和提升行为。本阶段是知识管理从战略规划到落地实施的阶段，根据对企业试点部门的知识管理现状、需求和提升计划的分析，应该考虑引入支撑知识管理落地的知识管理 IT 系统。根据前几个阶段的规划和分析，选择适合企业现状的 IT 落地方法，如带知识管理功能的办公协同系统、知识管理系统、知识门户落地等等。可以说，本阶段在知识管理系统实施中难度最大，需要建立强有力的项目保障团队，做好业务部门、咨询公司、系统开发商等多方面协调工作。

4）推广和支持

在试点阶段不断修正知识管理规划的基础上，知识管理将大规模在企业推广，以全面实现其价值。推广内容包括：知识管理试点部门的实践，在企业中其他部门的复制；知识管理全面地融入企业业务流程和价值链；知识管理制度初步建立；知识管理系统的全面运用；实现社区、学习型组织、头脑风暴等知识管理提升计划的全面运行，并将其制度化。

推广和支持的难点包括：对全面推广造成的混乱进行控制和对知识管理实施全局的把握；知识管理融入业务流程和日常工作；文化、管理、技术的协调发展；知识管理对战略目标的支持；对诸如思想观念转变等人为因素的控制以及利益再分配；建立知识管理的有效激励机制和绩效体系。

5）制度化

制度化阶段既是知识管理项目实施的结束，又是企业知识管理的一个新开端，同时也是一个自我完善的过程。要完成这一阶段，企业必须重新定义战略，并进行组织构架及业务流程的重组，准确评估知识管理在企业中实现的价值。

13.2.4 比较管理

比较法是通过辨认、鉴别，揭示事物之间的共同点和差异，以正确认识事物的一种认识方法。作为一种研究方法，在古今中外众多学科的研究过程中比较管理是人们比较常用的基本方法。

1. 比较管理概述

1）比较管理学的发展状况

比较管理学产生于 20 世纪 50 年代末。一般认为，美国普林斯顿大学经济学教授 F. 哈比森和麻省理工学院工业关系学教授 C. A. 梅耶斯在 1959 年出版的《工业世界中的管理：国际分析》一书是比较管理学的奠基著作。

2）比较管理学的研究内容

研究的内容主要包括不同国家企业管理的异同点、主要特点、彼此间的相互影响等等。研究的体系也各不相同，有的分专题对几个国家的企业管理理论和实践进行比较；有的分国别对几个国家的企业管理从历史、现状、发展特点进行论述，然后加以比较；有的从建立比较模式入手，分析外部环境、管理哲学等因素对管理过程诸要素的影响。

2. 比较管理的意义

1）比较的目的

一般而言，比较的目的可分为两类：一类是追求科学的目标，即通过事物之间异同的比较，来正确认识事物的真相及规律性；另一类则是追求功利的目标，即通过比较认清事物之间的异同，确定其利弊，达到趋利避害的目的。

2）管理的可比性

许多的管理学者认为，基本的管理概念、管理理论和管理原理是普遍适用的，这就是进行跨国管理比较的基础。同时，应用这些理论和原理的方式将随着文化地域的不同而存在差异性。因此，比较管理学研究的正确方法是把管理学的基本原理和实务仔细地区别开来。

13.2.5 柔性管理

1. 柔性管理的概念

柔性管理从本质上说是一种对"稳定和变化"进行管理的新方略。柔性管理理念的确立，以思维方式从线性到非线性的转变为前提。线性思维的特征是历时性，而非线性思维的特征是共时性，也就是同步转型。从表面混沌的繁杂现象中，看出事物发展和演化的自然秩序，洞悉下一步前进的方向，识别潜在的未知需要和开拓的市场，进而预见变化并自动应付变化，这就是柔性管理的任务。柔性管理以"人性化"为标志，强调跳跃与变化、速度与反应、灵敏与弹性，它注重平等和尊重、创造和直觉、主动和企业精神、远见和价值控制，它依据信息共享、虚拟整合、竞争性合作、差异性互补、虚拟实践社团等，实现管理和运营知识由隐性到显性的转化，从而创造竞争优势。

"柔性管理"是相对于"刚性管理"提出来的。"刚性管理"以"规章制度为中心"，用制度约束管理员工。而"柔性管理"则"以人为中心"，对员工进行人格化管理。"柔性管理"的最大特点在于它主要不是依靠外力，如发号施令，而是依靠人性解放、权力平等、民主管理，从内心深处来激发每个员工的内在潜力、主动性和创造精神，使他们能真正做到心情舒畅、不遗余力地为企业开拓优良业绩，成为企业在全球激烈的市场竞争中取得竞争优势的力量源泉。"柔性管理"的特征：内在重于外在，心理重于物理，身教重于言教，肯定重于否定，激励重于控制，务实重于务虚。显然，在知识型企业管理柔性化之后，管理者更加看重的是职工的积极性和创造性，更加看重的是职工的主动精神和自我约束。

2. 柔性管理的特征

1）组织结构的扁平化和网络化

组织结构是从事管理活动的人们为了实现一定的目标而进行协作的机构体系。柔性管理提倡组织结构模式的扁平化，压平层级制，精减组织中不必要的中间环节，下放决策权力，让每个组织成员或下属单位获得独立处理问题的能力，发挥组织成员的创造性，提供人尽其才的组织机制。与此同时，通过组织结构的扁平化，使得纵向管理压缩，横向管理扩张，横向管理向全方位信息化沟通的进一步扩展，将形成网络型组织，团队或工作小组就是网络上的节点，大多数的节点相互之间是平等的、非刚性的，节点之间信息沟通方便、快捷、灵活。

2）管理决策的柔性化

在传统的刚性组织中，决策层是领导层和指挥层，管理决策是自上而下推行，组织成员是决策的执行者，因此决策往往带有强烈的高层主观色彩。柔性决策中决策层包括专家层和协调层，管理决策是在信任和尊重组织成员的基础上，经过广泛讨论而形成的，与此同时，大量的管理权限下放到基层，许多管理问题都由基层组织自己解决。管理决策柔性化的第二个表现是决策目标选择的柔性化，刚性管理中决策目标的选择遵循最优化原则，寻求在一定条件下的最优方案。柔性管理认为，由于决策前提的不确定性，不可能按最优化准则进行决策，提出以满意准则代替最优化准则，让管理决策有更大的弹性。

3）组织激励的科学化

为了充分调动组织成员的积极性、主动性和创造性，实行科学的激励方法是柔性管理的重要组成部分。柔性管理认为，激励是对组织成员的尊重、信任、关心和奖励的全面综合，激励分为物质激励和非物质激励。在实施时要充分把二者相结合，物质激励属于基础性的激励办法，能满足组织成员的低层次需求，却无法在激励中发挥更大的作用。非物质的激励方法则能满足组织成员对尊重和实现自我的高层次需求，它力求为组织成员创造宽松、平等、相互尊重和信任的工作环境，提供发展机遇，实行自主管理、参与管理等新的管理方法。

13.2.6　自主管理

要实现组织的有效运行，还必须建立一种能够充分调动每一位组织成员实现组织目标的积极性、主动性和创造性的管理机制，即自主管理。

1. 自主管理特点

（1）自愿结合。自主管理的活动方式是小组活动。小组组长是自主管理小组的核心人物，也是自主产生的。

（2）自主选题。自主管理小组的活动是通过自主选定课题，完成课题来推动组织有效运行的。

（3）自行发布。自主管理活动突出组织成员解决本岗位存在的问题，其课题能在不同层次、不同范围内以不同形式发布，并得到肯定。

（4）灵活有效。自主管理活动灵活方便，周期短，见效快。

（5）岗位成才。自主管理，多层次、多渠道地为组织成员提供施展才华的舞台。

（6）组织推进。推行自主管理必须在组织中建立自上而下的各级自主管理推进委员会，形成高、中、基层三级推行网络。

2. 自主管理活动的组织原则

在组织管理中，自主性和平等民主参与性是自主管理活动的两大显著特征。因此，自主管理的原则包括四个：系统思考原则、目标统一原则、自愿工作原则、效率原则等。

（1）系统思考原则。按照系统思考的观点，组织是一个由子系统或是子单位构成的系统，这些系统不仅相互作用，而且在很大程度上相互依存。同时，组织又是一个开放系统，它要生存、发展，就要在很大程度上依赖外部环境，并与之相互作用。

（2）目标统一原则。有效组织的特点之一便是目标明确。组织必须能指引其各级管理部门的视线，使每个成员的视线指向组织的总目标。组织管理作为推进组织有效运行的一种机制，它必须以小组成员的个人目标与组织的总目标相一致为组织原则。

（3）自愿工作原则。组织管理的自愿、熟练工作原则要求组织成员在精通工作原理的前提下，自愿地、同心协力地工作。各级组织管理者应尽可能使组织成员的工作与其工作能力相适应，同时又尽量与其人生目标相结合。

（4）效率原则。自主管理的效率原则要求组织结构、组织文化氛围能够确保组织内的各子系统成员能以民主参与的行为方式，对组织运行中的有关问题作出观察、分析、评价和反映。

3. 自主管理活动的实施

自主管理已成为现代组织广泛采用的一种组织机制，它以重视人为基础，通过民主参与管理，在成就人的同时推进组织的有效运行。在具体实施过程中，必须明确活动的程序与方法，方能保证组织运作的效率。

自主管理一般都应遵循如下程序。

（1）组成活动小组。参加活动小组的成员以自愿为原则。一个小组一般由 10 人左右组成。

（2）选择课题。小组课题的确定是自主管理活动很重要的一步，对今后活动是否活跃起着至关重要的作用。

（3）分析现状。对选定的课题可以做必要的调查，收集上级和有关部门相关的情报，在此基础上进行分析。

（4）设定目标值。在确定了课题，并找到了问题的焦点以后，还要明确实现的目标值。

（5）讨论并制定对策。目标设定以后就要针对已设定的目标提出实现目标的对策。

（6）实施对策。方案经过比较确定后，通过分工各自完成任务，使对策得以实施。

（7）确认效果。对于效果的确认包括两部分：一是活动中的效果确定，二是实现目标后的确认，这是最终的效果确认。

（8）标准化。

（9）活动总结。课题完成后要进行总结，找出优点和缺点，这样既可以增强信心，也可以改正不足，以便把今后的活动搞得更好。

（10）成果发表。自主管理小组活动后，都要开发表会。其目的有四个：① 向大家汇报经过共同努力所取得的成果；② 取得多数人对小组成果的肯定；③ 使小组成员在发表中得到锻炼的机会；④ 听取更多人的意见和建议，得到新的评价。

知识拓展10-3

梅迪奇效应：追求创新与发展创意产业

一组来自不同领域的研究人员发现了解读猴脑思维的秘密；一位厨师把常理中不可能一起食用的食物混合在一起烹调，让厨艺界感到耳目一新；蚂蚁觅食行为让一位工程师得到启迪，发明了能够监控战争区域上空的无人驾驶飞机……

📋 **课堂讨论！**

完成本任务后，请进行自我测试：
你是否已明确管理创新模式的一些深刻内涵？

◉ **帝王之道论管理 – 13**

康熙：人力资源管理大师

人力资源管理是一门科学，更是一门艺术，有时候需要的是一种诚心，有时需要的是一份信任，有时需要的则是一种环环相扣的心理较量。在日常企业管理中，如果要更好地发现和把握应用人才，也许康熙的人力资源管理经验能给我们更多的启迪，他的成功有以下几个原因。

首先，不拘一格用人才。在康熙的那个时代，种族和家庭出身的社会等级观念非常严重。贫贱或者非贵族出身的人除了科举以外，基本上是很难被人发现为人才的。但是康熙却冲破惯例，不看出身，力排众议，大胆起用汉人，这才造就了魏承谟、周培公、姚启圣等众多历史名臣，这些人才也为康熙王朝的空前盛世立下了汗马功劳。

其次，用人不疑，疑人不用。作为大清朝的一国之君，康熙在激烈的朝廷内部斗争过程中，本来已经养成了一种多疑的习惯，但是每当在关键时刻、关键战役和事件中，还是坚持用人不疑，给予下属臣子充分的信任和授权，才获取了一个个胜利的回报。在收复台湾的那场战役中，面对降将施琅的作战方略，多少人反对和怀疑，但是康熙还是坚持下来，按照施琅的意见裁减八旗水师，给其平台总督和大清水师的授权，结果施琅大胜郑经，成功收复台湾36岛，助康熙完成了统一大业。

第三，赏罚分明，功过两清。康熙的人员绩效管理永远采用的是赏罚分明，不论你是哪一级皇亲国戚，也不论你以前功劳有多大，一律采取功过两清的绩效方式。因此，康熙的臣子们经常会出现功过相抵的现象，既肯定了功劳，也对其过严格纠正。内阁大臣明珠在平台过程中，曾以钦差身份去台湾招抚，但因为其自负高傲，做事草率，差一点被郑经杀掉。回到皇宫后，当大家都以为康熙会严惩明珠时，他却因为明珠在被抓后的大义凛然、视死如归精神，过功相抵，只象征性地降了两级。此举让朝中其他大臣既感到了办差失败的威慑，又进一步感觉到坚守气节的重要。

第四，善于平衡，利用矛盾、解决矛盾。不管是一个企业还是清朝的朝廷，内部的党派团体之争基本都是无法避免的，有时候矛盾加剧还会影响到大局。康熙面对朝廷内部索额图和明珠两派的党派对立，并不是不知情，也不是一味去彻底消除，而是利用平衡之术，相互牵制，即平衡了矛盾。

● 任务小结

通过对本任务的学习，同学们可以了解当前企业管理创新的趋势，学习型组织、知识管理及比较管理等，掌握比较管理的含义和意义，并能运用这些管理模式分析实际问题。

第三部分　任务实训

⟴ 案例分析

"懒蚂蚁效应"

专家研究发现，成群的蚂蚁中，大部分蚂蚁很勤劳，寻找、搬运食物争先恐后，少数蚂蚁却东张西望不干活。然而，当食物来源断绝或蚁窝被破坏时，那些勤快的蚂蚁一筹莫展。这时"懒蚂蚁"则"挺身而出"，带领众伙伴向它早已侦察到的新的食物源转移。原来"懒蚂蚁"们把大部分时间都花在了"侦察"和"研究"上。它们能观察到组织的薄弱之处，同时保持对新的食物的探索状态，从而保证群体不断得到新的食物来源。这就是所谓的"懒蚂蚁效应"。

【思考题】
1. 在你的班级或社团中，有这样能看长远、观全局、见未来的"懒蚂蚁"吗？
2. 你是如何看待"懒蚂蚁效应"的呢？

⟴ 模拟实训

模拟创设发展规划

1. 实训目标

通过组织学生参加讨论活动，巩固所学管理学新的理论知识，培养学生运用管理理论知识进行分析和判断的能力，锻炼学生的团队组织能力、语言编辑能力以及基本的公司管理能力。

2. 实训内容与要求

（1）把班级学生分成小组，每个小组 5～7 人，要求每组做相关调研。

（2）模拟创设某一行业或综合公司的发展规划。

（3）用 A4 纸打印讲稿，在规定时间内进行讲解，回答老师及同学们的提问。

3. 实训考核

（1）组织学生分组进行研究、讨论并提交书面报告。

（2）根据每组和个人在活动中的表现和提交的书面报告进行综合评价。

◉ **游戏活动**

<h2 style="text-align:center">飞 船 竞 赛</h2>

1. 目的

理解管理的四大职能。

2. 道具

（每组）一只生鸡蛋、四个纸杯、一双筷子、长短吸管各两根、两只气球、几根皮筋、几张彩纸、几只彩笔、一把剪刀、一瓶胶水。

3. 时间

90 分钟。

4. 程序

（1）根据提供的道具制造飞船和标志飞船着陆地点的旗帜。

（2）完成后，去空地发射"飞船"。

（3）每组发射"飞船"，并将旗帜插在飞船着陆的地点。

5. 规则

（1）只能用给定的道具制造"飞船"。

（2）不能与团队之外的任何人交流飞船制造计划。

6. 教师任务

（1）在前一次课上宣布活动的任务、道具及分组。

（2）指定准备活动道具的负责人。

（3）开始活动时，宣布活动程序、规则及时间。

（4）控制整个活动场面，回答学生的提问，监督是否有违反规则的现象。

（5）组织同学们发射"飞船"。

（6）下次上课时，首先，组织讨论该活动是如何体现管理的四大职能的；其次，小组代表发言；再次，教师总结；最后，颁奖。

7. 考核标准

（1）"飞船"航行最远且鸡蛋不破的小组获胜。

（2）评选出最具创意的旗帜。

<h1 style="text-align:center">项 目 小 结</h1>

本项目围绕管理者的创新职能设计了相关基本知识，设置了重要知识、课堂讨论等栏目，体现了对一些重要理论知识的重组。

本项目进程以任务先行开始，以项目任务小结结束，希望读者在完成项目任务之后，能够及时进行自我的过程性评价。

本项目技能目标：完成本项目后，读者应该能够把握企业流程再造、学习型组织、知识管理、比较管理、柔性管理与自主管理的丰富内涵，以创新技能指导日常管理活动。完成本项目为将来成为一名合格的管理者奠定良好的基础。

参 考 文 献

[1] 周三多. 管理学原理与方法. 上海：复旦大学出版社，2002.

[2] 吴照云. 管理学. 北京：经济管理出版社，2003.

[3] 戴文标. 管理学. 上海：上海人民出版社，2003.

[4] 王毅捷. 管理学原理. 武汉：武汉理工大学出版社，2005.

[5] 潘大均. 管理学教程. 北京：经济管理出版社，2002.

[6] 钟金霞. 管理学基础. 长沙：湖南大学出版社，2004.

[7] 李军. 管理学基础. 北京：清华大学出版社，2004.

[8] 王钊. 管理学原理. 成都：电子科技大学出版社，2003.

[9] 朱秀文. 管理学教程. 天津：天津大学出版社，2004.

[10] 郑健壮. 管理学原理. 北京：清华大学出版社，2007.

[11] 杨湘洪. 现代企业管理. 南京：东南大学出版社，2004.

[12] 吴志清. 管理学基础. 北京：机械工业出版社，2004.

[13] 张玉利. 管理学. 天津：南开大学出版社，2007.

[14] 单凤儒. 管理学基础实训教程. 北京：经济管理出版社，2004.

[15] 杨想生，刘文华. 管理学原理. 北京：科学出版社，2004.

[16] 石道金. 管理学案例. 北京：高等教育出版社，2003.

[17] 张炜. 新编管理学原理. 苏州：苏州大学出版社，2004.

[18] 波特. 竞争优势. 北京：华夏出版社，1997.

[19] 德鲁克. 有效管理者. 北京：中国财政经济出版社，1988.

[20] 罗宾斯. 管理学. 4 版. 北京：中国人民大学出版社，1997.

[21] 雷恩. 管理思想的演变. 北京：中国社会科学出版社，1995.

[22] 戴维斯. 企业文化的评估与管理. 广州：广东教育出版社，1991.

[23] 贝尔. 企业管理学. 上海：复旦大学出版社，1998.

[24] 波特. 竞争战略. 北京：华夏出版社，1997.